普通高等教育工程造价类专业系列教材

建设法规

第 2 版

主　编　项　勇　卢立宇　黄　锐
副主编　周　彤　吕　倩　王珑滔
参　编　张　聪　谢雨馨　朱雪芬

机械工业出版社

建设法规是从事工程造价、工程项目管理等专业人员必须具备的法律知识，是我国注册造价工程师、注册建造师等执业资格考试的重要内容。

“建设法规”课程是相关专业课程体系中的重要组成部分，是讲述建筑行业法律法规现状、变迁及各种法律条款规定等的法律课程。本书内容充分与工程管理相关执业资格考试相结合，注重学生理解能力的培养，理论性、实用性和可操作性并重，并有机融入了课程思政元素。全书共12章，分别阐述了建设工程基本法律知识、建设工程许可制度、建设工程担保与保险制度、建设工程招投标制度、建设工程承发包制度、建设工程相关合同制度、建设工程质量法律制度、建设工程安全生产法律制度、建设工程环境保护与节能法律制度、建设工程代理与物权制度、建设工程纠纷法律解决途径与诉讼制度、建设用地规划与审批制度。书中采用了较多的案例对相关内容进行分析说明，内容通俗易懂、简单明了。

本书可作为高等院校工程管理、工程造价、土木工程等专业教学用书，也可作为相关从业人员自学、培训和进修用参考书。

本书配有PPT电子课件和课后思考题参考答案，免费提供给选用本书作为教材的授课教师。需要者请登录机械工业出版社教育服务网（www.cmpedu.com）注册后下载。

图书在版编目（CIP）数据

建设法规 / 项勇，卢立宇，黄锐主编. —2版. — 北京：机械工业出版社，2022.8（2026.2重印）

普通高等教育工程造价类专业系列教材

ISBN 978-7-111-70880-3

Ⅰ.①建… Ⅱ.①项…②卢…③黄… Ⅲ.①建筑法－中国－高等学校－教材 Ⅳ.①D922.297

中国版本图书馆CIP数据核字（2022）第091743号

机械工业出版社（北京市百万庄大街22号 邮政编码100037）
策划编辑：刘 涛 责任编辑：刘 涛 高凤春
责任校对：肖 琳 刘雅娜 封面设计：马精明
责任印制：郜 敏
保定市中画美凯印刷有限公司印刷
2026年2月第2版第6次印刷
184mm×260mm · 14.5印张 · 353千字
标准书号：ISBN 978-7-111-70880-3
定价：48.00元

电话服务
客服电话：010-88361066
010-88379833
010-68326294

网络服务
机 工 官 网：www.cmpbook.com
机 工 官 博：weibo.com/cmp1952
金 书 网：www.golden-book.com
机工教育服务网：www.cmpedu.com

前　言

随着中国特色社会主义法律体系的建设，我国的立法进入了“修法时代”。在此期间，为了使法律体系进一步保持内部的科学、和谐、统一，相关部门和立法机构对法律各层级文件进行了适时修改和完善，目前已经逐步开展并取得了阶段性的成果。比如2020年5月公布的《中华人民共和国民法典》、2019年4月经修改后公布的《中华人民共和国建筑法》、2017年12月经修改后公布的《中华人民共和国招标投标法》、2019年4月经修改后公布的《建设工程质量管理条例》、2018年10月经修改后公布的《中华人民共和国节约能源法》、2019年8月经修改后公布的《中华人民共和国土地管理法》、2019年4月经修改后公布的《中华人民共和国城乡规划法》等。

本书第1版自2017年1月出版以来，由于从国家层面到行业层面颁布的新法律制度和规定，以及根据行业发展、市场变化，部分法律制度和条例也有了修订版本，为了紧跟我国建筑行业法律体系的变化，第2版删除了过时的、无效的内容，根据新的法律制度、条例进行了补充和更新。

第2版紧密结合建筑行业涉及的相关法律，对重点和难理解的规定进行较为详细的解读，辅之以简单的案例进行说明。书中内容和列举的案例，紧密结合当前建筑行业产生的各种问题，如合同问题、质量问题、安全问题、纠纷的处理问题，利用法律知识进行分析。内容紧扣实践，既便于理解，也使学生能够了解建筑行业实际存在的问题，并能利用法律法规分析实际问题。

本书大纲及编写要求由西华大学项勇教授和四川工商学院建筑工程学院王珑滔老师提出。各章内容编写分工为：第一章、第二章和第三章由张聪和谢雨馨编写，第四章和第五章由吕倩和朱雪芬编写，第六章和第七章由项勇和王珑滔编写，第八章由项勇和周彤编写，第九章由卢立宇和周彤编写，第十章由张聪、谢雨馨和朱雪芬编写，第十一章和第十二章由黄锐和卢立宇编写。全书的统稿和整理工作由周彤、吕倩负责，课后思考题的整理工作由黄锐、卢立宇和王珑滔负责。

在本书的编写过程中，山东建筑大学马凤玲教授、西安建筑科技大学刘华教授、沈阳大学王舜教授、西华大学舒波教授等提出了很多宝贵的意见。此外，机械工业出版社的刘涛老师对本书的编写工作给予了大力的帮助，在此对以上各位同事、朋友及学者表示衷心的感谢。

由于作者水平有限，书中难免会有缺点、纰漏和不足之处，恳请读者批评指正，以便再版时修改、完善。

项　勇
西华大学建筑与土木工程学院

目　录

第一章
建设工程基本法律知识

本章重点内容： 法的效力层级、建设工程民事责任的主要承担方式、建设工程行政责任的种类及承担方式、建设工程刑事责任的种类及承担方式。

本章学习目标： 熟悉我国法的效力层级；掌握建设工程民事责任的主要承担方式、建设工程行政责任的种类及承担方式、掌握建设工程刑事责任的种类及承担方式。学生通过本章学习，能够认识到我国的立法进入了“法时代”，建筑行业的法律体系日趋完善，建筑行业步入规范化、制度化时代。

第一节　建设工程法律体系

法律体系也称法的体系，通常是指由一个国家现行的各个部门法构成的有机联系的统一整体。根据所调整的社会关系性质不同，我国法律体系可以划分为不同的部门法。部门法又称法律部门，是根据一定标准、原则所制定的同类法律规范的总称。我国法律体系的基本框架由宪法及宪法相关法、民法商法、行政法、经济法、社会法、刑法、诉讼与非诉讼程序法等构成。

建设工程法律具有综合性的特点，虽然主要是经济法的组成部分，但还包括了行政法、民法商法等的内容。建设工程法律同时又具有一定的独立性和完整性，具有自己的完整体系。建设工程法律体系是指把已经制定的和需要制定的建设工程方面的法律、行政法规、部门规章和地方法规、地方规章有机结合起来，形成的一个相互联系、相互补充、相互协调的完整统一的体系。

一、法的形式和效力层级

（一）法的形式

法的形式是指法律创制方式和外部表现形式。它包括四层含义：①法律规范创制机关的性质及级别；②法律规范的外部表现形式；③法律规范的效力等级；④法律规范的地域效力。法的形式取决于法的本质。我国法的形式是制定法形式，具体可分为以下七类：

1. 宪法

宪法是由全国人民代表大会依照特别程序制定的具有最高效力的根本法。宪法是规定国家制度、社会制度的基本原则，具有最高法律效力的根本大法。其主要功能是制约和平衡国家权力，保障公民权利。宪法是我国的根本大法，在我国法律体系中具有最高的法律地位和法律效力，是我国最高的法律形式。宪法也是建设法规的最高形式，是国家进行建设管理、监督的权力基础。

2. 法律

法律是指由全国人民代表大会和全国人民代表大会常务委员会制定颁布的规范性法律文件，即狭义的法律。法律分为基本法律和一般法律（又称非基本法律、专门法）两类。基本法律是由全国人民代表大会制定的调整国家和社会生活中带有普遍性的社会关系的规范性法律文件的统称，如刑法、民法、诉讼法以及有关国家机构的组织法等法律。一般法律是由全国人民代表大会常务委员会制定的调整国家和社会生活中某种具体社会关系或其中某一方面内容的规范性文件的统称。全国人民代表大会和全国人民代表大会常务委员会通过的法律由国家主席签署主席令予以公布。

建设法律既包括专门的建设领域的法律，也包括与建设活动相关的其他法律。例如，前者有《中华人民共和国城乡规划法》（简称《城乡规划法》）、《中华人民共和国建筑法》（简称《建筑法》）、《中华人民共和国城市房地产管理法》（简称《城市房地产管理法》）等，后者有《中华人民共和国民法典》（简称《民法典》）、《中华人民共和国行政处罚法》（简称《行政处罚法》）、《中华人民共和国行政许可法》（简称《行政许可法》）等。

3. 行政法规

行政法规是国家最高行政机关国务院根据宪法和法律就有关执行法律和履行行政管理职权的问题，以及依据全国人民代表大会及其常务委员会特别授权所制定的规范性文件的总称。行政法规由总理签署国务院令公布。

现行的建设行政法规主要有《建设工程质量管理条例》《建设工程安全生产管理条例》《建设工程勘察设计管理条例》《城市房地产开发经营管理条例》《中华人民共和国招标投标法实施条例》等。

4. 地方性法规、自治条例和单行条例

省、自治区、直辖市的人民代表大会及其常务委员会根据本行政区域的具体情况和实际需要，在不同宪法、法律、行政法规相抵触的前提下，可以制定地方性法规。设区的市的人民代表大会及其常务委员会根据本市的具体情况和实际需要，在不同宪法、法律、行政法规和本省、自治区的地方性法规相抵触的前提下，可以对城乡建设与管理、环境保护、历史文化保护等方面的事项制定地方性法规。设区的市的地方性法规须报省、自治区的人民代表大会常务委员会批准后施行。省、自治区的人民代表大会常务委员会对报请批准的地方性法规，应当对其合法性进行审查，同宪法、法律、行政法规和本省、自治区的地方性法规不抵触的，应当在四个月内予以批准。省、自治区的人民代表大会常务委员会在对报请批准的设区的市的地方性法规进行审查时，发现其同本省、自治区的人民政府的规章相抵触的，应当做出处理决定。

目前，各地方都制定了大量的规范建设活动的地方性法规、自治条例和单行条例，如《北京市建筑市场管理条例》《天津市建筑市场管理条例》《新疆维吾尔自治区建筑市场管理条例》等。

5. 部门规章

国务院各部、委员会、中国人民银行、审计署和具有行政管理职能的直属机构所制定的规范性文件称为部门规章。部门规章由部门首长签署命令予以公布。部门规章签署公布后，及时在国务院公报或者部门公报和中国政府法制信息网以及在全国范围内发行的报纸上刊载。

部门规章规定的事项应当属于执行法律或者国务院的行政法规、决定、命令的事项，其名称可以是“规定”“办法”和“实施细则”等。没有法律或者国务院的行政法规、决定、命令的依据，部门规章不得设定减损公民、法人和其他组织权利或者增加其义务的规范，不得增加本部门的权力或者减少本部门的法定职责。目前，大量的建设法规以部门规章的方式发布，如住房和城乡建设部发布的《房屋建筑和市政基础设施工程质量监督管理规定》《房屋建筑和市政基础设施工程竣工验收备案管理办法》《市政公用设施抗灾设防管理规定》，国家发展和改革委员会发布的《招标公告发布暂行办法》《必须招标的工程项目规定》等。

涉及两个及以上国务院部门职权范围的事项，应当提请国务院制定行政法规或者由国务院有关部门联合制定规章。目前，国务院有关部门已联合制定了一些规章，如 2013 年 3 月国家发展和改革委员会、工业和信息化部、财政部、住房和城乡建设部、交通运输部、铁道部、水利部、国家广播电影电视总局、中国民用航空局经修改后联合发布的《评标委员会和评标方法暂行规定》等。

6. 地方政府规章

省、自治区、直辖市和设区的市、自治州的人民政府，可以根据法律、行政法规和本省、自治区、直辖市的地方性法规，制定地方政府规章。地方政府规章由省长或者自治区主席或者市长签署命令予以公布。地方政府规章签署公布后，及时在本级人民政府公报和中国政府法制信息网以及在本行政区域范围内发行的报纸上刊载。

7. 国际条约

国际条约是指我国与外国缔结、参加、签订、加入、承认的双边、多边的条约、协定和其他具有条约性质的文件。国际条约的名称，除条约外，还有公约、协议、协定、议定书、宪章、盟约、换文和联合宣言等。除我国在缔结时宣布持保留意见不受其约束的以外，这些条约的内容都与国内法具有一样的约束力，所以也是我国法的形式。例如，我国加入世界贸易组织（WTO）后，WTO 中与工程建设有关的协定也对我国的建设活动产生约束力。

（二）法的效力层级

法的效力层级是指法律体系中的各种法的形式，由于制定的主体、程序、时间、适用范围等的不同，具有不同的效力，形成法的效力等级体系。

1. 宪法至上

宪法是具有最高法律效力的根本大法，具有最高的法律效力。宪法作为根本法和母法，还是其他立法活动的最高法律依据。任何法律、法规都必须遵循宪法而产生，无论是维护社会稳定、保障社会秩序，还是规范经济秩序，都不能违背宪法的基本准则。

2. 上位法优于下位法

在我国法律体系中，法律的效力仅次于宪法而高于其他法的形式。行政法规的法律地位和法律效力仅次于宪法和法律，高于地方性法规和部门规章。地方性法规的效力，高于本级和下级地方政府规章。省、自治区人民政府制定的规章的效力，高于本行政区域内的设区的市、自治州人民政府制定的规章。

自治条例和单行条例依法对法律、行政法规、地方性法规做变通规定的，在本自治地方适用自治条例和单行条例的规定。经济特区法规根据授权对法律、行政法规、地方性法规做变通规定的，在本经济特区适用经济特区法规的规定。

部门规章之间、部门规章与地方政府规章之间具有同等效力，在各自的权限范围内施行。

3. 特别法优于一般法

特别法优于一般法是指公法权力主体在实施公法权力行为中，当一般规定与特别规定不一致时，优先适用特别规定。《中华人民共和国立法法》（简称《立法法》）规定，同一机关制定的法律、行政法规、地方性法规、自治条例和单行条例、规章，特别规定与一般规定不一致的，适用特别规定。

4. 新法优于旧法

新法、旧法对同一事项有不同规定时，新法的效力优于旧法。《立法法》规定，同一机关制定的法律、行政法规、地方性法规、自治条例和单行条例、规章，新的规定与旧的规定不一致的，适用新的规定。

5. 需要由有关机关裁决适用的特殊情况

法律之间对同一事项的新的一般规定与旧的特别规定不一致，不能确定如何适用时，由全国人民代表大会常务委员会裁决。

行政法规之间对同一事项的新的一般规定与旧的特别规定不一致，不能确定如何适用时，由国务院裁决。

地方性法规、规章之间不一致时，由有关机关依照下列规定的权限做出裁决：①同一机关制定的新的一般规定与旧的特别规定不一致时，由制定机关裁决；②地方性法规与部门规章之间对同一事项的规定不一致，不能确定如何适用时，由国务院提出意见，国务院认为应当适用地方性法规的，应当决定在该地方适用地方性法规的规定，认为应当适用部门规章的，应当提请全国人民代表大会常务委员会裁决；③部门规章之间、部门规章与地方政府规章之间对同一事项的规定不一致时，由国务院裁决。

根据授权制定的法规与法律规定不一致，不能确定如何适用时，由全国人民代表大会常务委员会裁决。

6. 备案和审查

行政法规、地方性法规、自治条例和单行条例、规章应当在公布后的30日内依照下列规定报有关机关备案：①行政法规报全国人民代表大会常务委员会备案；②省、自治区、直辖市的人民代表大会及其常务委员会制定的地方性法规，报全国人民代表大会常务委员会和国务院备案；设区的市、自治州的人民代表大会及其常务委员会制定的地方性法规，由省、自治区的人民代表大会常务委员会报全国人民代表大会常务委员会和国务院备案；③自治州、自治县的人民代表大会制定的自治条例和单行条例，由省、自治区、直辖市的人民代表大会常务委员会报全国人民代表大会常务委员会和国务院备案；自治条例、单行条例报送备案时，应当说明对法律、行政法规、地方性法规做出变通的情况；④部门规章和地方政府规章报国务院备案；地方政府规章应当同时报本级人民代表大会常务委员会备案；设区的市、自治州的人民政府制定的规章应当同时报省、自治区的人民代表大会常务委员会和人民政府备案；⑤根据授权制定的法规应当报授权决定规定的机关备案；经济特区法规报送备案时，应当说明对法律、行政法规、地方性法规做出变通的情况。

国务院、中央军事委员会、最高人民法院、最高人民检察院和各省、自治区、直辖市的人民代表大会常务委员会认为行政法规、地方性法规、自治条例和单行条例同宪法或者法律相抵触的，可以向全国人民代表大会常务委员会书面提出进行审查的要求，由常务委员会工作机构分送有关的专门委员会进行审查、提出意见。其他国家机关和社会团体、企业事业组织以及公民认为行政法规、地方性法规、自治条例和单行条例同宪法或者法律相抵触的，可以向全国人民代表大会常务委员会书面提出进行审查的建议，由常务委员会工作机构进行研究，必要时，送有关的专门委员会进行审查、提出意见。有关的专门委员会和常务委员会工作机构可以对报送备案的规范性文件进行主动审查。

二、建设法律、行政法规和相关法律的关系

（一）建设法的定义

建设法是调整国家行政管理机关、法人、法人以外的其他组织、公民在建设活动中产生的社会关系的法律规范的总称。建设法律和行政法规构成了建设法的主体。建设法是以市场经济中建设活动产生的社会关系为基础，规范国家行政管理机关对建设活动的监管、市场主体之间经济活动的法律法规。

建设法律、行政法规与所有的法律部门都有一定的关系，比较重要的是与行政法、民法商法、社会法的关系。

（二）建设法律、行政法规与行政法的关系

建设法律、行政法规在调整建设活动中产生的社会关系时，会形成建设行政监督管理关系。建设行政监督管理关系是指国家行政机关或者其正式授权的有关机构对建设活动的组织、监督、协调等形成的关系。建设活动事关国计民生，与国家、社会的发展，与公民的工作、生活以及生命财产的安全等都有直接的关系。因此，国家必然要对建设活动进行监督和管理。

我国在国务院和地方各级人民政府都设有专门的建设行政管理部门，对建设活动的各个阶段依法进行监督管理，包括立项、资金筹集、勘察、设计、施工、验收等。国务院和地方各级人民政府的其他有关行政管理部门，也承担了相应的建设活动监督管理的任务。行政机关在这些监督管理中形成的社会关系就是建设行政监督管理关系。

建设行政监督管理关系是行政法律关系的重要组成部分。

（三）建设法律、行政法规与民法商法的关系

建设法律、行政法规在调整建设活动中产生的社会关系时，会形成建设民事商事法律关系。建设民事商事法律关系是建设活动中由民事商事法律规范所调整的社会关系。建设民事商事法律关系有以下特点：

第一，建设民事商事法律关系是主体之间的民事商事权利和民事商事义务关系。民法商法调整一定的财产关系和人身关系，赋予当事人以民事商事权利和民事商事义务。在建设民事商事法律关系产生以后，民事商事法律规范所确定的抽象的民事商事权利和民事商事义务便落实为约束当事人行为的具体民事商事权利和民事商事义务。

第二，建设民事商事法律关系是平等主体之间的关系。民法商法调整平等主体之间的财产关系和人身关系，这就决定了参加建设民事商事法律关系的主体地位平等，相互独立、互不隶属。同时，主体地位平等，决定了其权利义务一般也是对等的。任何一方在享受权利的同时，也要承担相应的义务。

第三，建设民事商事法律关系主要是财产关系。民法商法以财产关系为其主要调整对

象。因此，建设民事商事法律关系也主要表现为财产关系。建设民事商事法律关系虽然也有人身关系，但在数量上较少。

第四，建设民事商事法律关系的保障措施具有补偿性和财产性。民法商法调整对象的平等性和财产性，也表现在建设民事商事法律关系的保障手段上，即民事商事责任以财产补偿为主要内容，惩罚性和非财产性责任不是主要的民事商事责任形式。在建设活动中，各类民事商事主体，如建设单位、施工单位、勘察设计单位、监理单位等，都是通过合同建立起相互的关系。合同关系就是一种建设民事商事法律关系。

建设民事商事法律关系是民事商事关系的重要组成部分。

（四）建设法律、行政法规与社会法的关系

建设法律、行政法规在调整建设活动中产生的社会关系时，会形成建设社会法律关系。例如，施工单位应当做好员工的劳动保护工作，建设单位也要提供相应的保障；建设单位、施工单位、监理单位、勘察设计单位都会与自己的员工建立劳动关系。

建设社会法律关系是社会关系的重要组成部分。

第二节 建设工程法律责任制度

法律责任是指行为人由于违法行为、违约行为或者由于法律规定而应承受的某种不利的法律后果。法律责任不同于其他社会责任，法律责任的范围、性质、大小、期限等均在法律上有明确规定。

一、法律责任的基本种类和特征

按照违法行为的性质和危害程度，可以将法律责任分为违宪法律责任、刑事法律责任、民事法律责任、行政法律责任和国家赔偿责任。

法律责任的特征为：

1）法律责任是因违反法律上的义务（包括违约等）而形成的法律后果，以法律义务存在为前提。

2）法律责任即承担不利的后果。

3）法律责任的认定和追究，由国家专门机关依法定程序进行。

4）法律责任的实现由国家强制力作保障。

二、建设工程民事责任的种类及承担方式

民事责任是指民事主体在民事活动中，因实施了民事违法行为，根据民法所应承担的对其不利的民事法律后果或者基于法律特别规定而应承担的民事法律责任。民事责任的功能主要是一种民事救济手段，使受害人被侵犯的权益得以恢复。

民事责任主要是财产责任，如《民法典》规定的损害赔偿、支付违约金等；但也不限于财产责任，还有恢复名誉、赔礼道歉等。

（一）民事责任的种类

民事责任可以分为违约责任和侵权责任两类。

违约责任是指合同当事人违反法律规定或合同约定的义务而应承担的责任。侵权责任是

指行为人因过错侵害他人财产、人身而依法应当承担的责任，以及虽然没有过错，但在造成损害以后，依法应当承担的责任。

（二）民事责任的承担方式

《民法典》规定，承担民事责任的方式主要有：①停止侵害；②排除妨碍；③消除危险；④返还财产；⑤恢复原状；⑥修理、重作、更换；⑦继续履行；⑧赔偿损失；⑨支付违约金；⑩消除影响、恢复名誉；⑪ 赔礼道歉。

以上承担民事责任的方式，可以单独适用，也可以合并适用。

（三）建设工程民事责任的主要承担方式

（1）返还财产　当建设工程施工合同无效、被撤销后，应当返还财产。执行返还财产的方式是折价返还，即承包人已经施工完成的工程，发包人按照“折价返还”的规则支付工程价款。主要是两种方式：一是参照无效合同中的约定价款；二是按当地市场价、定额量据实结算。

（2）修理　施工合同的承包人对施工中出现质量问题的建设工程或者竣工验收不合格的建设工程，应当负责返修。

（3）赔偿损失　赔偿损失是指合同当事人由于不履行合同义务或者履行合同义务不符合约定，给对方造成财产上的损失时，由违约方依法或依照合同约定应承担的损害赔偿责任。

（4）支付违约金　违约金是指按照当事人的约定或者法律规定，一方当事人违约的，应向另一方支付的金钱。

三、建设工程行政责任的种类及承担方式

行政责任是指违反有关行政管理的法律法规规定，但尚未构成犯罪的行为，依法应承担的行政法律后果，包括行政处罚和行政处分。

（一）行政处罚

2021 年 1 月经修改公布的《行政处罚法》规定，行政处罚的种类有：①警告、通报批评；②罚款、没收违法所得、没收非法财物；③暂扣许可证件、降低资质等级、吊销许可证件；④限制开展生产经营活动、责令停产停业、责令关闭、限制从业；⑤行政拘留；⑥法律、行政法规规定的其他行政处罚。

在建设工程领域，法律、行政法规所设定的行政处罚主要有：警告、罚款、没收违法所得、责令限期改正、责令停业整顿、取消一定期限内参加依法必须进行招标的项目的投标资格、责令停止施工、降低资质等级、吊销资质证书（同时吊销营业执照）、责令停止执业、吊销执业资格证书或其他许可证等。

（二）行政处分

行政处分是指国家机关、企事业单位对所属的国家工作人员违法失职行为尚不构成犯罪，依据法律、法规所规定的权限而给予的一种惩戒。行政处分种类有：警告、记过、记大过、降级、撤职、开除。如 2000 年 1 月颁布的《建设工程质量管理条例》规定，国家机关工作人员在建设工程质量监督管理工作中玩忽职守、滥用职权、徇私舞弊，构成犯罪的，依法追究刑事责任；尚不构成犯罪的，依法给予行政处分。

四、建设工程刑事责任的种类及承担方式

刑事责任是指犯罪主体因违反刑法，实施了犯罪行为所应承担的法律责任。刑事责任是法律责任中最强烈的一种，其承担方式主要是刑罚，也包括一些非刑罚的处罚方法。

2020年12月经修改后公布的《中华人民共和国刑法》（简称《刑法》）规定，刑罚分为主刑和附加刑。主刑的种类如下：①管制；②拘役；③有期徒刑；④无期徒刑；⑤死刑。附加刑的种类如下：①罚金；②剥夺政治权利；③没收财产。附加刑也可以独立适用。对于犯罪的外国人，可以独立适用或者附加适用驱逐出境。

（一）工程重大安全事故罪

《刑法》第一百三十七条规定，建设单位、设计单位、施工单位、工程监理单位违反国家规定，降低工程质量标准，造成重大安全事故的，对直接责任人员处5年以下有期徒刑或者拘役，并处罚金；后果特别严重的，处5年以上10年以下有期徒刑，并处罚金。

根据2015年12月颁布的《最高人民法院、最高人民检察院关于办理危害生产安全刑事案件适用法律若干问题的解释》（法释〔2015〕22号），发生安全事故，具有下列情形之一的，应当认定为“造成重大安全事故”，对直接责任人员，处5年以下有期徒刑或者拘役，并处罚金：①造成死亡1人以上，或者重伤3人以上的；②造成直接经济损失100万元以上的；③其他造成严重后果或者重大安全事故的情形。

（二）重大责任事故罪

《刑法》第一百三十四条规定，在生产、作业中违反有关安全管理的规定，因而发生重大伤亡事故或者造成其他严重后果的，处3年以下有期徒刑或者拘役；情节特别恶劣的，处3年以上7年以下有期徒刑。强令他人违章冒险作业，或者明知存在重大事故隐患而不排除，仍冒险组织作业，因而发生重大伤亡事故或者造成其他严重后果的，处5年以下有期徒刑或者拘役；情节特别恶劣的，处5年以上有期徒刑。

根据《最高人民法院、最高人民检察院关于办理危害生产安全刑事案件适用法律若干问题的解释》（法释〔2015〕22号），明知存在事故隐患、继续作业存在危险，仍然违反有关安全管理的规定，实施下列行为之一的，应当认定为《刑法》规定的“强令他人违章冒险作业”：①利用组织、指挥、管理职权，强制他人违章作业的；②采取威逼、胁迫、恐吓等手段，强制他人违章作业的；③故意掩盖事故隐患，组织他人违章作业的；④其他强令他人违章作业的行为。

（三）重大劳动安全事故罪

《刑法》第一百三十五条规定，安全生产设施或者安全生产条件不符合国家规定，因而发生重大伤亡事故或者造成其他严重后果的，对直接负责的主管人员和其他直接责任人员，处3年以下有期徒刑或者拘役；情节特别恶劣的，处3年以上7年以下有期徒刑。

根据《最高人民法院、最高人民检察院关于办理危害生产安全刑事案件适用法律若干问题的解释》，发生安全事故，具有下列情形之一的，应当认定为“发生重大伤亡事故或者造成其他严重后果”：①造成死亡1人以上，或者重伤3人以上的；②造成直接经济损失100万元以上的；③其他造成严重后果或者重大安全事故的情形。

（四）串通投标罪

《刑法》第二百二十三条规定，投标人相互串通投标报价，损害招标人或者其他投标人

利益，情节严重的，处3年以下有期徒刑或者拘役，并处或者单处罚金。投标人与招标人串通投标，损害国家、集体、公民的合法利益的，依照以上规定处罚。

思考题

1. 什么是法的形式？简述其基本含义。
2. 当地方性法规、规章之间不一致时，其法律效力如何裁决？
3. 什么是建设法？简述建设法律、行政法规与行政法的关系。
4. 简述建设民事商事法律关系的特点。
5. 什么是法律责任？简述法律责任的特征。
6. 什么是民事责任？有哪些种类？
7. 建设工程民事责任的主要承担方式有哪些？
8. 简述我国《刑法》和《最高人民法院、最高人民检察院关于办理危害生产安全刑事案件适用法律若干问题的解释》（法释〔2015〕22号）界定的工程重大安全事故刑事法律责任。
9. 简述我国《刑法》和《最高人民法院、最高人民检察院关于办理危害生产安全刑事案件适用法律若干问题的解释》（法释〔2015〕22号）界定的重大责任事故刑事法律责任。
10. 案例背景：1995年某县成立公路指挥部，代表县人民政府负责对某公路其中一个路段进行改造。公路指挥部在施工过程中与49个单位签订了工程承包合同。工程于1997年6月25日全面竣工。公路指挥部与各施工单位依照合同确定的竣工结算价的工程总造价为10852.39万元。县人民政府已向各施工单位支付工程款10299.72万元，尚欠工程款552.67万元。1999年12月，该县审计局依法出具《审计决定书》，并告知各施工单位若不服审计决定，可在法定期限内提起行政复议或者依法向人民法院提起行政诉讼。《审计决定书》核准该路段的工程总造价为9450万元，在竣工结算的基础上核减了1402.39万元。2000年年底，承建单位之一的某市公路管理局直属分局向该市中级人民法院提起民事诉讼。市中级人民法院受理本案以后，指定由该市某区人民法院审理。原告诉称，1998年8月5日，我方与县公路指挥部依照合同对工程进行了结算，经双方严格核算，工程总造价为730万元。除工程中已支付的价款外，县人民政府尚欠我方18万元，请求法院判令县人民政府支付所欠工程款18万元。之后，县人民政府依据《审计决定书》提起了反诉，诉称：在工程承建中，原告即某市公路管理局直属分局先后在公路指挥部领取工程款712万元。县审计局依法对其承建路段工程造价结算进行审计后，核减了工程造价，原告并未依法对《审计决定书》提起行政复议和行政诉讼。为此，按照核减的工程款，原告在公路指挥部超领工程款51万余元，请求法院依法判令原告返还超领的工程款51万余元。原告辩称，我方与被告方的承包合同有效。工程结算应以合同约定的单价和实际工程量进行。被告依审计决定来否定合法的合同，是明显的行政干预。被告反诉的理由是原告没有履行审计决定。审计决定生效后，兑现审计决定的唯一途径是审计局向法院申请强制执行，但审计局没有向法院申请强制执行，也无权委托县公路指挥部和被告申请执行。被告（某县人民政府）不是审计决定申请执行的主体，更不是本案反诉的适格主体，因此请求法院驳回被告的反诉。

区人民法院经审理认为：按照《中华人民共和国审计法》的有关规定，审计机关依法定职权对国家建设项目预算的执行情况和决算进行审计监督。《审计决定书》送达原告后，原告没有在法定期限内提起行政诉讼，因此审计行政行为已经发生法律效力，在原告和被告之间形成了新的债权、债务关系，即原告应当依据《审计决定书》的决定，返还给被告其超领的工程款及相应利息。据此，2001年8月8日区人民法院做出一审判决：驳回原告的诉讼请求，支持被告的反诉请求，判令原告返还被告工程款51万余元及利息。

原告不服区人民法院的一审判决，向市中级人民法院提起上诉。市中级人民法院经审理认为：某县公路指挥部与原告签订的公路路面施工合同、补充协议和结算是双方在平等基础上协商一致的民事行为，应当受到法律的保护。本案中所涉及工程造价审计只是审计机关对国家投资项目的建设单位的行政监督，不能以此否定双方已经确认的工程价款；县人民政府以审计决定对上诉人的工程价款主张进行抗辩，其抗辩理由不能成立，其反诉请求不应支持。《最高人民法院关于建设工程承包合同案件中双方当事人已确认的工程预算价款与审计部门审计的工程决算价款不一致时如何适用法律问题的电话答复意见》（〔2001〕民一他字第2号）指出："审计是国家对建设单位的一种行政监督，不影响建设单位与承建单位的合同效力。建设工程承包合同案件应以当事人的约定作为法院判决的依据。只有在合同明确约定以审计结论作为结算依据或者合同约定不明确、合同约定无效的情况下，才能将审计结论作为判决的依据。"本案中，县公路指挥部与原告签订的公路路面施工合同、补充协议和结算是双方在平等基础上协商一致的民事行为，应当受到法律的保护。本案所涉及的工程造价审计是审计机关对国家投资项目的建设单位的行政监督，双方当事人在合同中并未约定以审计结论作为结算依据，也无证据证明结算本身存在违法性。双方的工程价款结算具体明确，应予采信，审计结论不能作为本案的判决依据，不能以此否定双方已经确认的工程价款。2002年4月28日，市中级人民法院做出终审判决：驳回被上诉人的反诉请求；判令其向上诉人支付所欠工程款18万元及利息。

问题：本案中，应当如何区分不同类型的法律关系，该审计结论对合同效力有无影响？

11. 案例背景：某市1栋在建住宅楼发生楼体倒塌事故，造成1名工人身亡。经调查分析，事故调查组认定是1起重大责任事故。其直接原因是：紧贴该楼北侧，在短时间内堆土过高，最高处达10m左右；紧邻该楼南侧的地下车库基坑正在开挖，开挖深度4.6m。大楼两侧的压力差使土体产生水平位移，过大的水平力超过了桩基的抗侧能力，导致房屋倾倒。此外，还主要存在6个方面的间接原因：

一是土方堆放不当。在未对天然地基进行承载力计算的情况下，开发商随意指定将开挖土方短时间内集中堆放于该楼北侧。

二是开挖基坑违反相关规定。土方开挖单位在未经监理方同意、未进行有效监测并不具备相应资质的情况下，没有按照相关技术要求开挖基坑。

三是监理不到位。监理方对开发商、施工方的违法违规行为未进行有效处置，对施工现场的事故隐患未及时报告。

四是管理不到位。开发商管理混乱，违章指挥，违法指定施工单位，不合理压缩施工工期。

五是安全措施不到位。施工方对基坑开挖及土方处置未采取专项防护措施。

六是围护桩施工不规范。施工方未严格按照相关要求组织施工，施工速度快于规定的技术标准要求。

事故发生后，该楼所在地的副区长和镇长、副镇长等公职人员，因对辖区内建设工程安全生产工作负有领导责任，分别被给予行政警告、行政记过、行政记大过处分；开发商、总包单位对事故发生负有主要责任，土方开挖单位对事故发生负有直接责任，基坑围护及桩基工程施工单位对事故发生负有一定责任，分别给予了经济罚款，其中对开发商、总包单位均处以法定最高限额罚款50万元，并吊销总包单位的建筑施工企业资质证书及安全生产许可证，待事故善后处理工作完成后吊销开发商的房地产开发企业资质证书；监理单位对事故发生负有重要责任，吊销其工程监理资质证书；工程监测单位对事故发生负有一定责任，予以通报批评处理。监理单位、土方开挖单位的法定代表人等8名责任人员，对事故发生负有相关责任，被处以吊销执业证书、罚款、解除劳动合同等处罚。秦某、张某、夏某、陆某、张某、乔某等6人，犯重大责任事故罪，被追究刑事责任，分别被判处有期徒刑3~5年。

该楼的21户购房户，有11户业主退房，10户置换，分别获得相应的赔偿费。

问题：（1）本案中的民事责任有哪些？

（2）本案中的行政责任有哪些？

（3）本案中的刑事责任有哪些？

第二章

建设工程许可制度

本章重点内容：企业法人与项目经理部的法律关系、施工许可证和开工报告的适用范围、施工企业的资质许可、禁止无资质或越级承揽工程的规定、违法行为应承担的法律责任。

本章学习目标：了解企业法人与项目经理部的法律关系，熟悉施工许可证和开工报告的适用范围，掌握施工企业资质方面的规定和违法行为应承担的法律责任。通过本章学习，培养学生的科学管理意识；培养学生的法治意识，以及在学习生活和工作中遵纪守法的行为习惯。

第一节　建设工程法人制度

一、法人应具备的条件

2020 年 5 月公布的《中华人民共和国民法典》规定，法人是具有民事权利能力和民事行为能力，依法独立享有民事权利和承担民事义务的组织。

法人是与自然人相对应的概念，是法律赋予社会组织具有法律人格的一项制度。这一制度为确立社会组织的权利、义务，便于社会组织独立承担责任提供了基础。

（一）法人应当具备的条件

1）依法成立。法人不能自然产生，它的产生必须经过法定的程序。法人的设立目的和方式必须符合法律的规定，设立法人，法律、行政法规规定须经有关机关批准的，依照其规定。

2）应当有自己的名称、组织机构、住所、财产或者经费。法人的名称是法人相互区别的标志和法人进行活动时使用的代号。法人的组织机构是指对内管理法人事务、对外代表法人进行民事活动的机构。法人的住所则是法人进行业务活动的所在地，也是确定法律管辖的依据。法人以其主要办事机构所在地为住所。依法需要办理法人登记的，应当将主要办事机构所在地登记为住所。有必要的财产或者经费是法人进行民事活动的物质基础。它要求法人的财产或者经费必须与法人的经营范围或者设立目的相适应，否则将不能被批准设立或者核准登记。

3）能够独立承担民事责任。法人必须能够以自己的财产或者经费承担在民事活动中的债务，在民事活动中给其他主体造成损失时能够承担赔偿责任。法人以其全部财产独立承担民事责任。

4）有法定代表人。依照法律或者法人章程的规定，代表法人从事民事活动的负责人，为法人的法定代表人。法定代表人以法人名义从事的民事活动，其法律后果由法人承受。法人章程或者法人权力机构对法定代表人代表权的限制，不得对抗善意相对人。法定代表人因执行职务造成他人损害的，由法人承担民事责任。法人承担民事责任后，依照法律或者法人章程的规定，可以向有过错的法定代表人追偿。

（二）法人的分类

法人分为营利法人、非营利法人和特别法人三大类。

（1）营利法人 以取得利润并分配给股东等出资人为目的的成立的法人，为营利法人。营利法人包括有限责任公司、股份有限公司和其他企业法人等。营利法人经依法登记成立。依法设立的营利法人，由登记机关发给营利法人营业执照。营业执照签发日期为营利法人的成立日期。

（2）非营利法人 为公益目的或者其他非营利目的成立，不向出资人、设立人或者会员分配所取得利润的法人，为非营利法人。非营利法人包括事业单位、社会团体、基金会、社会服务机构等。具备法人条件，为适应经济社会发展需要，提供公益服务设立的事业单位，经依法登记成立，取得事业单位法人资格；依法不需要办理法人登记的，从成立之日起，具有事业单位法人资格。

（3）特别法人 机关法人、农村集体经济组织法人、城镇农村的合作经济组织法人、基层群众性自治组织法人，为特别法人。有独立经费的机关和承担行政职能的法定机构从成立之日起，具有机关法人资格，可以从事为履行职能所需要的民事活动。

二、法人在建设工程中的地位和作用

（一）法人在建设工程中的地位

在建设工程中，大多数建设活动主体都是法人。施工单位、勘察设计单位、监理单位通常是具有法人资格的组织。建设单位一般也应当具有法人资格。但有时候，建设单位也可能是没有法人资格的其他组织。

法人在建设工程中的地位，表现在其具有民事权利能力和民事行为能力。依法独立享有民事权利和承担民事义务，方能承担民事责任。在法人制度产生前，只有自然人才具有民事权利能力和民事行为能力。随着社会生产活动的扩大和专业化水平的提高，许多社会活动必须由自然人合作完成。因此，法人是出于需要，由法律将其拟制为自然人以确定团体利益的归属，即所谓“拟制人”。法人是社会组织在法律上的人格化，是法律意义上的“人”，而不是实实在在的生命体。建设工程规模浩大，需要众多的自然人合作完成。法人制度的产生，使这种合作成为常态。这是建设工程发展到当今规模和专业程度的基础。

（二）法人在建设工程中的作用

1. 法人是建设工程中的基本主体

在市场经济中，每个法人都是独立的，可以独立开展建设活动。法人制度有利于企业或者事业单位根据市场经济的客观要求，打破地区、部门和所有制的界限，发展各种形式的横向经济联合，在平等、自愿、互利的基础上建立起新的经济实体。实行法人制度，一方面可以保证企业在民事活动中以独立的“人格”享有平等的法律地位，不再受来自行政主管部门

的不适当干涉；另一方面使作为法人的企业也不得以自己的某种优势去干涉其他法人的经济活动，或者进行不等价的交换。这样，可以使企业发挥各自优势，进行正当竞争，按照社会化大生产的要求，加快市场经济的发展。

2. 确立了建设领域国有企业的所有权和经营权的分离

建设领域曾经是以国有企业为主体的。确认企业的法人地位，明确法人的独立财产责任并建立起相应的法人破产制度，这就真正在法律上使企业由国家行政部门的“附属物”变成了自主经营、自负盈亏的商品生产者和经营者，从而进一步促进企业加强经济核算和科学管理，增强企业在市场竞争中的活力与动力，为我国市场经济的发展和工程建设的顺利实施创造更好的条件。

三、企业法人与项目经理部的法律关系

（一）项目经理部的概念和设立

项目经理部是施工企业为了完成某项建设工程施工任务而设立的组织。项目经理部是由一个项目经理与技术、生产、材料、成本等管理人员组成的项目管理班子，是一次性的具有弹性的现场生产组织机构。对于大中型施工项目，施工企业应当在施工现场设立项目经理部；小型施工项目，可以由施工企业根据实际情况选择适当的管理方式。施工企业应当明确项目经理部的职责、任务和组织形式。

项目经理部不具备法人资格，而是施工企业根据建设工程施工项目而组建的非常设的下属机构。项目经理根据企业法人的授权，组织和领导本项目经理部的全面工作。

（二）项目经理是企业法人授权在建设工程施工项目上的管理者

企业法人的法定代表人，其职务行为可以代表企业法人。由于施工企业同时会有数个、数十个甚至更多的建设工程施工项目在组织实施，导致企业法定代表人不可能成为所有施工项目的直接负责人。因此，在每个施工项目上必须有一个经企业法人授权的项目经理。施工企业的项目经理，是受企业法人的委派，对建设工程施工项目全面负责的项目管理者，是一种施工企业内部的岗位职务。

建设工程项目上的生产经营活动，必须在企业制度的制约下运行；其质量、安全、技术等活动，须接受企业相关职能部门的指导和监督。

（三）项目经理部行为的法律后果由企业法人承担

由于项目经理部不具备独立的法人资格，无法独立承担民事责任。所以，项目经理部行为的法律后果将由企业法人承担。例如，项目经理部没有按照合同约定完成施工任务，则应由施工企业承担违约责任；项目经理签字的材料款，如果不按时支付，材料供应商应当以施工企业为被告提起诉讼。

第二节　建设工程施工许可制度

建设工程施工许可制度是由国家授权的有关行政主管部门，在建设工程开工之前对其是否符合法定的开工条件进行审核，对符合条件的建设工程允许其开工建设的法定制度。

2019 年 4 月经修改后公布的《中华人民共和国建筑法》规定，建筑工程开工前，建设单位应当按照国家有关规定向工程所在地县级以上人民政府建设行政主管部门申请领取施工

许可证；但是，国务院建设行政主管部门确定的限额以下的小型工程除外。按照国务院规定的权限和程序批准开工报告的建筑工程，不再领取施工许可证。

《优化营商环境条例》规定，设区的市级以上地方人民政府应当按照国家有关规定，优化工程建设项目（不包括特殊工程和交通、水利、能源等领域的重大工程）审批流程，推行并联审批、多图联审、联合竣工验收等方式，简化审批手续，提高审批效能。

《住房和城乡建设部办公厅关于全面推行建筑工程施工许可证电子证照的通知》（建办市〔2020〕25号）规定，全面推行施工许可电子证照。自2021年1月1日起，全国范围内的房屋建筑和市政基础设施工程项目全面实行施工许可电子证照。电子证照与纸质证照具有同等法律效力。

一、施工许可证和开工报告的适用范围

我国目前对建设工程开工条件的审批，存在着颁发“施工许可证”和批准“开工报告”两种形式。多数工程是办理施工许可证，少数工程则为批准开工报告。

（一）施工许可证的适用范围

1. 需要办理施工许可证的建设工程

2018年9月住房和城乡建设部经修改后发布的《建筑工程施工许可管理办法》规定，在中华人民共和国境内从事各类房屋建筑及其附属设施的建造、装修装饰和与其配套的线路、管道、设备的安装，以及城镇市政基础设施工程的施工，建设单位在开工前应当依照本办法的规定，向工程所在地的县级以上地方人民政府住房城乡建设主管部门申请领取施工许可证。

《住房城乡建设部办公厅关于工程总承包项目和政府采购工程建设项目办理施工许可手续有关事项的通知》（建办市〔2017〕46号）中规定，各级住房城乡建设主管部门可以根据工程总承包合同及分包合同确定设计、施工单位，依法办理施工许可证。对在工程总承包项目中承担分包工作，且已与工程总承包单位签订分包合同的设计单位或施工单位，各级住房城乡建设主管部门不得要求其与建设单位签订设计合同或施工合同，也不得将上述要求作为申请领取施工许可证的前置条件。

对依法通过竞争性谈判或单一来源方式确定供应商的政府采购工程建设项目，应严格执行《建筑法》《建筑工程施工许可管理办法》等规定，对符合申请条件的，应当颁发施工许可证。

2. 不需要办理施工许可证的建设工程

（1）限额以下的小型工程　按照《建筑法》的规定，国务院建设行政主管部门确定的限额以下的小型工程，可以不申请办理施工许可证。

据此，《建筑工程施工许可管理办法》规定，工程投资额在30万元以下或者建筑面积在$300m^2$以下的建筑工程，可以不申请办理施工许可证。省、自治区、直辖市人民政府住房城乡建设主管部门可以根据当地的实际情况，对限额进行调整，并报国务院住房城乡建设主管部门备案。

（2）抢险救灾等工程　《建筑法》规定，抢险救灾及其他临时性房屋建筑和农民自建低层住宅的建筑活动，不适用本法。

3. 不重复办理施工许可证的建设工程

《建筑法》规定，按照国务院规定的权限和程序批准开工报告的建筑工程，不再领取施

工许可证。这有两层含义：一是实行开工报告批准制度的建设工程，必须符合国务院的规定，其他任何部门的规定无效；二是开工报告与施工许可证不要重复办理。

4. 另行规定的建设工程

《建筑法》规定，军用房屋建筑工程建筑活动的具体管理办法，由国务院、中央军事委员会依据本法制定。

（二）实行开工报告制度的建设工程

开工报告制度是我国沿用已久的一种建设项目开工管理制度。1979 年，国家计划委员会、国家基本建设委员会设立了该项制度，1984 年将其简化，1988 年以后又恢复了开工报告制度。2019 年 4 月 14 日公布的《政府投资条例》规定，国务院规定应当审批开工报告的重大政府投资项目，按照规定办理开工报告审批手续后方可开工建设。

二、申请主体和法定批准条件

（一）施工许可证的申请主体

《建筑法》规定，建筑工程开工前，建设单位应当按照国家有关规定向工程所在地县级以上人民政府建设行政主管部门申请领取施工许可证。

建设单位（又称为业主或项目法人）是建设项目的投资者，如果建设项目是政府投资，则建设单位为该建设项目的管理单位或使用单位。为施工单位进场和开工做好各项前期准备工作，是建设单位应尽的义务。因此，施工许可证的申请领取，应该是由建设单位负责，而不是施工单位或其他单位。

（二）施工许可证的法定批准条件

《建筑法》规定，申请领取施工许可证，应当具备下列条件：①已经办理该建筑工程用地批准手续；②依法应当办理建设工程规划许可证的，已经取得建设工程规划许可证；③需要拆迁的，其拆迁进度符合施工要求；④已经确定建筑施工企业；⑤有满足施工需要的资金安排、施工图纸及技术资料；⑥有保证工程质量和安全的具体措施。

《建筑工程施工许可管理办法》进一步规定，建设单位申请领取施工许可证，应当具备下列条件，并提交相应的证明文件：①依法应当办理用地批准手续的，已经办理该建筑工程用地批准手续；②在城市、镇规划区的建筑工程，已经取得建设工程规划许可证；③施工场地已经基本具备施工条件，需要征收房屋的，其进度符合施工要求；④已经确定施工企业；⑤有满足施工需要的技术资料，施工图设计文件已按规定审查合格；⑥有保证工程质量和安全的具体措施；⑦建设资金已经落实，建设单位应当提供建设资金已经落实承诺书；⑧法律、行政法规规定的其他条件。

1. 依法应当办理用地批准手续的，已经办理该建筑工程用地批准手续

2019 年 8 月经修改后颁布的《中华人民共和国土地管理法》规定，经批准的建设项目需要使用国有建设用地的，建设单位应当持法律、行政法规规定的有关文件，向有批准权的县级以上人民政府自然资源主管部门提出建设用地申请，经自然资源主管部门审查，报本级人民政府批准。

2. 在城市、镇规划区的建筑工程，已经取得建设工程规划许可证

在城市、镇规划区内，规划许可证包括建设用地规划许可证和建设工程规划类许可证。在乡、村庄规划区内进行乡镇企业、乡村公共设施和公益事业建设的，须核发乡村建设规划

许可证。

根据《国务院关于印发清理规范投资项目报建审批事项实施方案的通知》（国发〔2016〕29号）要求，将建设工程（含临时设施）规划许可证核发、历史建筑实施原址保护审批等4项合并为“建设工程规划类许可证核发”。

（1）建设用地规划许可证　2019年4月经修改后公布的《中华人民共和国城乡规划法》规定，在城市、镇规划区内以划拨方式提供国有土地使用权的建设项目，经有关部门批准、核准、备案后，建设单位应当向城市、县人民政府城乡规划主管部门提出建设用地规划许可申请，由城市、县人民政府城乡规划主管部门依据控制性详细规划核定建设用地的位置、面积、允许建设的范围，核发建设用地规划许可证。建设单位在取得建设用地规划许可证后，方可向县级以上地方人民政府土地主管部门申请用地，经县级以上人民政府审批后，由土地主管部门划拨土地。

以出让方式取得国有土地使用权的建设项目，建设单位在取得建设项目的批准、核准、备案文件和签订国有土地使用权出让合同后，向城市、县人民政府城乡规划主管部门领取建设用地规划许可证。

（2）建设工程规划类许可证　在城市、镇规划区内进行建筑物、构筑物、道路、管线和其他工程建设的，建设单位或者个人应当向城市、县人民政府城乡规划主管部门或者省、自治区、直辖市人民政府确定的镇人民政府申请办理建设工程规划类许可证。

3. 施工场地已经基本具备施工条件，需要征收房屋的，其进度符合施工要求

施工场地应该具备的基本施工条件，通常要根据建设工程项目的具体情况决定。例如，已进行场区的施工测量，设置永久性经纬坐标桩、水准基桩和工程测量控制网；搞好“三通一平”或“七通一平”；在施工现场要设安全纪律牌、施工公告牌、安全标志牌等。实行监理的建设工程，一般要由监理单位查看后填写“施工场地已具备施工条件的证明”，并加盖单位公章确认。

2020年5月公布的《中华人民共和国民法典》规定，为了公共利益的需要，依照法律规定的权限和程序可以征收集体所有的土地和组织、个人的房屋以及其他不动产。但是，征收进度必须能满足建设工程开始施工和连续施工的要求。

4. 已经确定施工企业

建设工程的施工必须由具备相应资质的施工企业来承担。因此，在建设工程开工前，建设单位必须依法通过招标或直接发包的方式确定承包该建设工程的施工企业，并签订建设工程承包合同，明确双方的责任、权利和义务。

《建筑工程施工许可管理办法》进一步规定，按照规定应该招标的工程没有招标，应该公开招标的工程没有公开招标，或者肢解发包工程，以及将工程发包给不具备相应资质条件的，所确定的施工企业无效。

5. 有满足施工需要的施工图及技术资料，施工图设计文件已按规定审查合格

施工图是工程建设最根本的技术文件，因此，在开工前必须有满足施工需要的施工图。技术资料一般包括地形、地质、水文、气象等自然条件资料和主要原材料、燃料来源、水电供应和运输条件等技术经济条件资料。

2017年10月经修改后公布的《建设工程勘察设计管理条例》规定，编制施工图设计文件，应当满足设备材料采购、非标准设备制作和施工的需要，并注明建设工程合理使用

年限。

我国有严格的施工图设计文件审查制度。2019 年 4 月经修改后公布的《建设工程质量管理条例》规定，施工图设计文件未经审查批准的，不得使用。

6. 有保证工程质量和安全的具体措施

《建设工程质量管理条例》规定，建设单位在开工前，应当按照国家有关规定办理工程质量监督手续，工程质量监督手续可以与施工许可证或者开工报告合并办理。2003 年 11 月公布的《建设工程安全生产管理条例》规定，建设单位在申请领取施工许可证时，应当提供建设工程有关安全施工措施的资料。建设行政主管部门在审核发放施工许可证时，应当对建设工程是否有安全施工措施进行审查，对没有安全施工措施的，不得颁发施工许可证。《建筑工程施工许可管理办法》中对“有保证工程质量和安全的具体措施”做了进一步规定，施工企业编制的施工组织设计中有根据建筑工程特点制定的相应质量、安全技术措施。建立工程质量安全责任制并落实到人。专业性较强的工程项目编制了专项质量、安全施工组织设计，并按照规定办理了工程质量、安全监督手续。

施工组织设计的重要内容之一是要有能保证建设工程质量和安全的具体措施。

7. 建设资金已经落实，建设单位应当提供建设资金已经落实承诺书

建设资金的落实是建设工程开工后能否顺利实施的关键。在实践中，许多“烂尾楼”都是建设资金不到位造成的。因此，要求建设单位提供建设资金已经落实承诺书。

8. 法律、行政法规规定的其他条件

由于施工活动自身的复杂性，以及各类工程的建设要求也不同，申领施工许可证的条件会随着国家对建设活动管理的不断完善而做相应调整。但是，根据《建筑法》的规定，只有全国人民代表大会及其常务委员会制定的法律和国务院制定的行政法规，才有权增加施工许可证新的申领条件。据此，《建筑工程施工许可管理办法》明确规定，县级以上地方人民政府住房城乡建设主管部门不得违反法律法规规定，增设办理施工许可证的其他条件。

目前，已增加的施工许可证申领条件主要是消防设计审核。2019 年 4 月经修改后公布的《中华人民共和国消防法》（简称《消防法》）规定，特殊建设工程未经消防设计审查或者审查不合格的，建设单位、施工单位不得施工；其他建设工程，建设单位未提供满足施工需要的消防设计图纸及技术资料的，有关部门不得发放施工许可证或者批准开工报告。

需要注意的是，上述各项法定条件必须同时具备，缺一不可。发证机关应当自收到申请之日起 7 日内，对符合条件的申请颁发施工许可证。对于证明文件不齐全或者失效的，应当当场或者 5 日内一次告知建设单位需要补正的全部内容，审批时间可以自证明文件补正齐全后做相应顺延；对于不符合条件的，应当自收到申请之日起 7 日内书面通知建设单位，并说明理由。此外，《建筑工程施工许可管理办法》还规定，应当申请领取施工许可证的建筑工程未取得施工许可证的，一律不得开工。任何单位和个人不得将应当申请领取施工许可证的工程项目分解为若干限额以下的工程项目，规避申请领取施工许可证。

三、延期开工、核验和重新办理批准的规定

（一）申请延期的规定

《建筑法》规定，建设单位应当自领取施工许可证之日起 3 个月内开工。因故不能按期开工的，应当向发证机关申请延期；延期以两次为限，每次不超过 3 个月。既不开工又不申

请延期或者超过延期时限的，施工许可证自行废止。

（二）核验施工许可证的规定

《建筑法》规定，在建的建筑工程因故中止施工的，建设单位应当自中止施工之日起 1 个月内，向发证机关报告，并按照规定做好建筑工程的维护管理工作。建筑工程恢复施工时，应当向发证机关报告；中止施工满 1 年的工程恢复施工前，建设单位应当报发证机关核验施工许可证。

所谓中止施工，是指建设工程开工后，在施工过程中因特殊情况的发生而中途停止施工的一种行为。中止施工的原因很复杂，如地震、洪水等不可抗力，以及宏观调控压缩基建规模、停建缓建建设工程等。对于因故中止施工的，建设单位应当按照规定的时限向发证机关报告，并按照规定做好建设工程的维护管理工作，以防止建设工程在中止施工期间遭受不必要的损失，保证在恢复施工时可以尽快启动。

在恢复施工时，建设单位应当向发证机关报告恢复施工的有关情况。中止施工满 1 年的，在建设工程恢复施工前，建设单位还应当报发证机关核验施工许可证，看是否仍具备组织施工的条件，经核验符合条件的，应允许恢复施工，施工许可证继续有效；经核验不符合条件的，应当收回其施工许可证，不允许恢复施工，待条件具备后，由建设单位重新申领施工许可证。

（三）重新办理批准手续的规定

对于实行开工报告制度的建设工程，《建筑法》规定，按照国务院有关规定批准开工报告的建筑工程，因故不能按期开工或者中止施工的，应当及时向批准机关报告情况。因故不能按期开工超过 6 个月的，应当重新办理开工报告的批准手续。

四、违法行为应承担的法律责任

（一）未经许可擅自开工应承担的法律责任

《建筑法》规定，违反本法规定，未取得施工许可证或者开工报告未经批准擅自施工的，责令改正，对不符合开工条件的责令停止施工，可以处以罚款。

《建设工程质量管理条例》规定，建设单位未取得施工许可证或者开工报告未经批准，擅自施工的，责令停止施工，限期改正，处工程合同价款 1% 以上 2% 以下的罚款。

（二）规避办理施工许可证应承担的法律责任

《建筑工程施工许可管理办法》规定，对于未取得施工许可证或者为规避办理施工许可证将工程项目分解后擅自施工的，由有管辖权的发证机关责令停止施工，限期改正，对建设单位处工程合同价款 1% 以上 2% 以下罚款；对施工单位处 3 万元以下罚款。

（三）骗取和伪造施工许可证应承担的法律责任

《建筑工程施工许可管理办法》规定，建设单位采用欺骗、贿赂等不正当手段取得施工许可证的，由原发证机关撤销施工许可证，责令停止施工，并处 1 万元以上 3 万元以下罚款；构成犯罪的，依法追究刑事责任。

建设单位隐瞒有关情况或者提供虚假材料申请施工许可证的，发证机关不予受理或者不予许可，并处 1 万元以上 3 万元以下罚款；构成犯罪的，依法追究刑事责任。

建设单位伪造或者涂改施工许可证的，由发证机关责令停止施工，并处 1 万元以上 3 万元以下罚款；构成犯罪的，依法追究刑事责任。

（四）对单位主管人员等处罚的规定

给予单位罚款处罚的，对单位直接负责的主管人员和其他直接责任人员处单位罚款数额5%以上10%以下罚款。单位及相关责任人受到处罚的，作为不良行为记录予以通报。

（五）违法行政应承担的法律责任

《优化营商环境条例》规定，政府和有关部门及其工作人员有下列情形之一的，依法依规追究责任：①违法干预应当由市场主体自主决策的事项；②制定或者实施政策措施不依法平等对待各类市场主体；③违反法定权限、条件、程序对市场主体的财产和企业经营者个人财产实施查封、冻结和扣押等行政强制措施；④在法律、法规规定之外要求市场主体提供财力、物力或者人力；⑤没有法律、法规依据，强制或者变相强制市场主体参加评比、达标、表彰、培训、考核、考试以及类似活动，或者借前述活动向市场主体收费或者变相收费；⑥违法设立或者在目录清单之外执行政府性基金、涉企行政事业性收费、涉企保证金；⑦不履行向市场主体依法做出的政策承诺以及依法订立的各类合同，或者违约拖欠市场主体的货物、工程、服务等账款；⑧变相设定或者实施行政许可，继续实施或者变相实施已取消的行政许可，或者转由行业协会商会或者其他组织实施已取消的行政许可；⑨为市场主体指定或者变相指定中介服务机构，或者违法强制市场主体接受中介服务；⑩制定与市场主体生产经营活动密切相关的行政法规、规章、行政规范性文件时，不按照规定听取市场主体、行业协会商会的意见；⑪其他不履行优化营商环境职责或者损害营商环境的情形。

第三节　施工企业从业资格制度

《建筑法》规定，从事建筑活动的建筑施工企业、勘察单位、设计单位和工程监理单位，应当具备下列条件：①有符合国家规定的注册资本；②有与其从事的建筑活动相适应的具有法定执业资格的专业技术人员；③有从事相关建筑活动所应有的技术装备；④法律、行政法规规定的其他条件。该法还规定，本法关于施工许可、建筑施工企业资质审查和建筑工程发包、承包、禁止转包，以及建筑工程监理、建筑工程安全和质量管理的规定，适用于其他专业建筑工程的建筑活动。

《建设工程质量管理条例》进一步规定，施工单位应当依法取得相应等级的资质证书，并在其资质等级许可的范围内承揽工程。本条例所称建设工程，是指土木工程、建筑工程、线路管道和设备安装工程及装修工程。

2018年12月住房和城乡建设部经修改后发布的《建筑业企业资质管理规定》中规定，建筑业企业是指从事土木工程、建筑工程、线路管道设备安装工程的新建、扩建、改建等施工活动的企业。

一、企业资质的法定条件和等级

工程建设活动不同于一般的经济活动，其从业单位所具备条件的高低直接影响到建设工程质量和安全生产。因此，从事工程建设活动的单位必须符合相应的资质条件。

（一）施工企业资质的法定条件

根据《建筑法》《行政许可法》《建设工程质量管理条例》《建设工程安全生产管理条例》等法律、行政法规，《建筑业企业资质管理规定》中规定，企业应当按照其拥有的资产、主要人员、已完成的工程业绩和技术装备等条件申请建筑业企业资质，经审查合格，取得建筑业企业资质证书后，方可在资质许可的范围内从事建筑施工活动。

1. 有符合规定的净资产

企业资产是指企业拥有或控制的能以货币计量的经济资源，包括各种财产、债权和其他权利。企业净资产是指企业的资产总额减去负债以后的净额。净资产是属于企业所有并可以自由支配的资产，即所有者权益。相对于注册资本而言，它能够更准确地体现企业的经济实力。所有建筑业企业都必须具备基本的责任承担能力。这是法律上权利与义务相一致、利益与风险相一致原则的体现，是维护债权人利益的需要。显然，对净资产要求的全面提高意味着对企业资信要求的提高。《住房城乡建设部关于调整建筑业企业资质标准中净资产指标考核有关问题的通知》（建市〔2015〕177号）规定，企业净资产以企业申请资质前一年度或当期合法的财务报表中净资产指标为准考核。

以建筑工程施工总承包企业为例，《建筑业企业资质标准》（建市〔2014〕159号）规定，一级企业净资产1亿元以上；二级企业净资产4000万元以上；三级企业净资产800万元以上。

2. 有符合规定的主要人员

工程建设施工活动专业性、技术性较强。因此，建筑业企业应当拥有注册建造师及其他注册人员、工程技术人员、施工现场管理人员和技术工人。但为了简化企业资质考核指标，《住房城乡建设部关于简化建筑业企业资质标准部分指标的通知》（建市〔2016〕226号）要求，除各类别最低等级资质外，取消关于注册建造师、中级以上职称人员、持有岗位证书的现场管理人员、技术工人的指标考核。取消通信工程施工总承包三级资质标准中关于注册建造师的指标考核。

《住房城乡建设部办公厅关于取消建筑业企业最低等级资质标准现场管理人员指标考核的通知》（建办市〔2018〕53号）进一步要求，取消建筑业企业最低等级资质标准中关于持有岗位证书现场管理人员的指标考核。

3. 有符合规定的已完成工程业绩

《住房城乡建设部关于简化建筑业企业资质标准部分指标的通知》中要求，调整建筑工程施工总承包一级及以下资质的建筑面积考核指标。按照调整后的企业工程业绩考核指标，建筑工程施工总承包的一级企业，近5年承担过下列4类中的2类工程的施工总承包或主体工程承包，工程质量合格：①地上25层以上的民用建筑工程1项或地上18~24层的民用建筑工程2项；②高度100m以上的构筑物工程1项或高度80~100m（不含）的构筑物工程2项；③建筑面积12万m^2以上的建筑工程1项或建筑面积10万m^2以上的建筑工程2项；④钢筋混凝土结构单跨30m以上（或钢结构单跨36m以上）的建筑工程1项或钢筋混凝土结构单跨27~30m（不含）［或钢结构单跨30~36m（不含）］的建筑工程2项。

二级企业近5年承担过下列4类中的2类工程的施工总承包或主体工程承包，工程质量合格：①地上12层以上的民用建筑工程1项或地上8~11层的民用建筑工程2项；②高度50m以上的构筑物工程1项或高度35~50m（不含）的构筑物工程2项；③建筑面积6万m^2以上的建筑工程1项或建筑面积5万m^2以上的建筑工程2项；④钢筋混凝土结构单跨21m以上（或钢结构单跨24m以上）的建筑工程1项或钢筋混凝土结构单跨18~21m（不含）［或钢结构单跨21~24m（不含）］的建筑工程2项。

三级企业不再要求已完成的工程业绩。

同时，《住房城乡建设部关于简化建筑业企业资质标准部分指标的通知》(建市〔2016〕226号) 进一步规定，对申请建筑工程、市政公用工程施工总承包特级、一级资质的企业，未进入全国建筑市场监管与诚信信息发布平台的企业业绩，不作为有效业绩认定。

4. 有符合规定的技术装备

施工单位必须使用与其从事施工活动相适应的技术装备，而许多大中型机械设备都可以采用租赁或融资租赁的方式取得。因此，目前的企业资质标准对技术装备的要求并不多。

（二）施工企业的资质序列、类别和等级

1. 施工企业的资质序列

《建筑业企业资质管理规定》中规定，建筑业企业资质分为施工总承包资质、专业承包资质、施工劳务资质三个序列。

2. 施工企业的资质类别和等级

施工总承包资质、专业承包资质按照工程性质和技术特点分别划分为若干资质类别，各资质类别按照规定的条件划分为若干资质等级。施工劳务资质不分类别与等级。

《建筑业企业资质等级标准》中规定，施工总承包资质序列设有12个类别，分别是建筑工程施工总承包、公路工程施工总承包、铁路工程施工总承包、港口与航道工程施工总承包、水利水电工程施工总承包、电力工程施工总承包、矿山工程施工总承包、冶金工程施工总承包、石油化工工程施工总承包、市政公用工程施工总承包、通信工程施工总承包、机电工程施工总承包。施工总承包资质一般分为4个等级，即特级、一级、二级和三级。

专业承包资质序列设有36个类别，分别是地基基础工程专业承包、起重设备安装工程专业承包、预拌混凝土专业承包、电子与智能化工程专业承包、消防设施工程专业承包、防水防腐保温工程专业承包、桥梁工程专业承包、隧道工程专业承包、钢结构工程专业承包、模板脚手架专业承包、建筑装修装饰工程专业承包、建筑机电安装工程专业承包、建筑幕墙工程专业承包、古建筑工程专业承包、城市及道路照明工程专业承包、公路路面工程专业承包、公路路基工程专业承包、公路交通工程专业承包、铁路电务工程专业承包、铁路铺轨架梁工程专业承包、铁路电气化工程专业承包、机场场道工程专业承包、民航空管工程及机场弱电系统工程专业承包、机场目视助航工程专业承包、港口与海岸工程专业承包、航道工程专业承包、通航建筑物工程专业承包、港航设备安装及水上交管工程专业承包、水工金属结构制作与安装工程专业承包、水利水电机电安装工程专业承包、河湖整治工程专业承包、输变电工程专业承包、核工程专业承包、海洋石油工程专业承包、环保工程专业承包、特种工程专业承包。

（三）施工企业的资质许可

我国对建筑业企业的资质管理实行分级实施与有关部门相配合的管理模式。

1. 施工企业资质管理体制

《建筑业企业资质管理规定》中规定，国务院住房城乡建设主管部门负责全国建筑业企业资质的统一监督管理。国务院交通运输、水利、工业信息化等有关部门配合国务院住房城乡建设主管部门实施相关资质类别建筑业企业资质的管理工作。

省、自治区、直辖市人民政府住房城乡建设主管部门负责本行政区域内建筑业企业资质的统一监督管理。省、自治区、直辖市人民政府交通运输、水利、通信等有关部门配合同级

住房城乡建设主管部门实施本行政区域内相关资质类别建筑业企业资质的管理工作。

企业违法从事建筑活动的，违法行为发生地的县级以上地方人民政府住房城乡建设主管部门或者其他有关部门应当依法查处，并将违法事实、处理结果或者处理建议及时告知该建筑业企业资质的许可机关。

2. 施工企业资质的许可权限

1）下列建筑业企业资质，由国务院住房城乡建设主管部门许可：①施工总承包资质序列特级资质、一级资质及铁路工程施工总承包二级资质；②专业承包资质序列公路、水运、水利、铁路、民航方面的专业承包一级资质及铁路、民航方面的专业承包二级资质；涉及多个专业的专业承包一级资质。

《国务院关于第二批取消152项中央指定地方实施行政审批事项的决定》（国发〔2016〕9号）中，取消了对住房和城乡建设部负责的建筑业企业总承包特级、一级，部分专业承包一级资质审批的初审。据此，2016年3月住房城乡建设部办公厅颁发了《关于做好取消建设工程企业资质和个人执业资格初审事项后续衔接工作的通知》，规定各省级住房城乡建设主管部门不再对企业资质和个人执业资格事项出具初审意见。

《建筑业企业资质管理规定》中规定，申请本规定第9条所列资质的（注：即上述由国务院住房城乡建设主管部门许可的资质），可以向企业工商注册所在地省、自治区、直辖市人民政府住房城乡建设主管部门提交申请材料。省、自治区、直辖市人民政府住房城乡建设主管部门收到申请材料后，应当在5日内将全部申请材料报审批部门。

国务院住房城乡建设主管部门在收到申请材料后，应当依法做出是否受理的决定，并出具凭证；申请材料不齐全或者不符合法定形式的，应当在5日内一次性告知申请人需要补正的全部内容。逾期不告知的，自收到申请材料之日起即为受理。国务院住房城乡建设主管部门应当自受理之日起20个工作日内完成审查。自做出决定之日起10日内公告审批结果。其中，涉及公路、水运、水利、通信、铁路、民航等方面资质的，由国务院住房城乡建设主管部门会同国务院有关部门审查。

2）下列建筑业企业资质，由企业工商注册所在地省、自治区、直辖市人民政府住房城乡建设主管部门许可：①施工总承包资质序列二级资质及铁路、通信工程施工总承包三级资质；②专业承包资质序列一级资质（不含公路、水运、水利、铁路、民航方面的专业承包一级资质及涉及多个专业的专业承包一级资质）；③专业承包资质序列二级资质（不含铁路、民航方面的专业承包二级资质），铁路方面专业承包三级资质，特种工程专业承包资质。

3）下列建筑业企业资质，由企业工商注册所在地设区的市人民政府住房城乡建设主管部门许可：①施工总承包资质序列三级资质（不含铁路、通信工程施工总承包三级资质）；②专业承包资质序列三级资质（不含铁路方面专业承包资质）及预拌混凝土、模板脚手架专业承包资质；③施工劳务资质；④燃气燃烧器具安装、维修企业资质。

（四）施工企业资质证书的申请、延续和变更

《优化营商环境条例》规定，国家推进“证照分离”改革，持续精简涉企经营许可事项，依法采取直接取消审批、审批改为备案、实行告知承诺、优化审批服务等方式，对所有涉企经营许可事项进行分类管理，为企业取得营业执照后开展相关经营活动提供便利。除法律、行政法规规定的特定领域外，涉企经营许可事项不得作为企业登记的前置条件。

《国务院办公厅关于开展工程建设项目审批制度改革试点的通知》（国办发〔2018〕33

号）规定，对通过事中事后监管能够纠正不符合审批条件的行为且不会产生严重后果的审批事项，实行告知承诺制。公布实行告知承诺制的审批事项清单及具体要求，申请人按照要求做出书面承诺的，审批部门可以直接做出审批决定。

1. 企业资质的申请

《建筑业企业资质管理规定》中规定，建筑业企业可以申请一项或多项建筑业企业资质；企业首次申请或增项申请资质，应当申请最低等级资质。

企业申请建筑业企业资质，在资质许可机关的网站或审批平台提出申请事项，提交资金、专业技术人员、技术装备和已完成业绩等电子材料。

《住房和城乡建设部办公厅关于实行建筑业企业资质审批告知承诺制的通知》（建办市〔2019〕20号）中规定，我部负责审批的建筑工程、市政公用工程施工总承包一级资质（不含重新核定、延续）实行告知承诺审批。企业根据建设工程企业资质标准做出符合审批条件的承诺，我部依据企业承诺直接办理相关资质审批手续，不再要求企业提交证明材料。着力强化审批事中事后监管力度，实现对企业承诺的业绩现场核查全覆盖。对以虚构、造假等欺骗手段取得资质的企业，依法撤销其相应资质，并列入建筑市场主体“黑名单”。

2. 企业资质证书的使用与延续

《住房城乡建设部办公厅关于规范使用建筑业企业资质证书的通知》（建办市函〔2016〕462号）中指出，为切实减轻企业负担，各有关部门和单位在对企业跨地区承揽业务监督管理、招标活动中，不得要求企业提供建筑业企业资质证书原件，企业资质情况可通过扫描建筑业企业资质证书复印件的二维码查询。

《建筑业企业资质管理规定》中规定，资质证书有效期为5年。建筑业企业资质证书有效期届满，企业继续从事建筑施工活动的，应当于资质证书有效期届满3个月前，向原资质许可机关提出延续申请。

资质许可机关应当在建筑业企业资质证书有效期届满前做出是否准予延续的决定；逾期未做出决定的，视为准予延续。

3. 企业资质证书的变更

《优化营商环境条例》规定，企业申请办理住所等相关变更登记的，有关部门应当依法及时办理，不得限制。除法律、法规、规章另有规定外，企业迁移后其持有的有效许可证件不再重复办理。

（1）办理企业资质证书变更手续的程序　《建筑业企业资质管理规定》中规定，企业在建筑业企业资质证书有效期内名称、地址、注册资本、法定代表人等发生变更的，应当在工商部门办理变更手续后1个月内办理资质证书变更手续。

由国务院住房城乡建设主管部门颁发的建筑业企业资质证书的变更，企业应当向企业工商注册所在地省、自治区、直辖市人民政府住房城乡建设主管部门提出变更申请，省、自治区、直辖市人民政府住房城乡建设主管部门应当自受理申请之日起2日内将有关变更证明材料报国务院住房城乡建设主管部门，由国务院住房城乡建设主管部门在2日内办理变更手续。

上述规定以外的资质证书的变更，由企业工商注册所在地的省、自治区、直辖市人民政府住房城乡建设主管部门或者设区的市人民政府住房城乡建设主管部门依法另行规定。变更结果应当在资质证书变更后15日内，报国务院住房城乡建设主管部门备案。

涉及公路、水运、水利、通信、铁路、民航等方面的建筑业企业资质证书的变更，办理变更手续的住房城乡建设主管部门应当将建筑业企业资质证书变更情况告知同级有关部门。

（2）企业更换、遗失补办建筑业企业资质证书　企业需更换、遗失补办建筑业企业资质证书的，应当持建筑业企业资质证书更换、遗失补办申请等材料向资质许可机关申请办理。资质许可机关应当在2个工作日内办理完毕。

《住房和城乡建设部关于取消部分部门规章和规范性文件设定的证明事项的决定》（建法规〔2019〕6号）规定，建筑业企业资质证书遗失补办，由申请人告知资质许可机关，由资质许可机关在官网发布信息。

（3）企业发生合并、分立、改制的资质办理　《建筑业企业资质管理规定》中规定，企业发生合并、分立、重组以及改制等事项，需承继原建筑业企业资质的，应当申请重新核定建筑业企业资质等级。

4. 不予批准企业资质升级申请和增项申请的规定

企业申请建筑业企业资质升级、资质增项，在申请之日起前1年至资质许可决定做出前，有下列情形之一的，资质许可机关不予批准其建筑业企业资质升级申请和增项申请：①超越本企业资质等级或以其他企业的名义承揽工程，或允许其他企业或个人以本企业的名义承揽工程的；②与建设单位或企业之间相互串通投标，或以行贿等不正当手段谋取中标的；③未取得施工许可证擅自施工的；④将承包的工程转包或违法分包的；⑤违反国家工程建设强制性标准施工的；⑥恶意拖欠分包企业工程款或者劳务人员工资的；⑦隐瞒或谎报、拖延报告工程质量安全事故，破坏事故现场、阻碍对事故调查的；⑧按照国家法律、法规和标准规定需要持证上岗的现场管理人员和技术工种作业人员未取得证书上岗的；⑨未依法履行工程质量保修义务或拖延履行保修义务的；⑩伪造、变造、倒卖、出租、出借或者以其他形式非法转让建筑业企业资质证书的；⑪发生过较大以上质量安全事故或者发生过两起以上一般质量安全事故的；⑫其他违反法律、法规的行为。

5. 企业资质证书的撤回、撤销和注销

（1）撤回　取得建筑业企业资质证书的企业，应当保持资产、主要人员、技术装备等方面满足相应建筑业企业资质标准要求的条件。企业不再符合相应建筑业企业资质标准要求条件的，县级以上地方人民政府住房城乡建设主管部门、其他有关部门应当责令其限期改正并向社会公告，整改期限最长不超过3个月；企业整改期间不得申请建筑业企业资质的升级、增项，不能承揽新的工程；逾期仍未达到建筑业企业资质标准要求条件的，资质许可机关可以撤回其建筑业企业资质证书。

被撤回建筑业企业资质证书的企业，可以在资质被撤回后3个月内，向资质许可机关提出核定低于原等级同类别资质的申请。

（2）撤销　有下列情形之一的，资质许可机关应当撤销建筑业企业资质：①资质许可机关工作人员滥用职权、玩忽职守准予资质许可的；②超越法定职权准予资质许可的；③违反法定程序准予资质许可的；④对不符合资质标准条件的申请企业准予资质许可的；⑤依法可以撤销资质许可的其他情形。

以欺骗、贿赂等不正当手段取得资质许可的，应当予以撤销。

（3）注销　有下列情形之一的，资质许可机关应当依法注销建筑业企业资质，并向社会公布其建筑业企业资质证书作废，企业应当及时将建筑业企业资质证书交回资质许可机

关：①资质证书有效期届满，未依法申请延续的；②企业依法终止的；③资质证书依法被撤回、撤销或吊销的；④企业提出注销申请的；⑤法律、法规规定的应当注销建筑业企业资质的其他情形。

（五）外商投资建筑业企业的规定

2019 年 3 月公布的《中华人民共和国外商投资法》规定，本法所称外商投资，是指外国的自然人、企业或者其他组织（以下称外国投资者）直接或者间接在中国境内进行的投资活动，包括下列情形：①外国投资者单独或者与其他投资者共同在中国境内设立外商投资企业；②外国投资者取得中国境内企业的股份、股权、财产份额或者其他类似权益；③外国投资者单独或者与其他投资者共同在中国境内投资新建项目；④法律、行政法规或者国务院规定的其他方式的投资。

1. 外商投资建筑业企业的准入

外国投资者在依法需要取得许可的行业、领域进行投资的，应当依法办理相关许可手续。有关主管部门应当按照与内资一致的条件和程序，审核外国投资者的许可申请，法律、行政法规另有规定的除外。

2. 外商投资建筑业企业的组织形式

外商投资企业的组织形式、组织机构及其活动准则，适用《中华人民共和国公司法》《中华人民共和国合伙企业法》等法律的规定。

3. 外商投资建筑业企业的依法经营和信息报告制度

外商投资企业开展生产经营活动，应当遵守法律、行政法规有关劳动保护、社会保险的规定，依照法律、行政法规和国家有关规定办理税收、会计、外汇等事宜，并接受相关主管部门依法实施的监督检查。

外国投资者并购中国境内企业或者以其他方式参与经营者集中的，应当依照《中华人民共和国反垄断法》的规定接受经营者集中审查。

外国投资者或者外商投资企业应当通过企业登记系统以及企业信用信息公示系统向商务主管部门报送投资信息。

二、禁止无资质或越级承揽工程的规定

（一）禁止无资质承揽工程

《建筑法》规定，承包建筑工程的单位应当持有依法取得的资质证书，并在其资质等级许可的业务范围内承揽工程。

《建设工程质量管理条例》规定，施工单位应当依法取得相应等级的资质证书，并在其资质等级许可的范围内承揽工程。《建设工程安全生产管理条例》进一步规定，施工单位从事建设工程的新建、扩建、改建和拆除等活动，应当具备国家规定的注册资本、专业技术人员、技术装备和安全生产等条件，依法取得相应等级的资质证书，并在其资质等级许可的范围内承揽工程。

《建筑法》明确规定，禁止总承包单位将工程分包给不具备相应资质条件的单位。2019 年 3 月住房和城乡建设部经修改后发布的《房屋建筑和市政基础设施工程施工分包管理办法》进一步规定，分包工程承包人必须具有相应的资质，并在其资质等级许可的范围内承揽业务。严禁个人承揽分包工程业务。

需要指出的是，无资质承包主体签订的专业分包合同或者劳务分包合同都是无效合同。但是，当作为无资质的“实际施工人”的利益受到侵害时，其可以向合同相对方（即转包方或违法分包方）主张权利，甚至可以向建设工程项目的发包方主张权利。《最高人民法院关于审理建设工程施工合同纠纷案件适用法律问题的解释》（法释〔2020〕25号）第43条规定，实际施工人以转包人、违法分包人为被告起诉的，人民法院应当依法受理。实际施工人以发包人为被告主张权利的，人民法院应当追加转包人或者违法分包人为本案第三人，在查明发包人欠付转包人或者违法分包人建设工程价款的数额后，判决发包人在欠付建设工程价款范围内对实际施工人承担责任。

（二）禁止越级承揽工程

《建筑法》和《建设工程质量管理条例》均规定，禁止施工单位超越本单位资质等级许可的业务范围承揽工程。

随着建筑市场秩序的逐步规范，在施工总承包活动中超越资质承揽工程的现象已不多见。但是，在联合共同承包和分包工程活动中依然存在着超越资质等级承揽工程的问题。

1. 联合共同承包对资质的有关法律规定

《建筑法》规定，两个以上不同资质等级的单位实行联合共同承包的，应当按照资质等级低的单位的业务许可范围承揽工程。

联合共同承包是国际工程承包的一种通行做法，一般适用于大型或技术复杂的建设工程项目。采用联合共同承包的方式，可以优势互补，增加中标机会，并可降低承包风险。不过，联合共同承包同样要求联合的各方必须具有与其承包工程相符合的资质条件，不能超越资质等级去联合承包，以免导致以联合共同承包之名行“资质挂靠”之实。

2. 分包工程对资质的有关法律规定

《建筑法》规定，禁止总承包单位将工程分包给不具备相应资质条件的单位。《房屋建筑和市政基础设施工程施工分包管理办法》进一步规定，分包工程承包人必须具有相应的资质，并在其资质等级许可的范围内承揽业务。

在分包工程活动中，较为常见的是越级承揽工程，即施工承包企业将超越劳务企业资质等级或超越劳务范围的工程分包给劳务企业，并签订劳务分包合同。

《建设工程质量管理条例》规定，“本条例所称违法分包，是指下列行为：（一）总承包单位将建设工程分包给不具备相应资质条件的单位的……”。《房屋建筑和市政基础设施工程施工分包管理办法》规定，“禁止将承包的工程进行违法分包。下列行为，属于违法分包：（一）分包工程发包人将专业工程或者劳务作业分包给不具备相应资质条件的分包工程承包人的……”。据此，将工程分包给无资质或超越资质等级的单位的，应当定性为违法分包。

【案例】

背景：某施工劳务企业，净资产为250万元，其与某工程的施工总承包企业签订的施工劳务分包合同额为158万元，但最终实际结算额为1536万元。经查，该施工劳务企业实际承揽的劳务作业工程，除木工、砌筑、抹灰作业外，还包括脚手架、模板、混凝土等专业工程内容。

问题：本案中的施工劳务企业在承揽该劳务分包工程中有无违法行为？

分析：

1）按照《建筑业企业资质标准》的规定，取得施工劳务资质的企业可以承接具有施工总承包资质或专业承包资质的企业分包的劳务作业。该施工劳务企业承接该工程的木工、砌筑、抹灰等劳务作业属于合法的承包业务范围，但承接的脚手架、模板、混凝土等专业工程均属于专业承包工程。这显然超出了施工劳务企业资质允许的承接业务范围。

2）《建筑法》第二十九条规定，“禁止总承包单位将工程分包给不具备相应资质条件的单位”。《建设工程质量管理条例》第七十八条规定，“本条例所称违法分包，是指下列行为：（一）总承包单位将建设工程分包给不具备相应资质条件的单位的；……”。《房屋建筑和市政基础设施工程施工分包管理办法》进一步规定，“禁止将承包的工程进行违法分包。下列行为，属于违法分包：（一）分包工程发包人将专业工程或者劳务作业分包给不具备相应资质条件的分包工程承包人的；……”。《建筑工程施工转包违法分包等违法行为认定查处管理办法（试行）》第九条规定，“存在下列情形之一的，属于违法分包：……（二）施工单位将工程分包给不具备相应资质或安全生产许可的单位的；……”。

据此，该施工劳务企业超出其资质允许承接业务范围的专业工程部分属于违法分包，应当依法对施工总承包企业和劳务企业做出相应处罚。

三、禁止以他企业或他企业以本企业名义承揽工程的规定

《建筑法》规定，禁止建筑施工企业超越本企业资质等级许可的业务范围或者以任何形式用其他建筑施工企业的名义承揽工程。禁止建筑施工企业以任何形式允许其他单位或者个人使用本企业的资质证书、营业执照，以本企业的名义承揽工程。《建设工程质量管理条例》也规定，禁止施工单位超越本单位资质等级许可的业务范围或者以其他施工单位的名义承揽工程。禁止施工单位允许其他单位或者个人以本单位的名义承揽工程。

在实践中，为在市场竞争中获得建设工程项目，一些施工单位因自身资质条件不符合发包工程所要求的资质条件，往往会采取一些手段骗取发包方的信任，包括借用其他施工单位的资质证书，以其他施工单位的名义承揽建设工程项目等。既扰乱了建筑市场秩序，也给建设工程埋下了质量隐患。因此，法律明令禁止这种违法行为，不论是借用方还是出借方，都将受到法律的惩处。

同时，在分包工程中还要防止出现以他企业名义或他企业以本企业名义承揽工程的违法行为。《房屋建筑和市政基础设施工程施工分包管理办法》规定，分包工程发包人没有将其承包的工程进行分包，在施工现场所设项目管理机构的项目负责人、技术负责人、项目核算负责人、质量管理人员、安全管理人员不是工程承包人本单位人员的，视同允许他人以本企业名义承揽工程。

【案例】

背景：某工程项目由甲施工企业总承包，该企业将工程的土石方工程分包给乙公司，乙公司又与社会上的刘某签订任务书，约定由刘某组织人员负责土石方开挖、装卸和运输，负责施工的项目管理、技术指导和现场安全，单独核算，自负盈亏。

问题：乙公司与刘某签订土石方工程任务书的行为应当如何定性？该如何处理？

分析：本案中，乙公司允许刘某以工程任务书形式承揽土石方工程，并将现场全权交由刘某负责，该项目施工中的技术、质量、安全管理及核算人员均由刘某自行组织而非该分包公司的人员。《房屋建筑和市政基础设施工程施工分包管理办法》第十五条规定，“在施工现场所设项目管理机构的项目负责人、技术负责人、项目核算负责人、质量管理人员、安全管理人员不是工程承包人本单位人员的，视同允许他人以本企业名义承揽工程”。《建设工程质量管理条例》第六十一条规定，“……勘察、设计、施工、工程监理单位允许其他单位或者个人以本单位名义承揽工程的，责令改正，没收违法所得，……对施工单位处工程合同价款2%以上4%以下的罚款；可以责令停业整顿，降低资质等级；情节严重的，吊销资质证书”。据此，对乙公司应当做出相应的处罚。

四、违法行为应承担的法律责任

（一）企业申请办理资质违法行为应承担的法律责任

《建筑法》规定，以欺骗手段取得资质证书的，吊销资质证书，处以罚款；构成犯罪的，依法追究刑事责任。

《建筑业企业资质管理规定》中规定，申请人隐瞒有关情况或者提供虚假材料申请建筑业企业资质的，不予受理或者不予行政许可，并给予警告，申请人在1年内不得再次申请建筑业企业资质。

以欺骗、贿赂等不正当手段取得建筑业企业资质证书的，由县级以上地方人民政府建设主管部门或者有关部门给予警告，并依法处以罚款，申请人3年内不得再次申请建筑业企业资质。

建筑业企业未按照规定及时办理资质证书变更手续的，由县级以上地方人民政府建设主管部门责令限期办理；逾期不办理的，可处以1000元以上1万元以下的罚款。

（二）无资质承揽工程应承担的法律责任

《建筑法》规定，发包单位将工程发包给不具有相应资质条件的承包单位的，或者违反本法规定将建筑工程肢解发包的，责令改正，处以罚款。未取得资质证书承揽工程的，予以取缔，并处罚款；有违法所得的，予以没收。

《建设工程质量管理条例》进一步规定，建设单位将建设工程发包给不具有相应资质等级的勘察、设计、施工单位或者委托给不具有相应资质等级的工程监理单位的，责令改正，处50万元以上100万元以下的罚款。

未取得资质证书承揽工程的，予以取缔，对施工单位处工程合同价款2%以上4%以下的罚款；有违法所得的，予以没收。

2011年1月住房和城乡建设部经修改后发布的《住宅室内装饰装修管理办法》规定，装修人违反本办法规定，将住宅室内装饰装修工程委托给不具有相应资质等级企业的，由城市房地产行政主管部门责令改正，处500元以上1000元以下的罚款。

（三）超越资质等级承揽工程应承担的法律责任

《建筑法》规定，超越本单位资质等级承揽工程的，责令停止违法行为，处以罚款，可以责令停业整顿，降低资质等级；情节严重的，吊销资质证书；有违法所得的，予以没收。

《建设工程质量管理条例》进一步规定，“勘察、设计、施工、工程监理单位超越本单位资质等级承揽工程的，责令停止违法行为……对施工单位处工程合同价款 2% 以上 4% 以下的罚款，可以责令停业整顿，降低资质等级；情节严重的，吊销资质证书；有违法所得的，予以没收”。

（四）允许其他单位或者个人以本单位名义承揽工程应承担的法律责任

《建筑法》规定，建筑施工企业转让、出借资质证书或者以其他方式允许他人以本企业的名义承揽工程的，责令改正，没收违法所得，并处罚款，可以责令停业整顿，降低资质等级；情节严重的，吊销资质证书。对因该项承揽工程不符合规定的质量标准造成的损失，建筑施工企业与使用本企业名义的单位或者个人承担连带赔偿责任。

《建设工程质量管理条例》规定，“勘察、设计、施工、工程监理单位允许其他单位或者个人以本单位名义承揽工程的，责令改正，没收违法所得……；对施工单位处工程合同价款 2% 以上 4% 以下的罚款；可以责令停业整顿，降低资质等级；情节严重的，吊销资质证书”。

（五）转包、违法分包等行为应承担的法律责任

《建筑法》规定，承包单位将承包的工程转包的，或者违反本法规定进行分包的，责令改正，没收违法所得，并处罚款，可以责令停业整顿，降低资质等级；情节严重的，吊销资质证书。承包单位有以上规定的违法行为的，对因转包工程或者违法分包的工程不符合规定的质量标准造成的损失，与接受转包或者分包的单位承担连带赔偿责任。

《建设工程质量管理条例》规定，“承包单位将承包的工程转包或者违法分包的，责令改正，没收违法所得……对施工单位处工程合同价款 0.5% 以上 1% 以下的罚款；可以责令停业整顿，降低资质等级；情节严重的，吊销资质证书。”

《住房和城乡建设部关于印发建筑工程施工发包与承包违法行为认定查处管理办法的通知》（建市规〔2019〕1 号）规定，对认定有转包、违法分包违法行为的施工单位，依据《中华人民共和国建筑法》第六十七条、《建设工程质量管理条例》第六十二条规定进行处罚。

《房屋建筑和市政基础设施工程施工分包管理办法》规定，转包、违法分包或者允许他人以本企业名义承揽工程的，以及接受转包和用他人名义承揽工程的，按《中华人民共和国建筑法》《中华人民共和国招标投标法》和《建设工程质量管理条例》的规定予以处罚。

（六）以欺骗手段取得资质证书承揽工程应承担的法律责任

《建设工程质量管理条例》规定，以欺骗手段取得资质证书承揽工程的，吊销资质证书，处工程合同价款 2% 以上 4% 以下的罚款；有违法所得的，予以没收。

思 考 题

1. 什么是法人？简述其应该具备的条件。
2. 什么是项目经理部？简述企业法人与项目经理部的法律关系。
3. 简述我国需要办理施工许可证的建设工程范围。
4. 简述我国不需要办理施工许可证的建设工程的范围。
5. 简述我国《建筑法》和《建筑工程施工许可管理办法》规定的申领施工许可证的法定批准条件。
6. 简述我国《建筑法》关于核验施工许可证和重新办理批准的规定。
7. 如何办理建筑业企业资质证书的使用与延续？

8. 简述我国《建筑法》中禁止以他企业或他企业以本企业名义承揽工程的规定。

9. 简述建筑企业申请办理资质违法行为应承担的法律责任。

10. 简述建筑企业无资质承揽工程应承担的法律责任。

11. 简述允许其他单位或者个人以本单位名义承揽工程应承担的法律责任。

12. 简述转包、违法分包等行为应承担的法律责任。

13. 案例背景：地处A市的某设计院承担了坐落在B市的某项“设计—采购—施工”承包任务。该设计院将工程的施工任务分包给B市的某施工单位。设计院在施工现场派驻了包括甲在内的项目管理班子，施工单位则由乙为项目经理组成了项目经理部。施工任务完成后，施工单位以设计院尚欠工程款为由向仲裁委员会申请仲裁，主要依据是有甲签字确认的所增加的工程量。设计院认为甲并不是该项目的设计院方的项目经理，不承认甲签字的效力。经查实，甲既不是合同中约定的设计院的授权负责人，也没有设计院的授权委托书。但合同中约定的授权负责人基本没有去过该项目现场。事实上，该项目一直由甲实际负责，且有设计院曾经认可甲签字付款的情形。

问题：设计院是否应当承担付款责任？为什么？

14. 案例背景：某镇为改善当地的经济环境，大力发展果品产业。某果品加工厂决定投资800万元建设果汁生产分厂，计划用地30亩（1亩 = 666.6m^2），用于水果储存加工。经镇政府土地管理科批准，果品加工厂获批了该项目30亩农用地的建设用地规划许可证和建设工程规划类许可证，并筹备3个月之后开工建设。但在开工不久，县城建局便发现了此项违法建设的工程，责令立即停工，限期补办施工许可证，并要处以罚款。

问题：本案中果品加工厂有何违法行为？应如何处理？

15. 案例背景：黄河某灌区节水改造工程2008年度项目开工报告的批复为：你局2007年12月24日报来的《关于黄河灌区节水改造工程2008年度项目开工的请示》文件已收悉。根据《水利部关于加强水利工程建设项目开工管理工作的通知》（水建管〔2006〕144号）有关要求，对你局2008年度大型灌区续建配套与节水改造项目开工条件进行了审查，经研究，批复如下：

1）黄河灌区节水改造工程2008年度项目的项目法人、设计批复、筹资方案、质量监督、施工监理以及招标投标、工程合同、材料准备等工作符合水建管〔2006〕144号文件开工条件的有关要求，同意于2008年元月15日起开工建设该项目。

2）要按照国家发展改革委、水利部制定的《大型灌区续建配套和节水改造项目建设管理办法》及基本建设项目有关规章制度的要求，依据工程建设有关批复内容，严格程序，科学组织，精心施工。要加强项目管理，抓好安全生产，保质保量完成工程建设任务，及时发挥工程效益。

3）项目竣工后，由省水利厅主持验收。对项目预备费，要严格按照有关规定要求，不经批准，严禁动用。

4）在项目建设过程中，项目部要特别注意加强项目资金管理，严禁挤占、挪用项目建设资金，保证资金安全；要认真履行合同，及时做好单元、分部等阶段验收工作，做好项目施工、监理、质量检测等资料归档、整理工作，保证工程质量和进度；要积极组建灌区农民用水户协会，提高工程效益和管理水平。

但是，该项目开工报告被批准后，因故未能按时开工。该水利管理局于2008年3月10日、5月10日两次向省水利厅报告工程项目开工准备的进展情况，一直到2008年7月1日方始开工建设。

问题：该项目是否需重新办理开工报告的批准手续？为什么？

16. 案例背景：某市一服装厂为扩大生产规模需要建设一栋综合楼，10层框架结构，建筑面积20000m^2。通过工程监理招标，该市某建设监理有限公司中标并与该服装厂签订了委托监理合同，合同价款为34万元；通过施工招标，该市某建筑公司中标，并与服装厂签订了建设工程施工合同，合同价款为4200万元。合同签订后，建筑公司进入现场施工。在施工过程中，服装厂发现建筑公司工程进度拖延并出现质量问题，为此双方出现纠纷，并告到当地政府主管部门。当地政府主管部门在了解情况时，发现该服装厂的综合楼工程项目未办理规划许可、施工许可手续。

问题：本案中该服装厂有何违法行为？应该如何处理？

第三章
建设工程担保与保险制度

本章重点内容：建设工程保证担保的方式和责任、建设工程保险的主要种类和投保权益。

本章学习目标：掌握建设工程保证担保的方式和责任，熟悉建设工程保险的主要种类和投保权益。通过本章学习，培养学生的诚信精神和守信行为；培养学生在未来工作中采用科学合理的方式进行风险预防的理性思维。

第一节　建设工程担保制度

一、担保与担保合同的规定

担保是指当事人根据法律规定或者双方约定，为促使债务人履行债务实现债权人权利的法律制度。

《民法典》规定，债权人在借贷、买卖等民事活动中，为保障实现其债权，需要担保的，可以依照本法和其他法律的规定设立担保物权。

第三人为债务人向债权人提供担保时，可以要求债务人提供反担保。

担保合同是主合同的从合同，主合同无效，担保合同无效。担保合同另有约定的，按照约定。担保合同被确认无效后，债务人、担保人、债权人有过错的，应当根据其过错各自承担相应的民事责任。

二、建设工程保证担保的方式和责任

《民法典》规定，担保方式为保证、抵押、质押、留置和定金。

在建设工程活动中，保证是最为常用的一种担保方式。所谓保证，是指保证人和债权人约定，当债务人不履行债务时，保证人按照约定履行债务或者承担责任的行为。具有代为清偿债务能力的法人、其他组织或者公民，可以作保证人。但在建设工程活动中，由于担保的标的额较大，保证人往往是银行，也有信用较高的其他担保人，如担保公司。银行出具的保证通常称为保函，其他保证人出具的书面保证一般称为保证书。

（一）保证的基本法律规定

1. 保证合同

保证合同是为保障债权的实现，保证人和债权人约定，当债务人不履行到期债务或者

发生当事人约定的情形时，保证人履行债务或者承担责任的合同。保证合同是主债权债务合同的从合同。主债权债务合同无效的，保证合同无效，但是法律另有规定的除外。保证合同被确认无效后，债务人、保证人、债权人有过错的，应当根据其过错各自承担相应的民事责任。

保证合同的内容一般包括被保证的主债权的种类、数额，债务人履行债务的期限，保证的方式、范围和期间等条款。

2. 保证方式

保证的方式有两种：一般保证，连带责任保证。

当事人在保证合同中约定，债务人不能履行债务时，由保证人承担保证责任的，为一般保证。一般保证的保证人在主合同纠纷未经审判或者仲裁，并就债务人财产依法强制执行仍不能履行债务前，有权拒绝向债权人承担保证责任，但是有下列情形之一的除外：①债务人下落不明，且无财产可供执行；②人民法院已经受理债务人破产案件；③债权人有证据证明债务人的财产不足以履行全部债务或者丧失履行债务能力；④保证人书面表示放弃本款规定的权利。

当事人在保证合同中约定保证人与债务人对债务承担连带责任的，为连带责任保证。连带责任保证的债务人在主合同规定的债务履行期届满没有履行债务的，债权人可以要求债务人履行债务，也可以要求保证人在其保证范围内承担保证责任。

当事人在保证合同中对保证方式没有约定或者约定不明确的，按照一般保证承担保证责任。

3. 保证人资格

机关法人不得为保证人，但是经国务院批准为使用外国政府或者国际经济组织贷款进行转贷的除外。以公益为目的的非营利法人、非法人组织不得为保证人。

4. 保证责任

保证合同生效后，保证人就应当在合同约定的保证范围和保证期间承担保证责任。

保证担保的范围包括主债权及利息、违约金、损害赔偿金和实现债权的费用。保证合同另有约定的，按照约定。当事人对保证担保的范围没有约定或者约定不明确的，保证人应当对全部债务承担责任。

保证期间，债权人依法将主债权转让给第三人的，保证人在原保证担保的范围内继续承担保证责任。保证合同另有约定的，按照约定。保证期间，债权人许可债务人转让债务的，应当取得保证人书面同意，保证人对未经其同意转让的债务，不再承担保证责任。债权人与债务人协议变更主合同的，应当取得保证人书面同意，未经保证人书面同意的，保证人不再承担保证责任。保证合同另有约定的，按照约定。

一般保证的保证人未约定保证期间的，保证期间为主债务履行期届满之日起6个月。连带责任保证的保证人与债权人未约定保证期间的，债权人有权自主债务履行期届满之日起6个月内要求保证人承担保证责任。

（二）建设工程施工常用的担保种类

1. 施工投标保证金

施工投标保证金是指投标人按照招标文件的要求向招标人出具的，以一定金额表示的投标责任担保。其实质是为了避免因投标人在投标有效期内随意撤销投标或中标后不能提交履约保证金和签署合同等行为而给招标人造成损失。

施工投标保证金除现金外，可以是银行出具的银行保函、保兑支票、银行汇票或现金支票。

2. 施工合同履约保证金

《中华人民共和国招标投标法》规定，招标文件要求中标人提交履约保证金的，中标人应当提供。

施工合同履约保证金是为了保证施工合同的顺利履行而要求承包人提供的担保。施工合同履约保证金多为提供第三人的信用担保（保证），一般是由银行或者担保公司向招标人出具履约保函或者保证书。

3. 工程款支付担保

2013 年 3 月国家发展和改革委员会等七部委经修改后发布的《工程建设项目施工招标投标办法》规定，招标人要求中标人提供履约保证金或其他形式履约担保的，招标人应当同时向中标人提供工程款支付担保。

工程款支付担保，是发包人向承包人提交的、保证按照合同约定支付工程款的担保，通常采用由银行出具保函的方式。

4. 预付款担保

2017 年 11 月住房城乡建设部、工商总局经修改后发布的《建设工程施工合同（示范文本）》中提出，发包人要求承包人提供预付款担保的，承包人应在发包人支付预付款 7 天前提供预付款担保，专用合同条款另有约定除外。预付款担保可采用银行保函、担保公司担保等形式，具体由合同当事人在专用合同条款中约定。在预付款完全扣回之前，承包人应保证预付款担保持续有效。发包人在工程款中逐期扣回预付款后，预付款担保额度应相应减少，但剩余的预付款担保金额不得低于未被扣回的预付款金额。

三、抵押权、质权、留置权、定金的规定

（一）抵押权

1. 抵押的法律概念

按照《民法典》的规定，为担保债务的履行，债务人或者第三人不转移财产的占有，将该财产抵押给债权人的，债务人不履行到期债务或者发生当事人约定的实现抵押权的情形，债权人有权就该财产优先受偿。提供抵押财产的债务人或者第三人为抵押人，债权人为抵押权人，提供担保的财产为抵押财产。

2. 抵押物

债务人或者第三人提供担保的财产为抵押物。由于抵押物是不转移其占有的，因此能够成为抵押物的财产必须具备一定的条件。这类财产轻易不会灭失，其所有权的转移应当经过一定的程序。

债务人或者第三人有权处分的下列财产可以抵押：①建筑物和其他土地附着物；②建设用地使用权；③海域使用权；④生产设备、原材料、半成品、产品；⑤正在建造的建筑物、船舶、航空器；⑥交通运输工具；⑦法律、行政法规未禁止抵押的其他财产。抵押人可以将上述所列财产一并抵押。

对于以上第①项至第③项规定的财产或者第⑤项规定的正在建造的建筑物抵押的，应当

办理抵押登记。抵押权自登记时设立。

下列财产不得抵押：①土地所有权；②宅基地、自留地、自留山等集体所有土地的使用权，但是法律规定可以抵押的除外；③学校、幼儿园、医疗机构等为公益目的成立的非营利法人的教育设施、医疗卫生设施和其他公益设施；④所有权、使用权不明或者有争议的财产；⑤依法被查封、扣押、监管的财产；⑥法律、行政法规规定不得抵押的其他财产。

以动产抵押的，抵押权自抵押合同生效时设立；未经登记，不得对抗善意第三人。

3. 抵押的效力

抵押担保的范围包括主债权及利息、违约金、损害赔偿金和实现抵押权的费用。当事人也可以在抵押合同中约定抵押担保的范围。

抵押人有义务妥善保管抵押物并保证其价值。抵押期间，抵押人经抵押权人同意转让抵押财产的，应当将转让所得的价款向抵押权人提前清偿债务或者提存。转让的价款超过债权数额的部分归抵押人所有，不足部分由债务人清偿。抵押期间，抵押人未经抵押权人同意，不得转让抵押财产，但受让人代为清偿债务消灭抵押权的除外。抵押人的行为足以使抵押财产价值减少的，抵押权人有权要求抵押人停止其行为。

抵押权与其担保的债权同时存在。抵押权不得与债权分离而单独转让或者作为其他债权的担保。

4. 抵押权的实现

债务人不履行到期债务或者发生当事人约定的实现抵押权的情形，抵押权人可以与抵押人协议以抵押财产折价或者以拍卖、变卖该抵押财产所得的价款优先受偿。协议损害其他债权人利益的，其他债权人可以请求人民法院撤销该协议。抵押权人与抵押人未就抵押权实现方式达成协议的，抵押权人可以请求人民法院拍卖、变卖抵押财产。抵押财产折价或者变卖的，应当参照市场价格。

抵押财产折价或者拍卖、变卖后，其价款超过债权数额的部分归抵押人所有，不足部分由债务人清偿。

同一财产向两个以上债权人抵押的，拍卖、变卖抵押财产所得的价款依照下列规定清偿：①抵押权已经登记的，按照登记的时间先后确定清偿顺序；②抵押权已经登记的先于未登记的受偿；③抵押权未登记的，按照债权比例清偿。其他可以登记的担保物权，清偿顺序参照上述规定。

（二）质权

1. 质押的法律概念

质押是指债务人或者第三人将其动产或权利移交债权人占有，将该动产或权利作为债权的担保。债务人不履行债务时，债权人有权依照法律规定以该动产或权利折价或者以拍卖、变卖该动产或权利的价款优先受偿。

质权是一种约定的担保物权，以转移占有为特征。债务人或者第三人为出质人，债权人为质权人，移交的动产或权利为质物。

2. 质押的分类

质押分为动产质押和权利质押。

动产质押是指债务人或者第三人将其动产移交债权人占有，将该动产作为债权的担保。法律、行政法规禁止转让的动产不得出质。质权自出质人交付质押财产时设立。

权利质押一般是将权利凭证交付质押人的担保。可以质押的权利包括：①汇票、本票、支票；②债券、存款单；③仓单、提单；④可以转让的基金份额、股权；⑤可以转让的注册商标专用权、专利权、著作权等知识产权中的财产权；⑥现有的以及将有的应收账款；⑦法律、行政法规规定可以出质的其他财产权利。以汇票、本票、支票、债券、存款单、仓单、提单出质的，质权自权利凭证交付质权人时设立；没有权利凭证的，质权自办理出质登记时设立。法律另有规定的，依照其规定。

（三）留置

留置是指债权人按照合同约定占有债务人的动产，债务人不按照合同约定的期限履行债务的，债权人有权依照法律规定留置该财产，以该财产折价或者以拍卖、变卖该财产的价款优先受偿。

《民法典》规定，留置权人与债务人应当约定留置财产后的债务履行期限；没有约定或者约定不明确的，留置权人应当给债务人 60 日以上履行债务的期限，但是鲜活易腐等不易保管的动产除外。债务人逾期未履行的，留置权人可以与债务人协议以留置财产折价，也可以就拍卖、变卖留置财产所得的价款优先受偿。

留置权人负有妥善保管留置物的义务。因保管不善致使留置物灭失或者毁损的，留置权人应当承担民事责任。

（四）定金

《民法典》规定，当事人可以约定一方向对方给付定金作为债权的担保。定金合同自实际交付定金时成立。债务人履行债务的，定金应当抵作价款或者收回。给付定金的一方不履行债务或者履行债务不符合约定，致使不能实现合同目的的，无权请求返还定金；收受定金的一方不履行债务或者履行债务不符合约定，致使不能实现合同目的的，应当双倍返还定金。

定金的数额由当事人约定，但不得超过主合同标的额的 20%，超过部分不产生定金的效力。实际交付的定金数额多于或者少于约定数额的，视为变更约定的定金数额。

定金应当以书面形式约定。当事人在定金合同中应当约定交付定金的期限。定金合同从实际交付定金之日起生效。

第二节　建设工程保险制度

一、保险与保险索赔的规定

（一）保险概述

1. 保险的法律概念

2015 年 4 月经修改后公布的《中华人民共和国保险法》（简称《保险法》）规定，保险是指投保人根据合同约定，向保险人支付保险费，保险人对于合同约定的可能发生的事故因其发生所造成的财产损失承担赔偿保险金责任，或者当被保险人死亡、伤残、疾病或者达到合同约定的年龄、期限等条件时承担给付保险金责任的商业保险行为。

保险是一种受法律保护的分散危险、消化损失的法律制度。因此，危险的存在是保险产生的前提。但保险制度上的危险具有损失发生的不确定性，包括发生与否的不确定性、发生时间的不确定性和发生后果的不确定性。

2. 保险合同

保险合同是指投保人与保险人约定保险权利义务关系的协议。投保人是指与保险人订立保险合同，并按照合同约定负有支付保险费义务的人。保险人是指与投保人订立保险合同，并按照合同约定承担赔偿或者给付保险金责任的保险公司。

保险合同在履行中还会涉及被保险人和受益人。被保险人是指其财产或者人身受保险合同保障，享有保险金请求权的人。投保人可以为被保险人。受益人是指人身保险合同中由被保险人或者投保人指定的享有保险金请求权的人。投保人、被保险人可以为受益人。投保人提出保险要求，经保险人同意承保，保险合同成立。保险人应当及时向投保人签发保险单或者其他保险凭证。

保险合同一般是以保险单的形式订立的。保险合同分为人身保险合同、财产保险合同。

（1）人身保险合同　人身保险合同是以人的寿命和身体为保险标的的保险合同。投保人应向保险人如实申报被保险人的年龄、身体状况。投保人于合同成立后，可以向保险人一次支付全部保险费，也可以按照合同规定分期支付保险费。人身保险的受益人由被保险人或者投保人指定。人身保险包括人寿保险、伤害保险、健康保险三种。保险人对人寿保险的保险费，不得用诉讼方式要求投保人支付。

（2）财产保险合同　财产保险合同是以财产及其有关利益为保险标的的保险合同。在财产保险合同中，保险合同的转让应当通知保险人，经保险人同意继续承保后，依法转让合同。

在合同的有效期内，保险标的的危险程度显著增加的，被保险人应当按照合同约定及时通知保险人，保险人可以按照合同约定增加保险费或者解除合同。建筑工程一切险和安装工程一切险即为财产保险合同。

（二）保险索赔

对于投保人而言，保险的根本目的是发生灾难事件时能够得到补偿，而这一目的必须通过索赔来实现。

1. 投保人进行保险索赔须提供必要的有效的证明

保险事故发生后，依照保险合同请求保险人赔偿或者给付保险金时，投保人、被保险人或者受益人应当向保险人提供其所能提供的与确认保险事故的性质、原因、损失程度等有关的证明和资料。

这就要求投保人在日常管理中应当注意证据的收集和保存。当保险事件发生后，更应注意证据收集，有时还需要有关部门的证明。索赔的证据一般包括保单、建设工程合同、事故照片、鉴定报告以及保单中规定的证明文件。

2. 投保人等应当及时提出保险索赔

投保人、被保险人或者受益人知道保险事故发生后，应当及时通知保险人。这与索赔的成功与否密切相关。因为，资金有时间价值，如果保险事件发生后很长时间才能取得索赔，即使是全额赔偿也不足以补偿自己的全部损失。而且，时间过长还会给索赔人的取证或保险人的理赔增加很大的难度。

3. 计算损失大小

保险单上载明的保险财产全部损失，应当按照全损进行保险索赔。保险单上载明的保险财产没有全部损失，应当按照部分损失进行保险索赔。但是，财产虽然没有全部毁损或者灭失，但其损坏程度已达到无法修理，或者虽然能够修理但修理费将超过赔偿金额的，也应当按照全损进行保险索赔。如果一个建设工程项目同时由多家保险公司承保，则应当按照约定的比例分别向不同的保险公司提出索赔要求。

二、建设工程保险的主要种类和投保权益

（一）建筑工程一切险（及第三者责任险）

建筑工程一切险是承保各类民用、工业和公用事业建筑工程项目，包括道路、桥梁、水坝、港口等，在建造过程中因自然灾害或意外事故而引起的一切损失的险种。因在建工程抗灾能力差，危险程度高，一旦发生损失，不仅会对工程本身造成巨大的物质财富损失，甚至还可能殃及邻近人员与财物。因此，随着各种新建、扩建、改建的建设工程项目日渐增多，许多保险公司已经开设这一险种。

建筑工程一切险往往还加保第三者责任险。第三者责任险是指在保险有效期内因在施工工地上发生意外事故造成在施工工地及邻近地区的第三者人身伤亡或财产损失，依法应由被保险人承担的经济赔偿责任。

1. 投保人与被保险人

2017年9月住房和城乡建设部、工商总局经修订后联合颁布的《建设工程施工合同（示范文本）》中规定，除专用合同条款另有约定外，发包人应投保建筑工程一切险或安装工程一切险；发包人委托承包人投保的，因投保产生的保险费和其他相关费用由发包人承担。

建筑工程一切险的被保险人范围较宽，所有在工程进行期间，对该项工程承担一定风险的有关各方（即具有可保利益的各方），均可作为被保险人。如果被保险人不止一家，则各家接受赔偿的权利以不超过其对保险标的的可保利益为限。被保险人具体包括：①业主或工程所有人；②承包商或者分包商；③技术顾问，包括业主聘用的建筑师、工程师及其他专业顾问。

2. 保险责任范围

保险人对下列原因造成的损失和费用，负责赔偿：①自然事件，指地震、海啸、雷电、飓风、台风、龙卷风、风暴、暴雨、洪水、水灾、冻灾、冰雹、地崩、山崩、雪崩、火山爆发、地面下陷下沉及其他人力不可抗拒的破坏力强大的自然现象；②意外事故，指不可预料的以及被保险人无法控制并造成物质损失或人身伤亡的突发性事件，包括火灾和爆炸。

3. 除外责任

保险人对下列各项原因造成的损失不负责赔偿：①设计错误引起的损失和费用；②自然磨损、内在或潜在缺陷、物质本身变化、自燃、自热、氧化、锈蚀、渗漏、鼠咬、虫蛀、大气（气候或气温）变化、正常水位变化或其他渐变原因造成的保险财产自身的损失和费用；③因原材料缺陷或工艺不善引起的保险财产本身的损失以及为换置、修理或矫正这些缺点错误所支付的费用；④非外力引起的机械或电气装置的本身损失，或施工用机具、设备、机械装置失灵造成的本身损失；⑤维修保养或正常检修的费用；⑥档案、文件、账簿、票据、现金、各种有价证券、图表资料及包装物料的损失；⑦盘点时发现的短缺；⑧领有公共运输行驶执照的，或已由其他保险予以保障的车辆、船舶和飞机的损失；⑨除非另有约定，在保险工程开始以前已经存在或形成的位于工地范围内或其周围的属于被保险人的财产的损失；

⑩除非另有约定，在保险单保险期限终止以前，保险财产中已由工程所有人签发完工验收证书或验收合格或实际占有或使用或接收的部分。

4. 第三者责任险

建筑工程一切险如果加保第三者责任险，保险人对下列原因造成的损失和费用，负责赔偿：①在保险期限内，因发生与所保工程直接相关的意外事故引起工地内及邻近区域的第三者人身伤亡、疾病或财产损失；②被保险人因上述原因支付的诉讼费用以及事先经保险人书面同意而支付的其他费用。

5. 赔偿金额

保险人对每次事故引起的赔偿金额以法院或政府有关部门根据现行法律裁定的应由被保险人偿付的金额为准，但在任何情况下，均不得超过保险单明细表中对应列明的每次事故赔偿限额。在保险期限内，保险人经济赔偿的最高赔偿责任不得超过本保险单明细表中列明的累计赔偿限额。

6. 保险期限

建筑工程一切险的保险责任自保险工程在工地动工或用于保险工程的材料、设备运抵工地之时起始，至工程所有人对部分或全部工程签发完工验收证书或验收合格，或工程所有人实际占用或使用或接收该部分或全部工程之时终止，以先发生者为准。但在任何情况下，保险期限的起始或终止不得超出保险单明细表中列明的保险生效日或终止日。

（二）安装工程一切险（及第三者责任险）

安装工程一切险是承保安装机器、设备、储油罐、钢结构工程、起重机以及包含机械工程因素的各种安装工程的险种。由于科学技术日益进步，现代工业的机器设备已进入计算机操控的时代，工艺精密、构造复杂，技术高度密集，价格十分昂贵。在安装、调试机器设备的过程中遇到自然灾害和意外事故的发生都会造成巨大的经济损失。安装工程一切险可以保障机器设备在安装、调试过程中，被保险人可能遭受的损失能够得到经济补偿。

安装工程一切险往往还加保第三者责任险。安装工程一切险的第三者责任险，负责被保险人在保险期限内，因发生意外事故，造成在工地及邻近地区的第三者人身伤亡、疾病或财产损失，依法应由被保险人赔偿的经济损失，以及因此而支付的诉讼费用和经保险人书面同意支付的其他费用。

1. 保险责任范围

保险人对因自然灾害、意外事故（具体内容与建筑工程一切险基本相同）造成的损失和费用，负责赔偿。

2. 除外责任

其除外责任与建筑工程除外责任的第②、⑤、⑥、⑦、⑧、⑨、⑩相同，不同之处主要是：①因设计错误、铸造或原材料缺陷或工艺不善引起的保险财产本身的损失以及为换置、修理或矫正这些缺点错误所支付的费用；②由于超负荷、超电压、碰线、电弧、漏电、短路、大气放电及其他电气原因造成电气设备或电气用具本身的损失；③施工用机具、设备、机械装置失灵造成的本身损失。

3. 保险期限

安装工程一切险的保险责任自保险工程在工地动工或用于保险工程的材料、设备运抵工地之时起始，至工程所有人对部分或全部工程签发完工验收证书或验收合格，或工程所有人实际占有或使用接收该部分或全部工程之时终止，以先发生者为准。但在任何情况下，安装期保险期限的起始或终止不得超出保险单明细表中列明的保险生效日或终止日。

安装工程一切险的保险期内，一般应包括一个试车考核期。试车考核期的长短一般根据安装工程合同中的约定进行确定，但不得超出安装工程保险单明细表中列明的试车和考核期限。安装工程一切险对考核期的保险责任一般不超过3个月，若超过3个月，应另行加收保险费。安装工程一切险对于旧机器设备不负考核期的保险责任，也不承担其维修期的保险责任。

【案例】

背景：2006年3月7日，某养殖公司与某财产保险公司签订了《建筑工程一切险保险合同》，保险项目为该养殖公司的围埝工程，投保金额为3485000元，事故绝对免赔额为50000元；保险期限自2006年3月16日中午12时起至2006年5月5日中午12时止。双方在合同第13条还特别约定：物质损失部分每次事故赔偿限额为500000元。2006年3月11日，该养殖公司向保险公司交付保险费12455元。

在保险期间，该围埝工程施工于2006年4月15日、4月30日因海上出现大风天气，导致两次海损事故发生，造成一定经济损失。在理赔过程中，双方就损失赔偿问题未达成一致意见。该养殖公司起诉到人民法院。2007年6月15日，一审法院依法委托某工程咨询管理公司对两次海损工程量进行了司法鉴定，同年7月31日得出鉴定结论：两次海损损毁的工程量合计26525.25m^3。若按照双方提供的工程承包合同单价41元/m^3计算，则海损部分的工程造价为1087535.25元。原告支付了鉴定费80000元。

问题：被告是否应当赔偿损失？赔偿额应当是多少？

分析：一审法院认为，市气象预警中心的气象资料证实，2006年4月15日、4月30日的最大风速为8级。按照双方所签订的保险条款的规定，两次海损均属人力不可抗拒的破坏力强大的自然现象所致，属于保险责任的范围，被告应按照保险合同的约定承担保险赔偿责任。同时，法院对两次海损工程量司法鉴定报告书认定程序合法，对该鉴定报告予以采信。根据鉴定结论，2006年4月15日第一次海损给原告造成的损失为266336元，减去绝对免赔额50000元，被告应赔偿216336元；2006年4月30日，第二次海损造成的损失为821199.25元，因双方约定了物质损失部分每次事故赔偿限额为500000元，故被告应赔偿损失500000元。2007年12月16日，法院依法判决：被告赔偿原告2006年4月15日海损损失216336元；被告赔偿原告2006年4月30日海损损失500000元；案件受理费18118元，其他费用4670元，共计22788元，由原告担负11394元，被告担负11394元；鉴定费80000元，由被告担负。

（三）工伤保险和建筑职工意外伤害险

《建筑法》规定，建筑施工企业应当依法为职工参加工伤保险缴纳工伤保险费。鼓励企业为从事危险作业的职工办理意外伤害保险，支付保险费。

（四）保险代理人和保险经纪人

《保险法》规定，保险代理人是根据保险人的委托，向保险人收取佣金，并在保险人授权的范围内代为办理保险业务的机构或者个人。保险经纪人是基于投保人的利益，为投保人与保险人订立保险合同提供中介服务，并依法收取佣金的机构。

保险代理人与保险经纪人最大区别是：保险代理人是受保险公司的委托，为该保险公司推销保险产品。保险经纪人则是受投保人（保险客户）委托，根据客户风险情况，为其设计保险方案、制订保险计划，横向比较各保险公司的保险条款优劣，帮助投保人选择适当的保险公司。如果保险业是销售柜台，保险代理人就像是站在一个特定产品前的专职推销员。而保险经纪人则是帮助顾客选购产品的秘书或顾问，他不偏向于任何一个产品，而是完全根据顾客需求，选择同类产品中最适合消费者的那一款。

有关资料表明，60% 的风险是通过保险方式进行规避的，其余风险则需要通过非保险的方式进行管理。保险经纪公司作为衔接保险公司与保险客户的中间环节，可以为客户提供专业的、全方位的保险咨询服务，代表客户与保险公司谈判，协助客户办理投保与索赔工作，最大限度地保障投保人的利益。

思　考　题

1. 简述建设工程施工常用的担保种类。
2. 什么是抵押？列举可以进行抵押和不能进行抵押的财产。
3. 什么是质押？列举质押的权利。
4. 什么是建筑工程一切险？简述其保险责任范围。
5. 简述建筑工程一切险的除外责任。
6. 什么是安装工程一切险？简述其保险责任范围。
7. 案例背景

A 房地产开发公司与 B 公司共同出资设立了注册资本为 80 万元的 C 有限责任公司。A 的协议出资额为 70 万元，但未到位；B 的出资额为 10 万元，已经到位。C 公司成立后与 D 银行订立了一个借款合同，借款额为 50 万元，期限为 1 年，利息 5 万元。该借款合同由 E 公司作为担保人，E 公司将其一处评估价为 80 万元的土地使用权抵押给了 D 银行。C 公司在经营中亏损，借款到期后无力还款。

问题：(1) D 银行能否要求 A 公司承担还款责任？为什么？

(2) D 银行能否要求 B 公司承担还款责任？为什么？

(3) D 银行能否要求 C 公司承担还款责任？为什么？

(4) D 银行能否要求 E 公司承担还款责任？为什么？

8. 案例背景：2008 年 10 月 10 日，某单位与某保险公司签订了《建筑工程一切险及第三者责任险》，保险项目为建筑工程（包括永久和临时工程及材料），投保金额为 3.07 亿元。保险期限自 2008 年 10 月 10 日 0 时起至 2011 年 4 月 22 日 24 时止。双方在保险合同中将各种自然灾害引起的物质损失绝对免赔额分别做了限定，并特别约定：物质损失部分每次事故赔偿限额为 300 万元。2008 年 10 月 15 日施工单位一次性缴纳了保险费 130 余万元。

2009 年 7 月 29 日，该地区遭遇特大暴雨，山洪暴发，致使施工区域内山体塌方，施工便道被冲毁，大量桩基被埋，抗滑桩垮塌，部分施工材料被冲走，工地受损严重。该单位经估算，预计损失金额为 256 万余元。保险公司接到报案后，聘请了某保险评估公司对事故现场进行了实地勘察，先后出具了两次损失统计表，其定损金额均与该单位实际受损情况存在很大差异。该单位提出异议，对受损金额不予认可，故全权委托某保险经纪公司为其保险顾问。

问题：保险经纪公司如何发挥保险顾问作用？

第四章
建设工程招投标制度

本章重点内容：建设工程法定招标的范围、禁止肢解发包的规定、投标文件的法定要求和投标保证金的规定。

本章学习目标：掌握建设工程法定招标的范围、招标方式和交易场所，掌握招标基本程序和禁止肢解发包、限制排斥投标人的规定，熟悉投标人、投标文件的法定要求和投标保证金。学生通过本章学习，认识到我国建筑市场从法律角度更加规范化、程序化，培养学生在未来工作中的制度意识、公平竞争意识；培养学生正确的社会价值观。

第一节　建设工程法定招标的范围、招标方式和交易场所

一、建设工程必须招标的范围

2017 年 12 月经修改后公布的《中华人民共和国招标投标法》(简称《招标投标法》) 规定，在中华人民共和国境内进行下列工程建设项目包括项目的勘察、设计、施工、监理以及与工程建设有关的重要设备、材料等的采购，必须进行招标：①大型基础设施、公用事业等关系社会公共利益、公众安全的项目；②全部或者部分使用国有资金投资或者国家融资的项目；③使用国际组织或者外国政府贷款、援助资金的项目。

2019 年 3 月经修改后发布的《中华人民共和国招标投标法实施条例》(简称《招标投标法实施条例》) 指出，工程建设项目是指工程以及与工程建设有关的货物、服务。工程是指建设工程，包括建筑物和构筑物的新建、改建、扩建及其相关的装修、拆除、修缮等；与工程建设有关的货物是指构成工程不可分割的组成部分，且为实现工程基本功能所必需的设备、材料等；与工程建设有关的服务是指为完成工程所需的勘察、设计、监理等服务。

经国务院批准，2018 年 3 月国家发展和改革委员会发布的《必须招标的工程项目规定》中规定，全部或者部分使用国有资金投资或者国家融资的项目包括：①使用预算资金 200 万元人民币以上，并且该资金占投资额 10% 以上的项目；②使用国有企业事业单位资金，并且该资金占控股或者主导地位的项目。

使用国际组织或者外国政府贷款、援助资金的项目包括：①使用世界银行、亚洲开发银行等国际组织贷款、援助资金的项目；②使用外国政府及其机构贷款、援助资金的项目。

不属于以上规定情形的大型基础设施、公用事业等关系社会公共利益、公众安全的项目，必须招标的具体范围由国务院发展改革部门会同国务院有关部门按照确有必要、严格限

定的原则制订，报国务院批准。

《必须招标的工程项目规定》范围内的项目，其勘察、设计、施工、监理以及与工程建设有关的重要设备、材料等的采购达到下列标准之一的，必须招标：①施工单项合同估算价在400万元人民币以上；②重要设备、材料等货物的采购，单项合同估算价在200万元人民币以上；③勘察、设计、监理等服务的采购，单项合同估算价在100万元人民币以上。同一项目中可以合并进行的勘察、设计、施工、监理以及与工程建设有关的重要设备、材料等的采购，合同估算价合计达到以上规定标准的，必须招标。

二、可以不进行招标的建设工程项目

《招标投标法》规定，涉及国家安全、国家秘密、抢险救灾或者属于利用扶贫资金实行以工代赈、需要使用农民工等特殊情况，不适宜进行招标的项目，按照国家有关规定可以不进行招标。

《招标投标法实施条例》还规定，除《招标投标法》规定可以不进行招标的特殊情况外，有下列情形之一的，可以不进行招标：①需要采用不可替代的专利或者专有技术；②采购人依法能够自行建设、生产或者提供；③已通过招标方式选定的特许经营项目投资人依法能够自行建设、生产或者提供；④需要向原中标人采购工程、货物或者服务，否则将影响施工或者功能配套要求；⑤国家规定的其他特殊情形。

2014年8月经修改后公布的《中华人民共和国政府采购法》规定，政府采购工程进行招标投标的，适用招标投标法。2015年1月公布的《中华人民共和国政府采购法实施条例》进一步规定，政府采购工程依法不进行招标的，应当依照政府采购法和本条例规定的竞争性谈判或者单一来源采购方式采购。

《国务院办公厅关于促进建筑业持续健康发展的意见》（国办发〔2017〕19号）中规定，在民间投资的房屋建筑工程中，探索由建设单位自主决定发包方式。对依法通过竞争性谈判或单一来源方式确定供应商的政府采购工程建设项目，符合相应条件的应当颁发施工许可证。

三、建设工程招标方式

1. 公开招标和邀请招标

《招标投标法》规定，招标分为公开招标和邀请招标。

公开招标是指招标人以招标公告的方式邀请不特定的法人或者其他组织投标。依法必须进行招标的项目的招标公告，应当通过国家指定的报刊、信息网络或者其他媒介发布。《招标投标法实施条例》明确规定，国有资金占控股或者主导地位的依法必须进行招标的项目，应当公开招标。

邀请招标是指招标人以投标邀请书的方式邀请特定的法人或者其他组织投标。《招标投标法》规定，招标人采用邀请招标方式的，应当向三个以上具备承担招标项目的能力、资信良好的特定的法人或者其他组织发出投标邀请书。国务院发展计划部门确定的国家重点项目和省、自治区、直辖市人民政府确定的地方重点项目不适宜公开招标的，经国务院发展计划部门或者省、自治区、直辖市人民政府批准，可以进行邀请招标。

《招标投标法实施条例》进一步规定，国有资金占控股或者主导地位的依法必须进行招标的项目，应当公开招标；但有下列情形之一的，可以邀请招标：①技术复杂、有特殊要求或者受自然环境限制，只有少量潜在投标人可供选择；②采用公开招标方式的费用占项目合同金额的比例过大。

2017 年 7 月财政部经修改后发布的《政府采购货物和服务招标投标管理办法》规定，货物服务招标分为公开招标和邀请招标。公开招标是指采购人依法以招标公告的方式邀请非特定的供应商参加投标的采购方式。邀请招标是指采购人依法从符合相应资格条件的供应商中随机抽取 3 家以上供应商，并以投标邀请书的方式邀请其参加投标的采购方式。

2. 总承包招标和两阶段招标

《招标投标法实施条例》规定，招标人可以依法对工程以及与工程建设有关的货物、服务全部或者部分实行总承包招标。以暂估价形式包括在总承包范围内的工程、货物、服务属于依法必须进行招标的项目范围且达到国家规定规模标准的，应当依法进行招标。以上所称暂估价，是指总承包招标时不能确定价格而由招标人在招标文件中暂时估定的工程、货物、服务的金额。

对技术复杂或者无法精确拟定技术规格的项目，招标人可以分两阶段进行招标。第一阶段，投标人按照招标公告或者投标邀请书的要求提交不带报价的技术建议，招标人根据投标人提交的技术建议确定技术标准和要求，编制招标文件。第二阶段，招标人向在第一阶段提交技术建议的投标人提供招标文件，投标人按照招标文件的要求提交包括最终技术方案和投标报价的投标文件。

四、建设工程招标投标交易场所和招标公告发布

《招标投标法实施条例》规定，设区的市级以上地方人民政府可以根据实际需要，建立统一规范的招标投标交易场所，为招标投标活动提供服务。招标投标交易场所不得与行政监督部门存在隶属关系，不得以营利为目的。国家鼓励利用信息网络进行电子招标投标。

2017 年 11 月国家发展和改革委员会发布的《招标公告和公示信息发布管理办法》规定，依法必须招标项目的招标公告和公示信息，除依法需要保密或者涉及商业秘密的内容外，应当按照公益服务、公开透明、高效便捷、集中共享的原则，依法向社会公开。

依法必须招标项目的资格预审公告和招标公告，应当载明以下内容：①招标项目名称、内容、范围、规模、资金来源；②投标资格能力要求，以及是否接受联合体投标；③获取资格预审文件或招标文件的时间、方式；④递交资格预审文件或投标文件的截止时间、方式；⑤招标人及其招标代理机构的名称、地址、联系人及联系方式；⑥采用电子招标投标方式的，潜在投标人访问电子招标投标交易平台的网址和方法；⑦其他依法应当载明的内容。

依法必须招标项目的中标候选人公示应当载明以下内容：①中标候选人排序、名称、投标报价、质量、工期（交货期），以及评标情况；②中标候选人按照招标文件要求承诺的项目负责人姓名及其相关证书名称和编号；③中标候选人响应招标文件要求的资格能力条件；④提出异议的渠道和方式；⑤招标文件规定公示的其他内容。依法必须招标项目的中标结果公示应当载明中标人名称。

依法必须招标项目的招标公告和公示信息应当在"中国招标投标公共服务平台"或者项目所在地省级电子招标投标公共服务平台（简称发布媒介）发布。发布媒介应当免费提供依法必须招标项目的招标公告和公示信息发布服务，并允许社会公众和市场主体免费、及时查

阅前述招标公告和公示的完整信息。

任何单位和个人认为招标人或其招标代理机构在招标公告和公示信息发布活动中存在违法违规行为的，可以依法向有关行政监督部门投诉、举报；认为发布媒介在招标公告和公示信息发布活动中存在违法违规行为的，根据有关规定可以向相应的省级以上发展改革部门或其他有关部门投诉、举报。

第二节 招标基本程序及禁止肢解发包和禁止限制、排斥投标人的规定

一、招标基本程序

《招标投标法》规定，招标投标活动应当遵循公开、公平、公正和诚实信用的原则。

建设工程招标的基本程序主要包括履行项目审批手续，委托招标代理机构，编制招标文件、标底及工程量清单计价，发布招标公告或投标邀请书，资格审查，开标，评标，中标和签订合同，以及终止招标等。

1. 履行项目审批手续

《招标投标法》规定，招标项目按照国家有关规定需要履行项目审批手续的，应当先履行审批手续，取得批准。招标人应当有进行招标项目的相应资金或者资金来源已经落实，并应当在招标文件中如实载明。

《招标投标法实施条例》进一步规定，按照国家有关规定需要履行项目审批、核准手续的依法必须进行招标的项目，其招标范围、招标方式、招标组织形式应当报项目审批、核准部门审批、核准。项目审批、核准部门应当及时将审批、核准确定的招标范围、招标方式、招标组织形式通报有关行政监督部门。

2. 委托招标代理机构

《招标投标法》规定，招标人具有编制招标文件和组织评标能力的，可以自行办理招标事宜。任何单位和个人不得强制其委托招标代理机构办理招标事宜。依法必须进行招标的项目，招标人自行办理招标事宜的，应当向有关行政监督部门备案。

《招标投标法实施条例》进一步规定，招标人具有编制招标文件和组织评标能力，是指招标人具有与招标项目规模和复杂程度相适应的技术、经济等方面的专业人员。

招标代理机构是依法设立、从事招标代理业务并提供相关服务的社会中介组织。《招标投标法》规定，招标人有权自行选择招标代理机构，委托其办理招标事宜。招标代理机构应当具备下列条件：①有从事招标代理业务的营业场所和相应资金；②有能够编制招标文件和组织评标的相应专业力量。

按照《招标投标法实施条例》的规定，招标代理机构在招标人委托的范围内开展招标代理业务，任何单位和个人不得非法干涉。招标代理机构不得在所代理的招标项目中投标或者代理投标，也不得为所代理的招标项目的投标人提供咨询。

3. 编制招标文件、标底及工程量清单计价

《招标投标法》规定，招标人应当根据招标项目的特点和需要编制招标文件。招标文件应当包括招标项目的技术要求、对投标人资格审查的标准、投标报价要求和评标标准等所有

实质性要求和条件以及拟签订合同的主要条款。国家对招标项目的技术、标准有规定的，招标人应当按照其规定在招标文件中提出相应要求。

招标文件不得要求或者标明特定的生产供应者以及含有倾向或者排斥潜在投标人的其他内容。招标人对已发出的招标文件进行必要的澄清或者修改的，应当在招标文件要求提交投标文件截止时间至少 15 日前，以书面形式通知所有招标文件收受人。该澄清或者修改的内容为招标文件的组成部分。

招标人应当确定投标人编制投标文件所需要的合理时间；但是，依法必须进行招标的项目，自招标文件开始发出之日起至投标人提交投标文件截止之日止，最短不得少于 20 日。

《招标投标法实施条例》进一步规定，招标人可以对已发出的资格预审文件或者招标文件进行必要的澄清或者修改。澄清或者修改的内容可能影响资格预审申请文件或者投标文件编制的，招标人应当在提交资格预审申请文件截止时间至少 3 日前，或者投标截止时间至少 15 日前，以书面形式通知所有获取资格预审文件或者招标文件的潜在投标人；不足 3 日或者 15 日的，招标人应当顺延提交资格预审申请文件或者投标文件的截止时间。

招标人对招标项目划分标段的，应当遵守《招标投标法》的有关规定，不得利用划分标段限制或者排斥潜在投标人。依法必须进行招标的项目的招标人不得利用划分标段规避招标。招标人应当在招标文件中载明投标有效期。投标有效期从提交投标文件的截止之日起算。

潜在投标人或者其他利害关系人对招标文件有异议的，应当在投标截止时间 10 日前提出。招标人应当自收到异议之日起 3 日内做出答复；做出答复前，应当暂停招标投标活动。招标人编制招标文件的内容违反法律、行政法规的强制性规定，违反公开、公平、公正和诚实信用原则，影响潜在投标人投标的，依法必须进行招标的项目的招标人应当在修改招标文件后重新招标。

招标人可以自行决定是否编制标底。一个招标项目只能有一个标底。标底必须保密。接受委托编制标底的中介机构不得参加受托编制标底项目的投标，也不得为该项目的投标人编制投标文件或者提供咨询。招标人设有最高投标限价的，应当在招标文件中明确最高投标限价或者最高投标限价的计算方法。招标人不得规定最低投标限价。

《国务院办公厅关于促进建筑业持续健康发展的意见》（国办发〔2017〕19 号）中要求，完善工程量清单计价体系和工程造价信息发布机制，形成统一的工程造价计价规则，合理确定和有效控制工程造价。

住房和城乡建设部 2013 年 12 月经修改后发布的《建筑工程施工发包与承包计价管理办法》中规定，国有资金投资的建筑工程招标的，应当设有最高投标限价；非国有资金投资的建筑工程招标的，可以设有最高投标限价或者招标标底。最高投标限价应当依据工程量清单、工程计价有关规定和市场价格信息等编制。招标人设有最高投标限价的，应当在招标时公布最高投标限价的总价，以及各单位工程的分部分项工程费、措施项目费、其他项目费、规费和税金。招标标底应当依据工程计价有关规定和市场价格信息等编制。

全部使用国有资金投资或者以国有资金投资为主的建筑工程，应当采用工程量清单计价；非国有资金投资的建筑工程，鼓励采用工程量清单计价。工程量清单应当依据国家制定的工程量清单计价规范、工程量计算规范等编制。工程量清单应当作为招标文件的组成部分。

4. 发布招标公告或投标邀请书

《招标投标法》规定，招标人采用公开招标方式的，应当发布招标公告。招标公告应当载明招标人的名称和地址、招标项目的性质、数量、实施地点和时间以及获取招标文件的办法等事项。

招标人采用邀请招标方式的，应当向三个以上具备承担招标项目的能力、资信良好的特定的法人或者其他组织发出投标邀请书。投标邀请书也应当载明招标人的名称和地址、招标项目的性质、数量、实施地点和时间以及获取招标文件的办法等事项。

招标人可以根据招标项目本身的要求，在招标公告或者投标邀请书中，要求潜在投标人提供有关资质证明文件和业绩情况，并对潜在投标人进行资格审查。招标人不得以不合理的条件限制或者排斥潜在投标人，不得对潜在投标人实行歧视待遇。

招标人不得向他人透露已获取招标文件的潜在投标人的名称、数量以及可能影响公平竞争的有关招标投标的其他情况。招标人设有标底的，标底必须保密。招标人根据招标项目的具体情况，可以组织潜在投标人踏勘项目现场。

《招标投标法实施条例》进一步规定，招标人应当按照资格预审公告、招标公告或者投标邀请书规定的时间、地点发售资格预审文件或者招标文件。资格预审文件或者招标文件的发售期不得少于5日。招标人发售资格预审文件、招标文件收取的费用应当限于补偿印刷、邮寄的成本支出，不得以营利为目的。

5. 资格审查

资格审查分为资格预审和资格后审。

《招标投标法实施条例》规定，招标人采用资格预审办法对潜在投标人进行资格审查的，应当发布资格预审公告、编制资格预审文件。招标人应当合理确定提交资格预审申请文件的时间。依法必须进行招标的项目提交资格预审申请文件的时间，自资格预审文件停止发售之日起不得少于5日。

资格预审应当按照资格预审文件载明的标准和方法进行。国有资金占控股或者主导地位的依法必须进行招标的项目，招标人应当组建资格审查委员会审查资格预审申请文件。资格审查委员会及其成员应当遵守《招标投标法》和《招标投标法实施条例》有关评标委员会及其成员的规定。资格预审结束后，招标人应当及时向资格预审申请人发出资格预审结果通知书。未通过资格预审的申请人不具有投标资格。通过资格预审的申请人少于3个的，应当重新招标。

潜在投标人或者其他利害关系人对资格预审文件有异议的，应当在提交资格预审申请文件截止时间2日前提出。招标人应当自收到异议之日起3日内做出答复；做出答复前，应当暂停招标投标活动。招标人编制资格预审文件的内容违反法律、行政法规的强制性规定，违反公开、公平、公正和诚实信用原则，影响资格预审结果的，依法必须进行招标的项目的招标人应当在修改资格预审文件后重新招标。

招标人采用资格后审办法对投标人进行资格审查的，应当在开标后由评标委员会按照招标文件规定的标准和方法对投标人的资格进行审查。

6. 开标

《招标投标法》规定，开标应当在招标文件确定的提交投标文件截止时间的同一时间公开进行；开标地点应当为招标文件中预先确定的地点。

开标由招标人主持，邀请所有投标人参加。开标时，由投标人或者其推选的代表检查投标文件的密封情况，也可以由招标人委托的公证机构检查并公证；经确认无误后，由工作人员当众拆封，宣读投标人名称、投标价格和投标文件的其他主要内容。招标人在招标文件要求提交投标文件的截止时间前收到的所有投标文件，开标时都应当当众予以拆封、宣读。开标过程应当记录，并存档备查。

《招标投标法实施条例》进一步规定，招标人应当按照招标文件规定的时间、地点开标。投标人少于 3 个的，不得开标；招标人应当重新招标。投标人对开标有异议的，应当在开标现场提出，招标人应当当场做出答复，并制作记录。

7. 评标

《招标投标法》规定，评标由招标人依法组建的评标委员会负责。招标人应当采取必要的措施，保证评标在严格保密的情况下进行。任何单位和个人不得非法干预、影响评标的过程和结果。

依法必须进行招标的项目，其评标委员会由招标人的代表和有关技术、经济等方面的专家组成，成员人数为 5 人以上单数，其中技术、经济等方面的专家不得少于成员总数的三分之二。与投标人有利害关系的人不得进入相关项目的评标委员会；已经进入的应当更换。评标委员会成员的名单在中标结果确定前应当保密。

评标委员会可以要求投标人对投标文件中含义不明确的内容做必要的澄清或者说明，但是澄清或者说明不得超出投标文件的范围或者改变投标文件的实质性内容。评标委员会应当按照招标文件确定的评标标准和方法，对投标文件进行评审和比较；设有标底的，应当参考标底。评标委员会完成评标后，应当向招标人提出书面评标报告，并推荐合格的中标候选人。评标委员会经评审，认为所有投标都不符合招标文件要求的，可以否决所有投标。依法必须进行招标的项目的所有投标被否决的，招标人应当依法重新招标。

《招标投标法实施条例》进一步规定，评标委员会成员应当依照《招标投标法》和本条例的规定，按照招标文件规定的评标标准和方法，客观、公正地对投标文件提出评审意见。招标文件没有规定的评标标准和方法不得作为评标的依据。评标委员会成员不得私下接触投标人，不得收受投标人给予的财物或者其他好处，不得向招标人征询确定中标人的意向，不得接受任何单位或者个人明示或者暗示提出的倾向或者排斥特定投标人的要求，不得有其他不客观、不公正履行职务的行为。

招标项目设有标底的，招标人应当在开标时公布。标底只能作为评标的参考，不得以投标报价是否接近标底作为中标条件，也不得以投标报价超过标底上下浮动范围作为否决投标的条件。有下列情形之一的，评标委员会应当否决其投标：①投标文件未经投标单位盖章和单位负责人签字；②投标联合体没有提交共同投标协议；③投标人不符合国家或者招标文件规定的资格条件；④同一投标人提交两个以上不同的投标文件或者投标报价，但招标文件要求提交备选投标的除外；⑤投标报价低于成本或者高于招标文件设定的最高投标限价；⑥投标文件没有对招标文件的实质性要求和条件做出响应；⑦投标人有串通投标、弄虚作假、行贿等违法行为。

投标文件中有含义不明确的内容、明显文字或者计算错误，评标委员会认为需要投标人做出必要澄清、说明的，应当书面通知该投标人。投标人的澄清、说明应当采用书面形式，并不得超出投标文件的范围或者改变投标文件的实质性内容。评标委员会不得暗示或者诱导投标人做出澄清、说明，不得接受投标人主动提出的澄清、说明。

评标完成后，评标委员会应当向招标人提交书面评标报告和中标候选人名单。中标候选人应当不超过3个，并标明排序。评标报告应当由评标委员会全体成员签字。对评标结果有不同意见的评标委员会成员应当以书面形式说明其不同意见和理由，评标报告应当注明该不同意见。评标委员会成员拒绝在评标报告上签字又不书面说明其不同意见和理由的，视为同意评标结果。

8. 中标和签订合同

《招标投标法》规定，招标人根据评标委员会提出的书面评标报告和推荐的中标候选人确定中标人。招标人也可以授权评标委员会直接确定中标人。

招标人和中标人应当自中标通知书发出之日起30日内，按照招标文件和中标人的投标文件订立书面合同。招标人和中标人不得再行订立背离合同实质性内容的其他协议。

《招标投标法实施条例》进一步规定，招标人和中标人应当依照《招标投标法》和本条例的规定签订书面合同，合同的标的、价款、质量、履行期限等主要条款应当与招标文件和中标人的投标文件的内容一致。

《最高人民法院关于审理建设工程施工合同纠纷案件适用法律问题的解释》（法释〔2020〕25号）规定，发包人将依法不属于必须招标的建设工程进行招标后，与承包人另行订立的建设工程施工合同背离中标合同的实质性内容，当事人请求以中标合同作为结算建设工程价款依据的，人民法院应予支持，但发包人与承包人因客观情况发生了在招标投标时难以预见的变化而另行订立建设工程施工合同的除外。

9. 终止招标

《招标投标法实施条例》规定，招标人终止招标的，应当及时发布公告，或者以书面形式通知被邀请的或者已经获取资格预审文件、招标文件的潜在投标人。已经发售资格预审文件、招标文件或者已经收取投标保证金的，招标人应当及时退还所收取的资格预审文件、招标文件的费用，以及所收取的投标保证金及银行同期存款利息。

二、禁止肢解发包的规定

肢解发包是指建设单位将本应由一个承包单位整体承建完成的建设工程肢解成若干部分，分别发包给不同承包单位的行为。在实践中，由于一些发包单位肢解发包工程，使施工现场缺乏应有的组织协调，不仅承建单位之间容易出现推诿扯皮与掣肘，还会造成施工现场秩序混乱、责任不清、工期拖延、成本增加，甚至发生严重的建设工程质量和安全问题。肢解发包还往往与发包单位有关人员徇私舞弊、收受贿赂、索拿回扣等违法行为有关。

为此，《招标投标法》规定，招标项目需要划分标段、确定工期的，招标人应当合理划分标段、确定工期，并在招标文件中载明。《建筑法》规定，提倡对建筑工程实行总承包，禁止将建筑工程肢解发包。建筑工程的发包单位可以将建筑工程的勘察、设计、施工、设备采购一并发包给一个工程总承包单位，也可以将建筑工程的勘察、设计、施工、设备采购的一项或者多项发包给一个工程总承包单位；但是，不得将应当由一个承包单位完成的建筑工程肢解成若干部分发包给几个承包单位。

2019年4月经修改后公布的《建设工程质量管理条例》进一步规定，建设单位不得将建设工程肢解发包。建设单位将建设工程肢解发包的，责令改正，处工程合同价款0.5%以上 1% 以下的罚款；对全部或者部分使用国有资金的项目，并可以暂停项目执行或者暂停资金拨付。

三、禁止限制、排斥投标人的规定

《招标投标法》规定，依法必须进行招标的项目，其招标投标活动不受地区或者部门的限制。任何单位和个人不得违法限制或者排斥本地区、本系统以外的法人或者其他组织参加投标，不得以任何方式非法干涉招标投标活动。

《招标投标法实施条例》进一步规定，招标人不得以不合理的条件限制、排斥潜在投标人或者投标人。招标人有下列行为之一的，属于以不合理条件限制、排斥潜在投标人或者投标人：①就同一招标项目向潜在投标人或者投标人提供有差别的项目信息；②设定的资格、技术、商务条件与招标项目的具体特点和实际需要不相适应或者与合同履行无关；③依法必须进行招标的项目以特定行政区域或者特定行业的业绩、奖项作为加分条件或者中标条件；④对潜在投标人或者投标人采取不同的资格审查或者评标标准；⑤限定或者指定特定的专利、商标、品牌、原产地或者供应商；⑥依法必须进行招标的项目非法限定潜在投标人或者投标人的所有制形式或者组织形式；⑦以其他不合理条件限制、排斥潜在投标人或者投标人。

招标人不得组织单个或者部分潜在投标人踏勘项目现场。

《优化营商环境条例》规定，招标投标和政府采购应当公开透明、公平公正，依法平等对待各类所有制和不同地区的市场主体，不得以不合理条件或者产品产地来源等进行限制或者排斥。政府有关部门应当加大反垄断和反不正当竞争执法力度，有效预防和制止市场经济活动中的垄断行为、不正当竞争行为以及滥用行政权力排除、限制竞争的行为，营造公平竞争的市场环境。

《住房和城乡建设部办公厅关于支持民营建筑企业发展的通知》（建办市〔2019〕8 号）中还规定，民营建筑企业在注册地以外的地区承揽业务时，地方各级住房和城乡建设主管部门要给予外地民营建筑企业与本地建筑企业同等待遇，不得擅自设置任何审批和备案事项，不得要求民营建筑企业在本地区注册设立独立子公司或分公司。

第三节　投标人、投标文件的法定要求和投标保证金

一、投标人

《招标投标法》规定，投标人是响应招标、参加投标竞争的法人或者其他组织。投标人应当具备承担招标项目的能力；国家有关规定对投标人资格条件或者招标文件对投标人资格条件有规定的，投标人应当具备规定的资格条件。

《招标投标法实施条例》进一步规定，投标人参加依法必须进行招标的项目的投标，不受地区或者部门的限制，任何单位和个人不得非法干涉。

与招标人存在利害关系可能影响招标公正性的法人、其他组织或者个人，不得参加投标。单位负责人为同一人或者存在控股、管理关系的不同单位，不得参加同一标段投标或者未划分标段的同一招标项目投标。违反以上规定的，相关投标均无效。

投标人发生合并、分立、破产等重大变化的，应当及时书面告知招标人。投标人不再具备资格预审文件、招标文件规定的资格条件或者其投标影响招标公正性的，其投标无效。

二、投标文件

（一）投标文件的内容要求

《招标投标法》规定，投标人应当按照招标文件的要求编制投标文件。投标文件应当对招标文件提出的实质性要求和条件做出响应。招标项目属于建设施工项目的，投标文件的内容应当包括拟派出的项目负责人与主要技术人员的简历、业绩和拟用于完成招标项目的机械设备等。

2013年3月国家发展和改革委员会、财政部、住房和城乡建设部等9部门经修改后发布的《〈标准施工招标资格预审文件〉和〈标准施工招标文件〉暂行规定》中进一步明确，投标文件应包括下列内容：①投标函及投标函附录；②法定代表人身份证明或附有法定代表人身份证明的授权委托书；③联合体协议书；④投标保证金；⑤已标价工程量清单；⑥施工组织设计；⑦项目管理机构；⑧拟分包项目情况表；⑨资格审查资料；⑩投标人须知前附表规定的其他材料。但是，投标人须知前附表规定不接受联合体投标的，或投标人没有组成联合体的，投标文件不包括联合体协议书。

《建筑工程施工发包与承包计价管理办法》中规定，投标报价不得低于工程成本，不得高于最高投标限价。投标报价应当依据工程量清单、工程计价有关规定、企业定额和市场价格信息等编制。

（二）投标文件的修改与撤回

《招标投标法》规定，投标人在招标文件要求提交投标文件的截止时间前，可以补充、修改或者撤回已提交的投标文件，并书面通知招标人。补充、修改的内容为投标文件的组成部分。

《招标投标法实施条例》进一步规定，投标人撤回已提交的投标文件，应当在投标截止时间前书面通知招标人。

（三）投标文件的送达与签收

《招标投标法》规定，投标人应当在招标文件要求提交投标文件的截止时间前，将投标文件送达投标地点。招标人收到投标文件后，应当签收保存，不得开启。投标人少于3个的，招标人应当依法重新招标。在招标文件要求提交投标文件的截止时间后送达的投标文件，招标人应当拒收。

《招标投标法实施条例》进一步规定，未通过资格预审的申请人提交的投标文件，以及逾期送达或者不按照招标文件要求密封的投标文件，招标人应当拒收。招标人应当如实记载投标文件的送达时间和密封情况，并存档备查。

三、投标保证金

《招标投标法实施条例》规定，招标人在招标文件中要求投标人提交投标保证金的，投标保证金不得超过招标项目估算价的2%。投标保证金有效期应当与投标有效期一致。招标人不得挪用投标保证金。

《优化营商环境条例》规定，设立政府性基金、涉企行政事业性收费、涉企保证金，应当有法律、行政法规依据或者经国务院批准。对政府性基金、涉企行政事业性收费、涉企保证金以及实行政府定价的经营服务性收费，实行目录清单管理并向社会公开，目录清单之外的前述收费和保证金一律不得执行。推广以金融机构保函替代现金缴纳涉企保证金。

《国务院办公厅关于清理规范工程建设领域保证金的通知》（国办发〔2016〕49号）中规定，对建筑业企业在工程建设中需缴纳的保证金，除依法依规设立的投标保证金、履约保证金、工程质量保证金、农民工工资保证金外，其他保证金一律取消。

住房和城乡建设部、国家发展和改革委员会、财政部、人力资源和社会保障部、中国人民银行、中国银行保险监督管理委员会《关于加快推进房屋建筑和市政基础设施工程实行工程担保制度的指导意见》（建市〔2019〕68号）规定，加快推行银行保函制度，在有条件的地区推行工程担保公司保函和工程保证保险。严禁任何单位和部门将现金保证金挪作他用，保证金到期应当及时予以退还。

招标人要求中标人提供履约担保的，应当同时向中标人提供工程款支付担保。以银行保函替代工程质量保证金的，银行保函金额不得超过工程价款结算总额的3%。在工程项目竣工前，已经缴纳履约保证金的，建设单位不得同时预留工程质量保证金。农民工工资支付保函全部采用具有见索即付性质的独立保函，并实行差别化管理。

建设单位在办理施工许可时，应当有满足施工需要的资金安排。对于未履行工程款支付责任的建设单位，将其不良行为记入信用记录。

2013年3月国家发展和改革委员会、工业和信息化部、财政部、住房和城乡建设部、交通运输部、铁道部、水利部、国家广播电影电视总局、中国民用航空局经修改后发布的《工程建设项目施工招标投标办法》进一步规定，投标保证金不得超过项目估算价的2%，但最高不得超过80万元人民币。

实行两阶段招标的，招标人要求投标人提交投标保证金的，应当在第二阶段提出。招标人终止招标，已经收取投标保证金的，招标人应当及时退还所收取的投标保证金及银行同期存款利息。投标人撤回已提交的投标文件，招标人已收取投标保证金的，应当自收到投标人书面撤回通知之日起5日内退还。投标截止后投标人撤销投标文件的，招标人可以不退还投标保证金。

招标人最迟应当在书面合同签订后5日内向中标人和未中标的投标人退还投标保证金及银行同期存款利息。

思 考 题

1. 简述建设工程必须招标的范围。
2. 简述可以不进行招标的建设工程项目。
3. 什么是邀请招标？简述邀请招标的情形。
4. 简述建设工程招标基本程序。
5. 简述评标委员会应当否决其投标的情形。
6. 简述招标人以不合理的条件限制、排斥潜在投标人或者投标人的情形。
7. 简述投标人投标文件的主要内容。
8. 案例背景：某工程项目，建设单位通过招标选择了一家具有相应资质的监理单位中标，并在中标通知书发出后与该监理单位签订了监理合同，之后双方又签订了一份监理酬金比中标价降低8%的协议。在施工公开招标中，有A、B、C、D、E、F、G、H等施工企业报名投标，经资格预审均符合资格预审公告的要求，但建设单位以A施工企业是外地企业为由，坚持不同意其参加投标。

问题：(1) 建设单位与监理单位签订的合同有何违法行为？应当如何处罚？

(2) 外地施工企业是否有资格参加本工程项目的投标？建设单位的违法行为应如何处罚？

9. 案例背景：有一省重点工程项目由于工程复杂、技术难度高，一般施工队伍难以胜任，建设单位便自行决定采取邀请招标方式，于9月28日向通过资格预审的A、B、C、D、E 5家施工企业发出了投标邀请书。这5家施工企业均接受了邀请，并于规定时间购买了招标文件。按照招标文件的规定，10月18日下午4时为提交投标文件的截止时间，10月21日下午2时在建设单位办公大楼第2会议室开标。A、B、D、E施工企业均在此截止时间之前提交了投标文件，但C施工企业却因中途堵车，于10月18日下午5时才将投标文件送达。10月21日下午2时，当地招标投标监管机构在该建设单位办公大楼第2会议室主持了开标。

问题：(1) 该建设单位自行决定采取邀请招标的做法是否合法？

(2) 建设单位是否可以接收C施工企业的投标文件？

(3) 开标应当由谁主持？开标时间是否合适？

第五章 建设工程承发包制度

本章重点内容：建设工程发包的基本规定、建设工程承包的基本规定、建设工程总承包的规定、建设工程共同承包的规定、建设工程分包的规定、禁止招标人与投标人串通投标、禁止投标人以行贿手段谋取中标、招标人违法行为应承担的法律责任、投标人违法行为应承担的法律责任。

本章学习目标：掌握建设工程承包制度及法律责任，熟悉禁止串通投标和其他不正当竞争行为的规定，熟悉中标的法定要求和招标投标投诉处理，掌握违法行为应承担的法律责任。通过本章学习，培养学生在学习和未来工作中始终秉持诚实信用原则，培养学生公平竞争的意识和遵纪守法的行为习惯。

第一节 建设工程承发包制度

一、建设工程发包的基本规定

《建筑法》规定，建筑工程实行招标发包的，发包单位应当将建筑工程发包给依法中标的承包单位。建筑工程实行直接发包的，发包单位应当将建筑工程发包给具有相应资质条件的承包单位。

按照合同约定，建筑材料、建筑构配件和设备由工程承包单位采购的，发包单位不得指定承包单位购入用于工程的建筑材料、建筑构配件和设备或者指定生产厂、供应商。

2019 年 4 月公布的《政府投资条例》规定，政府投资项目所需资金应当按照国家有关规定确保落实到位。政府投资项目不得由施工单位垫资建设。

《国务院办公厅关于全面治理拖欠农民工工资问题的意见》（国办发〔2016〕1 号）中规定，在工程建设领域推行工程款支付担保制度，采用经济手段约束建设单位履约行为，预防工程款拖欠。加强对政府投资工程项目的管理，对建设资金来源不落实的政府投资工程项目不予批准。

规范工程款支付和结算行为。全面推行施工过程结算，建设单位应按合同约定的计量周期或工程进度结算并支付工程款。工程竣工验收后，对建设单位未完成竣工结算或未按合同支付工程款且未明确剩余工程款支付计划的，探索建立建设项目抵押偿付制度，有效解决拖欠工程款问题。对长期拖欠工程款结算或拖欠工程款的建设单位，有关部门不得批准其新项目开工建设。

《住房和城乡建设部关于印发建筑工程施工发包与承包违法行为认定查处管理办法的通知》（建市规〔2019〕1 号）进一步规定，存在下列情形之一的，属于违法发包：①建设单位将工程发包给个人的；②建设单位将工程发包给不具有相应资质的单位的；③依法应当招标未招标或未按照法定招标程序发包的；④建设单位设置不合理的招标投标条件，限制、排斥潜在投标人或者投标人的；⑤建设单位将一个单位工程的施工分解成若干部分发包给不同的施工总承包或专业承包单位的。

二、建设工程承包的基本规定

《建筑法》规定，承包建筑工程的单位应当持有依法取得的资质证书，并在其资质等级许可的业务范围内承揽工程。禁止建筑施工企业超越本企业资质等级许可的业务范围或者以任何形式用其他建筑施工企业的名义承揽工程。禁止建筑施工企业以任何形式允许其他单位或者个人使用本企业的资质证书、营业执照，以本企业的名义承揽工程。

三、建设工程总承包的规定

《建筑法》规定，建筑工程的发包单位可以将建筑工程的勘察、设计、施工、设备采购一并发包给一个工程总承包单位，也可以将建筑工程勘察、设计、施工、设备采购的一项或者多项发包给一个工程总承包单位。

住房和城乡建设部、国家发展改革委制定的《房屋建筑和市政基础设施项目工程总承包管理办法》（建市规〔2019〕12 号）规定，本办法所称工程总承包，是指承包单位按照与建设单位签订的合同，对工程设计、采购、施工或者设计、施工等阶段实行总承包，并对工程的质量、安全、工期和造价等全面负责的工程建设组织实施方式。

1. 工程总承包项目的发包和承包

建设单位依法采用招标或者直接发包等方式选择工程总承包单位。工程总承包项目范围内的设计、采购或者施工中，有任一项属于依法必须进行招标的项目范围且达到国家规定规模标准的，应当采用招标的方式选择工程总承包单位。

工程总承包单位应当同时具有与工程规模相适应的工程设计资质和施工资质，或者由具有相应资质的设计单位和施工单位组成联合体。工程总承包单位应当具有相应的项目管理体系和项目管理能力、财务和风险承担能力，以及与发包工程相类似的设计、施工或者工程总承包业绩。设计单位和施工单位组成联合体的，应当根据项目的特点和复杂程度，合理确定牵头单位，并在联合体协议中明确联合体成员单位的责任和权利。联合体各方应当共同与建设单位签订工程总承包合同，就工程总承包项目承担连带责任。

工程总承包单位不得是工程总承包项目的代建单位、项目管理单位、监理单位、造价咨询单位、招标代理单位。政府投资项目的项目建议书、可行性研究报告、初步设计文件编制单位及其评估单位，一般不得成为该项目的工程总承包单位。政府投资项目招标人公开已经完成的项目建议书、可行性研究报告、初步设计文件的，上述单位可以参与该工程总承包项目的投标，经依法评标、定标，成为工程总承包单位。

鼓励设计单位申请取得施工资质，已取得工程设计综合资质、行业甲级资质、建筑工程专业甲级资质的单位，可以直接申请相应类别施工总承包一级资质。鼓励施工单位申请取得工程设计资质，具有一级及以上施工总承包资质的单位可以直接申请相应类别的工程设计甲级资质。完成的相应规模工程总承包业绩可以作为设计、施工业绩申报。

企业投资项目的工程总承包宜采用总价合同，政府投资项目的工程总承包应当合理确定合同价格形式。采用总价合同的，除合同约定可以调整的情形外，合同总价一般不予调整。建设单位和工程总承包单位可以在合同中约定工程总承包计量规则和计价方法。依法必须进行招标的项目，合同价格应当在充分竞争的基础上合理确定。

2. 工程总承包项目实施

政府投资项目所需资金应当按照国家有关规定确保落实到位，不得由工程总承包单位或者分包单位垫资建设。政府投资项目建设投资原则上不得超过经核定的投资概算。建设单位不得设置不合理工期，不得任意压缩合理工期。

建设单位不得迫使工程总承包单位以低于成本的价格竞标，不得明示或者暗示工程总承包单位违反工程建设强制性标准、降低建设工程质量，不得明示或者暗示工程总承包单位使用不合格的建筑材料、建筑构配件和设备。建设单位不得对工程总承包单位提出不符合建设工程安全生产法律、法规和强制性标准规定的要求，不得明示或者暗示工程总承包单位购买、租赁、使用不符合安全施工要求的安全防护用具、机械设备、施工机具及配件、消防设施和器材。

工程总承包单位应当建立与工程总承包相适应的组织机构和管理制度，形成项目设计、采购、施工、试运行管理以及质量、安全、工期、造价、节约能源和生态环境保护管理等工程总承包综合管理能力。工程总承包单位应当设立项目管理机构，设置项目经理，配备相应管理人员，加强设计、采购与施工的协调，完善和优化设计，改进施工方案，实现对工程总承包项目的有效管理控制。

工程总承包项目经理应当具备下列条件：①取得相应工程建设类注册执业资格，包括注册建筑师、勘察设计注册工程师、注册建造师或者注册监理工程师等；未实施注册执业资格的，取得高级专业技术职称；②担任过与拟建项目相类似的工程总承包项目经理、设计项目负责人、施工项目负责人或者项目总监理工程师；③熟悉工程技术和工程总承包项目管理知识以及相关法律法规、标准规范；④具有较强的组织协调能力和良好的职业道德。工程总承包项目经理不得同时在两个或者两个以上工程项目担任工程总承包项目经理、施工项目负责人。

工程总承包单位可以采用直接发包的方式进行分包。但以暂估价形式包括在总承包范围内的工程、货物、服务分包时，属于依法必须进行招标的项目范围且达到国家规定规模标准的，应当依法招标。

3. 工程总承包企业的责任

《建筑法》规定，建筑工程总承包单位按照总承包合同的约定对建设单位负责；分包单位按照分包合同的约定对总承包单位负责。总承包单位和分包单位就分包工程对建设单位承担连带责任。

《建设工程质量管理条例》进一步规定，建设工程实行总承包的，总承包单位应当对全部建设工程质量负责；建设工程勘察、设计、施工、设备采购的一项或者多项实行总承包的，总承包单位应当对其承包的建设工程或者采购的设备的质量负责。

《房屋建筑和市政基础设施项目工程总承包管理办法》规定，工程总承包单位应当对其承包的全部建设工程质量负责，分包单位对其分包工程的质量负责，分包不免除工程总承包单位对其承包的全部建设工程所负的质量责任。工程总承包单位、工程总承包项目经理依法承担质量终身责任。

工程总承包单位对承包范围内工程的安全生产负总责。分包单位应当服从工程总承包单位的安全生产管理，分包单位不服从管理导致生产安全事故的，由分包单位承担主要责任，分包不免除工程总承包单位的安全责任。

工程总承包单位应依据合同对工期全面负责，对项目总进度和各阶段进度进行控制管理，确保工程按期竣工。工程保修书由建设单位与工程总承包单位签署，保修期内工程总承包单位应当根据法律法规规定以及合同约定承担保修责任，工程总承包单位不得以其与分包单位之间保修责任划分而拒绝履行保修责任。

工程总承包单位和工程总承包项目经理在设计、施工活动中有转包、违法分包等违法违规行为或者造成工程质量安全事故的，按照法律法规对设计、施工单位及其项目负责人相同违法违规行为的规定追究责任。

四、建设工程共同承包的规定

共同承包是指由两个以上具备承包资格的单位共同组成非法人的联合体，以共同的名义对工程进行承包的行为。

1. 共同承包的适用范围

《建筑法》规定，大型建筑工程或者结构复杂的建筑工程，可以由两个以上的承包单位联合共同承包。

作为大型的建筑工程或结构复杂的建筑工程，一般是投资额大、技术要求复杂和建设周期长，潜在风险较大，如果采取联合共同承包的方式，有利于更好发挥各承包单位在资金、技术、管理等方面的优势，增强抗风险能力，保证工程质量和工期，提高投资效益。至于中小型或结构不复杂的工程，则无须采用共同承包方式，完全可由一家承包单位独立完成。

2. 共同承包的资质要求

《建筑法》规定，两个以上不同资质等级的单位实行联合共同承包的，应当按照资质等级低的单位的业务许可范围承揽工程。

这主要是为防止以联合共同承包为名而进行“资质挂靠”的不规范行为。

3. 共同承包的责任

《招标投标法》规定，联合体中标的，联合体各方应当共同与招标人签订合同，就中标项目向招标人承担连带责任。《建筑法》也规定，共同承包的各方对承包合同的履行承担连带责任。

共同承包各方应签订联合承包协议，明确约定各方的权利、义务以及相互合作、违约责任承担等条款。各承包方就承包合同的履行对建设单位承担连带责任。如果出现赔偿责任，建设单位有权向共同承包的任何一方请求赔偿，而被请求方不得拒绝，在其支付赔偿后可依据联合承包协议及有关各方过错大小，有权对超过自己应赔偿的那部分份额向其他方进行追偿。

五、建设工程分包的规定

建设工程施工分包可分为专业工程分包与劳务作业分包。专业工程分包是指施工总承包企业将其所承包工程中的专业工程发包给具有相应资质的其他建筑业企业完成的活动。劳务作业分包是指施工总承包企业或者专业承包企业将其承包工程中的劳务作业发包给劳务分包企业完成的活动。

1. 分包工程的范围

《建筑法》规定，建筑工程总承包单位可以将承包工程中的部分工程发包给具有相应资质条件的分包单位。禁止承包单位将其承包的全部建筑工程转包给他人，禁止承包单位将其承包的全部建筑工程肢解以后以分包的名义分别转包给他人。施工总承包的，建筑工程主体结构的施工必须由总承包单位自行完成。

《招标投标法》规定，中标人按照合同约定或者经招标人同意，可以将中标项目的部分非主体、非关键性工作分包给他人完成。中标人不得向他人转让中标项目，也不得将中标项目肢解后分别向他人转让。《招标投标法实施条例》进一步规定，中标人不得向他人转让中标项目，也不得将中标项目肢解后分别向他人转让。中标人按照合同约定或者经招标人同意，可以将中标项目的部分非主体、非关键性工作分包给他人完成。接受分包的人应当具备相应的资格条件，并不得再次分包。中标人应当就分包项目向招标人负责，接受分包的人就分包项目承担连带责任。

据此，总承包单位承包工程后可以全部自行完成，也可以将其中的部分工程分包给其他承包单位完成，但依法只能分包部分工程，并且是非主体、非关键性工作；如果是施工总承包，其主体结构的施工则须由总承包单位自行完成。这主要是防止以分包为名而发生转包行为。

2019 年 3 月住房和城乡建设部经修改后发布的《房屋建筑和市政基础设施工程施工分包管理办法》规定，分包工程发包人可以就分包合同的履行，要求分包工程承包人提供分包工程履约担保；分包工程承包人在提供担保后，要求分包工程发包人同时提供分包工程付款担保的，分包工程发包人应当提供。

2. 分包单位的条件与认可

《建筑法》规定，建筑工程总承包单位可以将承包工程中的部分工程发包给具有相应资质条件的分包单位；但是，除总承包合同中约定的分包外，必须经建设单位认可。禁止总承包单位将工程分包给不具备相应资质条件的单位。《招标投标法》也规定，接受分包的人应当具备相应的资格条件。

承包工程的单位须持有依法取得的资质证书，并在资质等级许可的业务范围内承揽工程。这一规定同样适用于工程分包单位。不具备资质条件的单位不允许承包建设工程，也不得承接分包工程。《房屋建筑和市政基础设施工程施工分包管理办法》还规定，严禁个人承揽分包工程业务。

总承包单位如果要将所承包的工程再分包给他人，应当依法告知建设单位并取得认可。这种认可应当依法通过两种方式：①在总承包合同中规定分包的内容；②在总承包合同中没有规定分包内容的，应当事先征得建设单位的同意。需要说明的是，分包工程须经建设单位认可，并不等于建设单位可以直接指定分包人。《房屋建筑和市政基础设施工程施工分包管理办法》中明确规定，“建设单位不得直接指定分包工程承包人。”对于建设单位推荐的分包单位，总承包单位有权做出拒绝或者采用的选择。

3. 分包单位不得再分包

《建筑法》规定，禁止分包单位将其承包的工程再分包。《招标投标法》也规定，接受分包的人不得再次分包。

这主要是防止层层分包，“层层剥皮”，难以保障工程质量安全和工期等。为此，《房屋建筑和市政基础设施工程施工分包管理办法》中规定，除专业承包企业可以将其承包工程中的劳务作业发包给劳务分包企业外，专业分包工程承包人和劳务作业承包人都必须自行完成所承包的任务。

4. 转包、违法分包和挂靠行为的界定

按照我国法律的规定，转包是必须禁止的，而依法实施的工程分包则是允许的，但违法分包同样是在法律的禁止之列。

《建设工程质量管理条例》规定，违法分包，是指下列行为：①总承包单位将建设工程分包给不具备相应资质条件的单位的；②建设工程总承包合同中未有约定，又未经建设单位认可，承包单位将其承包的部分建设工程交由其他单位完成的；③施工总承包单位将建设工程主体结构的施工分包给其他单位的；④分包单位将其承包的建设工程再分包的。

《建筑工程施工发包与承包违法行为认定查处管理办法》规定，存在下列情形之一的，应当认定为转包，但有证据证明属于挂靠或者其他违法行为的除外：①承包单位将其承包的全部工程转给其他单位（包括母公司承接建筑工程后将所承接工程交由具有独立法人资格的子公司施工的情形）或个人施工的；②承包单位将其承包的全部工程肢解以后，以分包的名义分别转给其他单位或个人施工的；③施工总承包单位或专业承包单位未派驻项目负责人、技术负责人、质量管理负责人、安全管理负责人等主要管理人员，或派驻的项目负责人、技术负责人、质量管理负责人、安全管理负责人中一人及以上与施工单位没有订立劳动合同且没有建立劳动工资和社会养老保险关系，或派驻的项目负责人未对该工程的施工活动进行组织管理，又不能进行合理解释并提供相应证明的；④合同约定由承包单位负责采购的主要建筑材料、建筑构配件及设备或租赁的施工机械设备，由其他单位或个人采购、租赁，或施工单位不能提供有关采购、租赁合同及发票等证明，又不能进行合理解释并提供相应证明的；⑤专业作业承包人承包的范围是承包单位承包的全部工程，专业作业承包人计取的是除上缴给承包单位“管理费”之外的全部工程价款的；⑥承包单位通过采取合作、联营、个人承包等形式或名义，直接或变相将其承包的全部工程转给其他单位或个人施工的；⑦专业工程的发包单位不是该工程的施工总承包或专业承包单位的，但建设单位依约作为发包单位的除外；⑧专业作业的发包单位不是该工程承包单位的；⑨施工合同主体之间没有工程款收付关系，或者承包单位收到款项后又将款项转拨给其他单位和个人，又不能进行合理解释并提供材料证明的。

两个以上的单位组成联合体承包工程，在联合体分工协议中约定或者在项目实际实施过程中，联合体一方不进行施工也未对施工活动进行组织管理的，并且向联合体其他方收取管理费或者其他类似费用的，视为联合体一方将承包的工程转包给联合体其他方。

存在下列情形之一的，属于挂靠：①没有资质的单位或个人借用其他施工单位的资质承揽工程的；②有资质的施工单位相互借用资质承揽工程的，包括资质等级低的借用资质等级高的，资质等级高的借用资质等级低的，相同资质等级相互借用的；③在上述认定转包第③～⑨项规定的情形，有证据证明属于挂靠的。

存在下列情形之一的，属于违法分包：①承包单位将其承包的工程分包给个人的；②施工总承包单位或专业承包单位将工程分包给不具备相应资质单位的；③施工总承包单位将施工总承包合同范围内工程主体结构的施工分包给其他单位的，钢结构工程除外；④专业分包单位将其承包的专业工程中非劳务作业部分再分包的；⑤专业作业承包人将其承包的劳务再分包的；⑥专业作业承包人除计取劳务作业费用外，还计取主要建筑材料款和大中型施工机械设备、主要周转材料费用的。

5. 分包单位的责任

《建筑法》规定，建筑工程总承包单位按照总承包合同的约定对建设单位负责；分包单位按照分包合同的约定对总承包单位负责。总承包单位和分包单位就分包工程对建设单位承担连带责任。《招标投标法》也规定，中标人应当就分包项目向招标人负责，接受分包的人就分包项目承担连带责任。

连带责任分为法定连带责任和约定连带责任。我国有关工程总分包、联合承包的连带责任，均属法定连带责任。2020 年 5 月公布的《中华人民共和国民法典》规定，二人以上依法承担连带责任的，权利人有权请求部分或者全部连带责任人承担责任。连带责任人的责任份额根据各自责任大小确定；难以确定责任大小的，平均承担责任。实际承担责任超过自己责任份额的连带责任人，有权向其他连带责任人追偿。连带责任由法律规定或者当事人约定。

六、违法行为应承担的法律责任

建设工程承包活动中除招标投标外其他违法行为应承担的主要法律责任如下：

1. 发包单位违法行为应承担的法律责任

《建筑法》规定，发包单位将工程发包给不具有相应资质条件的承包单位的，或者违反本法规定将建筑工程肢解发包的，责令改正，处以罚款。

《建设工程质量管理条例》规定，建设单位将建设工程发包给不具有相应资质等级的勘察、设计、施工单位或者委托给不具有相应资质等级的工程监理单位的，责令改正，处 50 万元以上 100 万元以下的罚款。

建设单位将建设工程肢解发包的，责令改正，处工程合同价款 0.5% 以上 1% 以下的罚款；对全部或者部分使用国有资金的项目，并可以暂停项目执行或者暂停资金拨付。

《政府投资条例》规定，有下列情形之一的，依照有关预算的法律、行政法规和国家有关规定追究法律责任：①政府及其有关部门违法违规举借债务筹措政府投资资金；②未按照规定及时、足额办理政府投资资金拨付；③转移、侵占、挪用政府投资资金。

《政府投资条例》规定，“项目单位有下列情形之一的，责令改正，根据具体情况，暂停、停止拨付资金或者收回已拨付的资金，暂停或者停止建设活动，对负有责任的领导人员和直接责任人员依法给予处分：……（五）要求施工单位对政府投资项目垫资建设……”。

《建筑工程施工发包与承包违法行为认定查处管理办法》规定，建设单位违法发包，拒不整改或者整改后仍达不到要求的，视为没有依法确定施工企业，将其违法行为记入诚信档案，实行联合惩戒。对全部或部分使用国有资金的项目，同时将建设单位违法发包的行为告知其上级主管部门及纪检监察部门，并建议对建设单位直接负责的主管人员和其他直接责任人员给予相应的行政处分。

2. 承包单位违法行为应承担的法律责任

《建筑法》规定，超越本单位资质等级承揽工程的，责令停止违法行为，处以罚款，可以责令停业整顿，降低资质等级；情节严重的，吊销资质证书；有违法所得的，予以没收。未取得资质证书承揽工程的，予以取缔，并处罚款；有违法所得的，予以没收。

建筑施工企业转让、出借资质证书或者以其他方式允许他人以本企业的名义承揽工程的，责令改正，没收违法所得，并处罚款，可以责令停业整顿，降低资质等级；情节严重的，吊销资质证书。对因该项承揽工程不符合规定的质量标准造成的损失，建筑施工企业与使用本企业名义的单位或者个人承担连带赔偿责任。

承包单位将承包的工程转包的，或者违反《建筑法》规定进行分包的，责令改正，没收违法所得，并处罚款，可以责令停业整顿，降低资质等级；情节严重的，吊销资质证书。承包单位有以上规定的违法行为的，对因转包工程或者违法分包的工程不符合规定的质量标准造成的损失，与接受转包或者分包的单位承担连带赔偿责任。

《建设工程质量管理条例》规定，勘察、设计、施工、工程监理单位超越本单位资质等级承揽工程的，责令停止违法行为，对勘察、设计单位或者工程监理单位处合同约定的勘察费、设计费或者监理酬金1倍以上2倍以下的罚款；对施工单位处工程合同价款2%以上4%以下的罚款，可以责令停业整顿，降低资质等级；情节严重的，吊销资质证书；有违法所得的，予以没收。未取得资质证书承揽工程的，予以取缔，依照以上规定处以罚款；有违法所得的，予以没收。

勘察、设计、施工、工程监理单位允许其他单位或者个人以本单位名义承揽工程的，责令改正，没收违法所得，对勘察、设计单位和工程监理单位处合同约定的勘察费、设计费和监理酬金1倍以上2倍以下的罚款；对施工单位处工程合同价款2%以上4%以下的罚款；可以责令停业整顿，降低资质等级；情节严重的，吊销资质证书。

承包单位将承包的工程转包或者违法分包的，责令改正，没收违法所得，对勘察、设计单位处合同约定的勘察费、设计费25%以上50%以下的罚款；对施工单位处工程合同价款0.5%以上1%以下的罚款；可以责令停业整顿，降低资质等级；情节严重的，吊销资质证书。

《建筑工程施工发包与承包违法行为认定查处管理办法》规定，对认定有转包、违法分包、挂靠、转让出借资质证书或者以其他方式允许他人以本单位的名义承揽工程等违法行为的施工单位，可依法限制其参加工程投标活动、承揽新的工程项目，并对其企业资质是否满足资质标准条件进行核查，对达不到资质标准要求的限期整改，整改后仍达不到要求的，资质审批机关撤回其资质证书。

对2年内发生2次及以上转包、违法分包、挂靠、转让出借资质证书或者以其他方式允许他人以本单位的名义承揽工程的施工单位，应当依法按照情节严重情形给予处罚。

因违法发包、转包、违法分包、挂靠等违法行为导致发生质量安全事故的，应当依法按照情节严重情形给予处罚。

全国人大常委会法制工作委员会《对建筑施工企业母公司承接工程后交由子公司实施是否属于转包以及行政处罚两年追溯期认定法律适用问题的意见》（法工办发〔2017〕223号）中规定，对于违法发包、转包、分包、挂靠等行为的行政处罚追溯期限，应当从违法发包、转包、分包、挂靠的建筑工程竣工验收之日起计算。合同工程量未全部完成而解除或暂时终止履行合同的，为合同解除或终止之日。

3. 其他法律责任

《建筑法》规定，在工程发包与承包中索贿、受贿、行贿，构成犯罪的，依法追究刑事责任；不构成犯罪的，分别处以罚款，没收贿赂的财物，对直接负责的主管人员和其他直接责任人员给予处分。对在工程承包中行贿的承包单位，除依照以上规定处罚外，可以责令停业整顿，降低资质等级或者吊销资质证书。

第二节 禁止串通投标和其他不正当竞争行为的规定

2019 年 4 月经修改后公布的《中华人民共和国反不正当竞争法》（简称《反不正当竞争法》）规定，本法所称的不正当竞争行为，是指经营者在生产经营活动中，违反本法规定，扰乱市场竞争秩序，损害其他经营者或者消费者的合法权益的行为。

在建设工程招标投标活动中，投标人的不正当竞争行为主要是：投标人相互串通投标、招标人与投标人串通投标、投标人以行贿手段谋取中标、投标人以低于成本的报价竞标、投标人以他人名义投标或者以其他方式弄虚作假骗取中标。

一、禁止投标人相互串通投标

《招标投标法》规定，投标人不得相互串通投标报价，不得排挤其他投标人的公平竞争，损害招标人或者其他投标人的合法权益。

《招标投标法实施条例》进一步规定，禁止投标人相互串通投标。有下列情形之一的，属于投标人相互串通投标：①投标人之间协商投标报价等投标文件的实质性内容；②投标人之间约定中标人；③投标人之间约定部分投标人放弃投标或者中标；④属于同一集团、协会、商会等组织成员的投标人按照该组织要求协同投标；⑤投标人之间为谋取中标或者排斥特定投标人而采取的其他联合行动。

有下列情形之一的，视为投标人相互串通投标：①不同投标人的投标文件由同一单位或者个人编制；②不同投标人委托同一单位或者个人办理投标事宜；③不同投标人的投标文件载明的项目管理成员为同一人；④不同投标人的投标文件异常一致或者投标报价呈规律性差异；⑤不同投标人的投标文件相互混装；⑥不同投标人的投标保证金从同一单位或者个人的账户转出。

二、禁止招标人与投标人串通投标

《招标投标法》规定，投标人不得与招标人串通投标，损害国家利益、社会公共利益或者他人的合法权益。

《招标投标法实施条例》进一步规定，禁止招标人与投标人串通投标。有下列情形之一的，属于招标人与投标人串通投标：①招标人在开标前开启投标文件并将有关信息泄露给其他投标人；②招标人直接或者间接向投标人泄露标底、评标委员会成员等信息；③招标人明示或者暗示投标人压低或者抬高投标报价；④招标人授意投标人撤换、修改投标文件；⑤招标人明示或者暗示投标人为特定投标人中标提供方便；⑥招标人与投标人为谋求特定投标人中标而采取的其他串通行为。

三、禁止投标人以行贿手段谋取中标

《反不正当竞争法》规定，经营者不得采用财物或者其他手段贿赂下列单位或者个人，

以谋取交易机会或者竞争优势：①交易相对方的工作人员；②受交易相对方委托办理相关事务的单位或者个人；③利用职权或者影响力影响交易的单位或者个人。经营者的工作人员进行贿赂的，应当认定为经营者的行为；但是，经营者有证据证明该工作人员的行为与为经营者谋取交易机会或者竞争优势无关的除外。同时，《反不正当竞争法》还规定，经营者在交易活动中，可以以明示方式向交易相对方支付折扣，或者向中间人支付佣金。经营者向交易相对方支付折扣、向中间人支付佣金的，应当如实入账。接受折扣、佣金的经营者也应当如实入账。

《招标投标法》规定，禁止投标人以向招标人或者评标委员会成员行贿的手段谋取中标。

投标人以行贿手段谋取中标是一种严重的违法行为，其法律后果是中标无效，有关责任人和单位要承担相应的行政责任或刑事责任，给他人造成损失的还应承担民事赔偿责任。

四、投标人不得以低于成本的报价竞标

低于成本的报价竞标不仅属于不正当竞争行为，还易导致中标后的偷工减料，影响建设工程质量。《招标投标法》规定，“投标人不得以低于成本的报价竞标。中标人的投标应当符合下列条件之一：……但是投标价格低于成本的除外”。

《建筑工程施工发包与承包计价管理办法》进一步规定，投标报价低于工程成本或者高于最高投标限价总价的，评标委员会应当否决投标人的投标。

五、投标人不得以他人名义投标或以其他方式弄虚作假骗取中标

《反不正当竞争法》规定，经营者不得实施下列混淆行为，引人误认为是他人商品或者与他人存在特定联系：①擅自使用与他人有一定影响的商品名称、包装、装潢等相同或者近似的标识；②擅自使用他人有一定影响的企业名称（包括简称、字号等）、社会组织名称（包括简称等）、姓名（包括笔名、艺名、译名等）；③擅自使用他人有一定影响的域名主体部分、网站名称、网页等；④其他足以引人误认为是他人商品或者与他人存在特定联系的混淆行为。

《招标投标法》第三十三条中规定，投标人不得以他人名义投标或者以其他方式弄虚作假，骗取中标。《招标投标法实施条例》进一步规定，使用通过受让或者租借等方式获取的资格、资质证书投标的，属于《招标投标法》第三十三条规定的以他人名义投标。投标人有下列情形之一的，属于《招标投标法》第三十三条规定的以其他方式弄虚作假的行为：①使用伪造、变造的许可证件；②提供虚假的财务状况或者业绩；③提供虚假的项目负责人或者主要技术人员简历、劳动关系证明；④提供虚假的信用状况；⑤其他弄虚作假的行为。

第三节　中标的法定要求和招标投标投诉处理

一、中标的法定要求

1. 公示中标候选人

《招标投标法实施条例》规定，依法必须进行招标的项目，招标人应当自收到评标报告之日起3日内公示中标候选人，公示期不得少于3日。

投标人或者其他利害关系人对依法必须进行招标的项目的评标结果有异议的，应当在中标候选人公示期间提出。招标人应当自收到异议之日起 3 日内做出答复；做出答复前，应当暂停招标投标活动。

2. 确定中标人

《招标投标法》规定，招标人根据评标委员会提出的书面评标报告和推荐的中标候选人确定中标人。招标人也可以授权评标委员会直接确定中标人。中标人的投标应当符合下列条件之一：①能够最大限度地满足招标文件中规定的各项综合评价标准；②能够满足招标文件的实质性要求，并且经评审的投标价格最低，但是投标价格低于成本的除外。在确定中标人前，招标人不得与投标人就投标价格、投标方案等实质性内容进行谈判。

《国务院办公厅关于促进建筑业持续健康发展的意见》(国办发〔2017〕19 号）中规定，对采用常规通用技术标准的政府投资工程，在原则上实行最低价中标的同时，有效发挥履约担保的作用，防止恶意低价中标，确保工程投资不超预算。

《招标投标法实施条例》规定，国有资金占控股或者主导地位的依法必须进行招标的项目，招标人应当确定排名第一的中标候选人为中标人。排名第一的中标候选人放弃中标、因不可抗力不能履行合同、不按照招标文件要求提交履约保证金，或者被查实存在影响中标结果的违法行为等情形，不符合中标条件的，招标人可以按照评标委员会提出的中标候选人名单排序依次确定其他中标候选人为中标人，也可以重新招标。

中标候选人的经营、财务状况发生较大变化或者存在违法行为，招标人认为可能影响其履约能力的，应当在发出中标通知书前由原评标委员会按照招标文件规定的标准和方法审查确认。

3. 中标通知书和报告招标投标情况

《招标投标法》规定，中标人确定后，招标人应当向中标人发出中标通知书，并同时将中标结果通知所有未中标的投标人。中标通知书对招标人和中标人具有法律效力。中标通知书发出后，招标人改变中标结果的，或者中标人放弃中标项目的，应当依法承担法律责任。依法必须进行招标的项目，招标人应当自确定中标人之日起 15 日内，向有关行政监督部门提交招标投标情况的书面报告。

4. 履约保证金

《招标投标法》规定，招标文件要求中标人提交履约保证金的，中标人应当提交。《招标投标法实施条例》进一步规定，履约保证金不得超过中标合同金额的 10%。中标人应当按照合同约定履行义务，完成中标项目。

《国务院办公厅关于促进建筑业持续健康发展的意见》(国办发〔2017〕19 号）规定，引导承包企业以银行保函或担保公司保函的形式，向建设单位提供履约担保。

二、招标投标投诉与处理

1. 投诉的规定

《招标投标法实施条例》规定，投标人或者其他利害关系人认为招标投标活动不符合法律、行政法规规定的，可以自知道或者应当知道之日起 10 日内向有关行政监督部门投诉。投诉应当有明确的请求和必要的证明材料。

但是，对资格预审文件、招标文件、开标以及对依法必须进行招标项目的评标结果有异议的，应当依法先向招标人提出异议，其异议答复期间不计算在以上规定的期限内。

2. 投诉处理的规定

《招标投标法实施条例》规定，投诉人就同一事项向两个以上有权受理的行政监督部门投诉的，由最先收到投诉的行政监督部门负责处理。行政监督部门应当自收到投诉之日起3个工作日内决定是否受理投诉，并自受理投诉之日起30个工作日内做出书面处理决定；需要检验、检测、鉴定、专家评审的，所需时间不计算在内。投诉人捏造事实、伪造材料或者以非法手段取得证明材料进行投诉的，行政监督部门应当予以驳回。

行政监督部门处理投诉，有权查阅、复制有关文件、资料，调查有关情况，相关单位和人员应当予以配合。必要时，行政监督部门可以责令暂停招标投标活动。行政监督部门的工作人员对监督检查过程中知悉的国家秘密、商业秘密，应当依法予以保密。

第四节 违法行为应承担的法律责任

一、招标人违法行为应承担的法律责任

《招标投标法》规定，必须进行招标的项目而不招标的，将必须进行招标的项目化整为零或者以其他任何方式规避招标的，责令限期改正，可以处项目合同金额5‰以上10‰以下的罚款；对全部或者部分使用国有资金的项目，可以暂停项目执行或者暂停资金拨付；对单位直接负责的主管人员和其他直接责任人员依法给予处分。

招标人以不合理的条件限制或者排斥潜在投标人的，对潜在投标人实行歧视待遇的，强制要求投标人组成联合体共同投标的，或者限制投标人之间竞争的，责令改正，可以处1万元以上5万元以下的罚款。

依法必须进行招标的项目的招标人向他人透露已获取招标文件的潜在投标人的名称、数量或者可能影响公平竞争的有关招标投标的其他情况的，或者泄露标底的，给予警告，可以并处1万元以上10万元以下的罚款；对单位直接负责的主管人员和其他直接责任人员依法给予处分；构成犯罪的，依法追究刑事责任。影响中标结果的，中标无效。

依法必须进行招标的项目，招标人违反规定，与投标人就投标价格、投标方案等实质性内容进行谈判的，给予警告，对单位直接负责的主管人员和其他直接责任人员依法给予处分。影响中标结果的，中标无效。

招标人在评标委员会依法推荐的中标候选人以外确定中标人的，依法必须进行招标的项目在所有投标被评标委员会否决后自行确定中标人的，中标无效。责令改正，可以处中标项目金额5‰以上10‰以下的罚款；对单位直接负责的主管人员和其他直接责任人员依法给予处分。

招标人与中标人不按照招标文件和中标人的投标文件订立合同的，或者招标人、中标人订立背离合同实质性内容的协议的，责令改正；可以处中标项目金额5‰以上10‰以下的罚款。

《招标投标法实施条例》规定，招标人有下列限制或者排斥潜在投标人行为之一的，由有关行政监督部门依照《招标投标法》第五十一条的规定处罚（即责令改正，可以处1万元以上5万元以下的罚款）：①依法应当公开招标的项目不按照规定在指定媒介发布资格预审

公告或者招标公告；②在不同媒介发布的同一招标项目的资格预审公告或者招标公告的内容不一致，影响潜在投标人申请资格预审或者投标。依法必须进行招标的项目的招标人不按照规定发布资格预审公告或者招标公告，构成规避招标的，依照《招标投标法》第四十九条的规定处罚（即责令限期改正，可以处项目合同金额5‰以上10‰以下的罚款；对全部或者部分使用国有资金的项目，可以暂停项目执行或者暂停资金拨付；对单位直接负责的主管人员和其他直接责任人员依法给予处分）。

招标人有下列情形之一的，由有关行政监督部门责令改正，可以处10万元以下的罚款：①依法应当公开招标而采用邀请招标；②招标文件、资格预审文件的发售、澄清、修改的时限，或者确定的提交资格预审申请文件、投标文件的时限不符合《招标投标法》和《招标投标法实施条例》规定；③接受未通过资格预审的单位或者个人参加投标；④接受应当拒收的投标文件。招标人有以上第①、③、④所列行为之一的，对单位直接负责的主管人员和其他直接责任人员依法给予处分。

《招标投标法实施条例》规定，依法必须进行招标的项目的招标人不按照规定组建评标委员会，或者确定、更换评标委员会成员违反《招标投标法》和本条例规定的，由有关行政监督部门责令改正，可以处10万元以下的罚款，对单位直接负责的主管人员和其他直接责任人员依法给予处分；违法确定或者更换的评标委员会成员做出的评审结论无效，依法重新进行评审。

招标人超过《招标投标法实施条例》规定的比例收取投标保证金、履约保证金或者不按照规定退还投标保证金及银行同期存款利息的，由有关行政监督部门责令改正，可以处5万元以下的罚款；给他人造成损失的，依法承担赔偿责任。

依法必须进行招标的项目的招标人有下列情形之一的，由有关行政监督部门责令改正，可以处中标项目金额10‰以下的罚款；给他人造成损失的，依法承担赔偿责任；对单位直接负责的主管人员和其他直接责任人员依法给予处分：①无正当理由不发出中标通知书；②不按照规定确定中标人；③中标通知书发出后无正当理由改变中标结果；④无正当理由不与中标人订立合同；⑤在订立合同时向中标人提出附加条件。

招标人和中标人不按照招标文件和中标人的投标文件订立合同，合同的主要条款与招标文件、中标人的投标文件的内容不一致，或者招标人、中标人订立背离合同实质性内容的协议的，由有关行政监督部门责令改正，可以处中标项目金额5‰以上10‰以下的罚款。

招标人不按照规定对异议做出答复，继续进行招标投标活动的，由有关行政监督部门责令改正，拒不改正或者不能改正并影响中标结果的，依照《招标投标法实施条例》第八十二条的规定处理（即招标、投标、中标无效，应当依法重新招标或者评标）。

二、招标代理机构违法行为应承担的法律责任

《招标投标法》第五十条规定，招标代理机构违反本法规定，泄露应当保密的与招标投标活动有关的情况和资料的，或者与招标人、投标人串通损害国家利益、社会公共利益或者他人合法权益的，处5万元以上25万元以下的罚款，对单位直接负责的主管人员和其他直接责任人员处单位罚款数额5%以上10%以下的罚款；有违法所得的，并处没收违法所得；情节严重的，禁止其一年至二年内代理依法必须进行招标的项目并予以公告，直至由工商行政管理机关吊销营业执照；构成犯罪的，依法追究刑事责任。给他人造成损失的，依法承担

赔偿责任。前款所列行为影响中标结果的，中标无效。

《招标投标法实施条例》规定，招标代理机构在所代理的招标项目中投标、代理投标或者向该项目投标人提供咨询的，接受委托编制标底的中介机构参加受托编制标底项目的投标或者为该项目的投标人编制投标文件、提供咨询的，依照《招标投标法》第五十条的规定追究法律责任。

三、评标委员会成员违法行为应承担的法律责任

《招标投标法》规定，评标委员会成员收受投标人的财物或者其他好处的，评标委员会成员或者参加评标的有关工作人员向他人透露对投标文件的评审和比较、中标候选人的推荐以及与评标有关的其他情况的，给予警告，没收收受的财物，可以并处 3000 元以上 5 万元以下的罚款，对有所列违法行为的评标委员会成员取消担任评标委员会成员的资格，不得再参加任何依法必须进行招标的项目的评标；构成犯罪的，依法追究刑事责任。

《招标投标法实施条例》规定，评标委员会成员有下列行为之一的，由有关行政监督部门责令改正；情节严重的，禁止其在一定期限内参加依法必须进行招标的项目的评标；情节特别严重的，取消其担任评标委员会成员的资格。①应当回避而不回避；②擅离职守；③不按照招标文件规定的评标标准和方法评标；④私下接触投标人；⑤向招标人征询确定中标人的意向或者接受任何单位或者个人明示或者暗示提出的倾向或者排斥特定投标人的要求；⑥对依法应当否决的投标不提出否决意见；⑦暗示或者诱导投标人做出澄清、说明或者接受投标人主动提出的澄清、说明；⑧其他不客观、不公正履行职务的行为。评标委员会成员收受投标人的财物或者其他好处的，没收收受的财物，处 3000 元以上 5 万元以下的罚款，取消担任评标委员会成员的资格，不得再参加依法必须进行招标的项目的评标；构成犯罪的，依法追究刑事责任。

《最高人民法院、最高人民检察院关于办理商业贿赂刑事案件适用法律若干问题的意见》(法发〔2008〕33 号）规定，依法组建的评标委员会的组成人员，在招标等事项的评标活动中，索取他人财物或者非法收受他人财物，为他人谋取利益，数额较大的，依照《刑法》第一百六十三条的规定，以非国家工作人员受贿罪定罪处罚。依法组建的评标委员会中国家机关或者其他国有单位的代表有以上行为的，依照《刑法》第三百八十五条的规定，以受贿罪定罪处罚。

四、投标人违法行为应承担的法律责任

《招标投标法》规定，投标人相互串通投标或者与招标人串通投标的，投标人以向招标人或者评标委员会成员行贿的手段谋取中标的，中标无效，处中标项目金额 5‰ 以上 10‰ 以下的罚款，对单位直接负责的主管人员和其他直接责任人员处单位罚款数额 5% 以上 10% 以下的罚款；有违法所得的，并处没收违法所得；情节严重的，取消其一年至两年内参加依法必须进行招标的项目的投标资格并予以公告，直至由工商行政管理机关吊销营业执照；构成犯罪的，依法追究刑事责任。给他人造成损失的，依法承担赔偿责任。

投标人以他人名义投标或者以其他方式弄虚作假，骗取中标的，中标无效，给招标人造成损失的，依法承担赔偿责任；构成犯罪的，依法追究刑事责任。依法必须进行招标的项目的投标人有以上所列行为尚未构成犯罪的，处中标项目金额 5‰ 以上 10‰ 以下的罚款，对

单位直接负责的主管人员和其他直接责任人员处单位罚款数额 5% 以上 10% 以下的罚款；有违法所得的，并处没收违法所得；情节严重的，取消其一年至三年内参加依法必须进行招标的项目的投标资格并予以公告，直至由工商行政管理机关吊销营业执照。

《招标投标法实施条例》规定，投标人相互串通投标或者与招标人串通投标的，投标人向招标人或者评标委员会成员行贿谋取中标的，中标无效；构成犯罪的，依法追究刑事责任；尚不构成犯罪的，依照《招标投标法》第五十三条的规定处罚。投标人未中标的，对单位的罚款金额按照招标项目合同金额依照《招标投标法》规定的比例计算。投标人有下列行为之一的，属于《招标投标法》第五十三条规定的情节严重行为，由有关行政监督部门取消其一年至两年内参加依法必须进行招标的项目的投标资格：①以行贿谋取中标；②三年内两次以上串通投标；③串通投标行为损害招标人、其他投标人或者国家、集体、公民的合法利益，造成直接经济损失 30 万元以上；④其他串通投标情节严重的行为。投标人自以上规定的处罚执行期限届满之日起三年内又有以上所列违法行为之一的，或者串通投标、以行贿谋取中标情节特别严重的，由工商行政管理机关吊销营业执照。

投标人以他人名义投标或者以其他方式弄虚作假骗取中标的，中标无效；构成犯罪的，依法追究刑事责任；尚不构成犯罪的，依照《招标投标法》第五十四条的规定处罚（即中标无效，给招标人造成损失的，依法承担赔偿责任；构成犯罪的，依法追究刑事责任。依法必须进行招标的项目的投标人有以上所列行为尚未构成犯罪的，处中标项目金额 5‰ 以上 10‰ 以下的罚款，对单位直接负责的主管人员和其他直接责任人员处单位罚款数额 5% 以上 10% 以下的罚款；有违法所得的，并处没收违法所得；情节严重的，取消其一年至三年内参加依法必须进行招标的项目的投标资格并予以公告，直至由工商行政管理机关吊销营业执照）。依法必须进行招标的项目的投标人未中标的，对单位的罚款金额按照招标项目合同金额依照《招标投标法》规定的比例计算。投标人有下列行为之一的，属于《招标投标法》第五十四条规定的情节严重行为，由有关行政监督部门取消其一年至三年内参加依法必须进行招标的项目的投标资格：①伪造、变造资格、资质证书或者其他许可证件骗取中标；②三年内两次以上使用他人名义投标；③弄虚作假骗取中标给招标人造成直接经济损失 30 万元以上；④其他弄虚作假骗取中标情节严重的行为。投标人自以上规定的处罚执行期限届满之日起三年内又有以上所列违法行为之一的，或者弄虚作假骗取中标情节特别严重的，由工商行政管理机关吊销营业执照。

出让或者出租资格、资质证书供他人投标的，依照法律、行政法规的规定给予行政处罚；构成犯罪的，依法追究刑事责任。

投标人或者其他利害关系人捏造事实、伪造材料或者以非法手段取得证明材料进行投诉，给他人造成损失的，依法承担赔偿责任。

五、中标人违法行为应承担的法律责任

《招标投标法》规定，中标人将中标项目转让给他人的，将中标项目肢解后分别转让给他人的，违反本法规定将中标项目的部分主体、关键性工作分包给他人的，或者分包人再次分包的，转让、分包无效，处转让、分包项目金额 5‰ 以上 10‰ 以下的罚款；有违法所得的，并处没收违法所得；可以责令停业整顿；情节严重的，由工商行政管理机关吊销营业执照。

中标人不履行与招标人订立的合同的，履约保证金不予退还，给招标人造成的损失超过履约保证金数额的，还应当对超过部分予以赔偿；没有提交履约保证金的，应当对招标人的损失承担赔偿责任。中标人不按照与招标人订立的合同履行义务，情节严重的，取消其两年至五年内参加依法必须进行招标的项目的投标资格并予以公告，直至由工商行政管理机关吊销营业执照。因不可抗力不能履行合同的，不适用以上规定。

《招标投标法实施条例》规定，中标人无正当理由不与招标人订立合同，在签订合同时向招标人提出附加条件，或者不按照招标文件要求提交履约保证金的，取消其中标资格，投标保证金不予退还。对依法必须进行招标的项目的中标人，由有关行政监督部门责令改正，可以处中标项目金额10‰以下的罚款。

中标人将中标项目转让给他人的，将中标项目肢解后分别转让给他人的，违反招标投标法和本条例规定将中标项目的部分主体、关键性工作分包给他人的，或者分包人再次分包的，转让、分包无效，处转让、分包项目金额5‰以上10‰以下的罚款；有违法所得的，并处没收违法所得；可以责令停业整顿；情节严重的，由工商行政管理机关吊销营业执照。

六、政府主管部门和国家工作人员违法行为应承担的法律责任

《招标投标法》规定，对招标投标活动依法负有行政监督职责的国家机关工作人员徇私舞弊、滥用职权或者玩忽职守，构成犯罪的，依法追究刑事责任；不构成犯罪的，依法给予行政处分。

《招标投标法实施条例》规定，项目审批、核准部门不依法审批、核准项目招标范围、招标方式、招标组织形式的，对单位直接负责的主管人员和其他直接责任人员依法给予处分。有关行政监督部门不依法履行职责，对违反《招标投标法》和本条例规定的行为不依法查处，或者不按照规定处理投诉、不依法公告对招标投标当事人违法行为的行政处理决定的，对直接负责的主管人员和其他直接责任人员依法给予处分。项目审批、核准部门和有关行政监督部门的工作人员徇私舞弊、滥用职权、玩忽职守，构成犯罪的，依法追究刑事责任。

国家工作人员利用职务便利，以直接或者间接、明示或者暗示等任何方式非法干涉招标投标活动，有下列情形之一的，依法给予记过或者记大过处分；情节严重的，依法给予降级或者撤职处分；情节特别严重的，依法给予开除处分；构成犯罪的，依法追究刑事责任。①要求对依法必须进行招标的项目不招标，或者要求对依法应当公开招标的项目不公开招标；②要求评标委员会成员或者招标人以其指定的投标人作为中标候选人或者中标人，或者以其他方式非法干涉评标活动，影响中标结果；③以其他方式非法干涉招标投标活动。

《优化营商环境条例》规定，“政府和有关部门及其工作人员有下列情形之一的，依法依规追究责任：（一）违法干预应当由市场主体自主决策的事项；（二）制定或者实施政策措施不依法平等对待各类市场主体……（五）没有法律、法规依据，强制或者变相强制市场主体参加评比、达标、表彰、培训、考核、考试以及类似活动，或者借前述活动向市场主体收费或者变相收费；（六）违法设立或者在目录清单之外执行政府性基金、涉企行政事业性收费、涉企保证金；（七）不履行向市场主体依法做出的政策承诺以及依法订立的各类合同，或者违约拖欠市场主体的货物、工程、服务等账款；（八）变相设定或者实施行政许可，继续实施或者变相实施已取消的行政许可，或者转由行业协会商会或者其他组织实施已取消的

行政许可；（九）为市场主体指定或者变相指定中介服务机构，或者违法强制市场主体接受中介服务……”。

七、其他法律责任

《招标投标法》规定，任何单位违反本法规定，限制或者排斥本地区、本系统以外的法人或者其他组织参加投标的，为招标人指定招标代理机构的，强制招标人委托招标代理机构办理招标事宜的，或者以其他方式干涉招标投标活动的，责令改正；对单位直接负责的主管人员和其他直接责任人员依法给予警告、记过、记大过的处分，情节较重的，依法给予降级、撤职、开除的处分。个人利用职权进行以上违法行为的，依照以上规定追究责任。

依法必须进行招标的项目违反《招标投标法》规定，中标无效的，应当依照《招标投标法》规定的中标条件从其余投标人中重新确定中标人或者依照《招标投标法》重新进行招标。

《招标投标法实施条例》规定，依法必须进行招标的项目的招标投标活动违反《招标投标法》和本条例的规定，对中标结果造成实质性影响，且不能采取补救措施予以纠正的，招标、投标、中标无效，应当依法重新招标或者评标。

《刑法》第二百二十六条规定，“以暴力、威胁手段，实施下列行为之一，情节严重的，处三年以下有期徒刑或者拘役，并处或者单处罚金；情节特别严重的，处三年以上七年以下有期徒刑，并处罚金：……（三）强迫他人参与或者退出投标、拍卖的……”。

思　考　题

1. 什么是建设工程发包？列举违法发包的情形。
2. 简述工程总承包项目经理应当具备的条件。
3. 什么是建设工程共同承包？简述其使用范围。
4. 简述建设工程共同承包的资质要求和法律责任。
5. 简述建设工程分包的分类及分包工程的范围。
6. 简述建设工程被认定为转包的情形。
7. 简述建设工程违法分包的情形。
8. 简述建设工程招标中属于和视为投标人相互串通投标的情形。
9. 如何确定中标人？中标人应该符合什么条件？
10. 案例背景：某建筑工程公司法定代表人李某与个体经营者张某是老乡。张某要求能以该公司的名义承接一些工程施工业务，双方便签订了一份承包合同，约定张某可使用该公司的资质证书、营业执照等承接工程，每年上交承包费 20 万元，如不能按时如数上交承包费，该公司有权解除合同。合同签订后，张某利用该公司的资质证书、营业执照等多次承揽工程施工业务，但年底只向该公司上交了 8 万元的承包费。为此，该公司与张某发生激烈争执，并诉至法院。

问题：(1) 该建筑工程公司与张某是否存在着违法行为？

(2) 该建筑工程公司的违法行为应当受到什么处罚？

11. 案例背景：A 施工公司中标了某大型建设项目的桩基工程施工任务，但该公司拿到桩基工程后，由于施工力量不足，就将该工程全部转交给了具有桩基施工资质的 B 公司。双方还签订了《桩基工程施工合同》，就合同单价、暂定总价、工期、质量、付款方式、结算方式以及违约责任等做了约定。在合同签订后，B 公司组织实施并完成了该桩基工程施工任务。建设单位在组织竣工验收时，发现有部分桩基工程质量不符合规定的质量标准，便要求 A 公司负责返工、修理，并赔偿因此造成的损失。但 A 公司以该桩基工程已交由 B 公司施工为由，拒不承担任何的赔偿责任。

问题：(1) A 公司在该桩基工程的承包活动中有何违法行为？

(2) A 公司是否应对该桩基工程的质量问题承担赔偿责任？

12. 案例背景：柴某与姜某是老乡，二人在外打拼了多年，一直想承揽一项大的建筑装饰业务。某市一商业大厦的装饰工程公开招标，当时柴某、姜某均没有符合承揽该工程的资质等级证书。为了得到该装饰工程，柴某、姜某以缴纳高额管理费和其他优厚条件，分别借用了 A 装饰公司、B 装饰公司的资质证书并以其名义报名投标，这两家装饰公司均通过了资格预审。之后，柴某与姜某商议，由柴某负责与招标方协调，姜某负责联系另外一家入围装饰公司的法定代表人张某，与张某串通投标价格，约定事成之后利益共享，并签订利益共享协议。为了增加中标的可能性，他们故意让入围的一家资质等级较低的装饰公司在投标时报高价，而柴某借用的资质等级高的 A 装饰公司则报较低价格。就这样，柴某终以借用的 A 装饰公司名义成功中标，取得了该项装饰工程。

问题：(1) 柴某与姜某有哪些违法行为？

(2) 该违法行为应当受到何种处罚？

第六章
建设工程相关合同制度

本章重点内容： 无效合同和效力待定合同的规定、建设工程施工合同的内容、建设工程工期和支付价款的规定、建设工程赔偿损失的规定、建设工程施工合同发承包双方的主要义务。

本章学习目标： 熟悉合同订立等相关知识，掌握建设工程施工合同相关内容和合同变化及法律责任。通过本章学习，培养学生人际交往能力、组织管理能力和应变能力，促使学生养成诚实守信的好品德，树立社会主义核心价值观，具备公正、敬业、诚信等优良品质。

第一节 合同相关知识

一、合同的法律特征和订立原则

（一）合同的法律特征

2020年5月公布的《民法典》规定，合同是民事主体之间设立、变更、终止民事法律关系的协议。

合同具有以下法律特征：①合同是一种法律行为；②合同的当事人法律地位一律平等，双方自愿协商，任何一方不得将自己的观点、主张强加给另一方；③合同的目的在于设立、变更、终止民事权利义务关系；④合同的成立必须有两个以上当事人；两个以上当事人不仅做出意思表示，而且意思表示是一致的。

（二）合同的订立原则

1. 自愿原则

《民法典》规定，民事主体从事民事活动，应当遵循自愿原则，按照自己的意思设立、变更、终止民事法律关系。自愿原则体现了民事活动的基本特征，是民事法律关系区别于行政法律关系、刑事法律关系的特有原则。只要不违背法律、行政法规强制性的规定，合同当事人有权自愿决定，任何单位和个人不得非法干预。

2. 公平原则

《民法典》规定，民事主体从事民事活动，应当遵循公平原则，合理确定各方的权利和义务。公平原则主要包括：①订立合同时，要根据公平原则确定双方的权利和义务，不得欺诈，不得假借订立合同恶意进行磋商；②根据公平原则确定风险的合理分配；③根据公平原则确定违约责任。

公平原则作为合同当事人的行为准则，可以防止当事人滥用权利，保护当事人的合法权益，维护和平衡当事人之间的利益。

3. 诚信原则

《民法典》规定，民事主体从事民事活动，应当遵循诚信原则，秉持诚实，恪守承诺。诚信原则主要包括：①订立合同时，不得有欺诈或其他违背诚信的行为；②履行合同义务时，当事人应当根据合同的性质、目的和交易习惯，履行及时通知、协助、提供必要条件、防止损失扩大、保密等义务；③合同终止后，当事人应当根据交易习惯，履行通知、协助、保密等义务，也称为后契约义务。

4. 合法及不得违背公序良俗原则

《民法典》规定，民事主体从事民事活动，不得违反法律，不得违背公序良俗。只要当事人的意思不与法律规范、社会公序良俗相抵触，即承认合同的法律效力。对于损害社会公共利益、扰乱社会经济秩序的行为，国家应当予以干预，但这种干预要依法进行，由法律、行政法规做出规定。

5. 有利于节约资源、保护生态环境原则

《民法典》规定，民事主体从事民事活动，应当有利于节约资源、保护生态环境。有利于节约资源、保护生态环境原则是一项限制性的“绿色原则”，即民事主体在从事民事行为过程中，不仅要遵循自愿、公平、诚信原则，不得违反法律和公序良俗，还必须要兼顾社会环境公益，有利于节约资源和生态环境保护。否则，将不受到法律的保护与支持。

（三）合同的分类

1）根据法律是否明文规定了一定的名称和规则的合同，分为有名合同与无名合同。

有名合同（又称典型合同），是指法律上已经确定了一定的名称及具体规则的合同，如建设工程合同等。无名合同（又称非典型合同），是指法律上尚未确定一定的名称与规则的合同。合同当事人可以自由决定合同的内容，即使当事人订立的合同不属于有名合同的范围，只要不违背法律的禁止性规定和社会公共利益，仍然是有效的。

2）根据合同当事人是否互相负有给付义务，可分为双务合同与单务合同。

双务合同是指当事人双方互负对待给付义务的合同，即双方当事人互享债权、互负债务，一方的合同权利正好是对方的合同义务，彼此形成对价关系。例如，建设工程施工合同中，承包人有获得工程价款的权利，而发包人则有按约支付工程价款的义务。大部分合同都是双务合同。单务合同是指合同当事人中仅有一方负担义务，而另一方只享有合同权利的合同。例如，在赠予合同中，受赠人享有接受赠予物的权利，但不负担任何义务。无偿委托合同、无偿保管合同均属于单务合同。

3）根据合同的成立是否需要交付标的物，分为诺成合同与实践合同。

诺成合同（又称不要物合同），是指当事人双方意思表示一致就可以成立的合同。大多数的合同都属于诺成合同，如建设工程合同、买卖合同、租赁合同等。实践合同（又称要物合同），是指除当事人双方意思表示一致以外，尚须交付标的物才能成立的合同，如保管合同。

4）根据法律对合同的形式是否有特定要求，分为要式合同与不要式合同。

要式合同是指根据法律规定必须采取特定形式的合同。如《民法典》规定，建设工程合同应当采用书面形式。不要式合同是指当事人订立的合同依法并不需要采取特定的形式，当

事人可以采取口头方式，也可以采取书面形式或其他形式。二者的区别，实际上是一个关于合同成立与生效的条件问题。如果法律规定某种合同必须经过批准才能生效，则合同未经批准便不生效；如果法律规定某种合同必须采用书面形式才成立，则当事人未采用书面形式时合同便不成立。

5）根据合同当事人之间的权利义务是否存在对价关系，分为有偿合同与无偿合同。

有偿合同是指一方通过履行合同义务而给对方某种利益，对方要得到该利益必须支付相应代价的合同，如建设工程合同等。无偿合同是指一方给付对方某种利益，对方取得该利益时并不支付任何代价的合同，如赠予合同等。

6）根据合同相互间的主从关系，分为主合同与从合同。

主合同是指能够独立存在的合同；依附于主合同方能存在的合同为从合同。例如，发包人与承包人签订的建设工程施工合同为主合同，为确保该主合同的履行，发包人与承包人签订的履约保证合同为从合同。

（四）建设工程合同

《民法典》规定，建设工程合同是承包人进行工程建设，发包人支付价款的合同。建设工程合同实质上是一种特殊的承揽合同。《民法典》规定，建设工程合同包括工程勘察、设计、施工合同。

建设工程施工合同是建设工程合同中的重要部分，是指施工人（承包人）根据发包人的委托，完成建设工程项目的施工工作，发包人接受工作成果并支付报酬的合同。施工合同的内容包括工程范围、建设工期、中间交工工程的开工和竣工时间、工程质量、工程造价、技术资料交付时间、材料和设备供应责任、拨款和结算、竣工验收、质量保修范围和质量保证期、双方相互协作等条款。

二、合同的要约与承诺

（一）合同订立与合同成立

合同订立是指缔约人进行意思表示并达成一致意见的状态，包括缔约各方自接触、协商、达成协议前讨价还价的整个动态过程和静态协议。合同订立是交易行为的法律运作。

合同成立是指当事人就合同主要条款达成了合意。合同成立需具备下列条件：①存在两方以上的订约当事人；②订约当事人对合同主要条款达成一致意见。

合同的成立一般要经过要约和承诺两个阶段。《民法典》规定，当事人订立合同，可以采取要约、承诺方式或者其他方式。

（二）要约

《民法典》规定，要约是希望与他人订立合同的意思表示。

发出要约的人称为要约人，接受要约的人称为受要约人。在国际贸易实务中，也称为发盘、发价、报价。

1. 要约的构成要件

要约是希望和他人订立合同的意思表示，该意思表示应当符合下列条件：

1）内容具体确定。所谓具体，是指要约的内容须具有足以使合同成立的主要条款。所谓确定，是指要约的内容须明确，不能含糊不清，否则无法承诺。

2）表明经受要约人承诺，要约人即受该意思表示约束。要约须具有订立合同的意图，表明一经受要约人承诺，要约人即受该意思表示的约束。要约作为表达希望与他人订立合同的一种意思表达，其内容已经包含可以得到履行的合同成立所需要具备的基本条件。

2. 要约邀请

《民法典》规定，要约邀请是希望他人向自己发出要约的表示。拍卖公告、招标公告、招股说明书、债券募集办法、基金招募说明书、商业广告和宣传、寄送的价目表等为要约邀请。商业广告和宣传的内容符合要约条件的，构成要约。

要约邀请可以是向特定人发出，也可以是向不特定的人发出。要约邀请只是邀请他人向自己发出要约，只有自己承诺才成立合同。因此，要约邀请处于合同的准备阶段，没有法律约束力。

在建设工程招标投标活动中，招标文件是要约邀请，对招标人不具有法律约束力；投标文件是要约，应受自己做出的与他人订立合同的意思表示的约束。

3. 要约的法律效力

《民法典》规定，要约生效的时间适用本法第一百三十七条的规定。即以对话方式做出的意思表示，相对人知道其内容时生效。以非对话方式做出的意思表示，到达相对人时生效。以非对话方式做出的采用数据电文形式的意思表示，相对人指定特定系统接收数据电文的，该数据电文进入该特定系统时生效；未指定特定系统的，相对人知道或者应当知道该数据电文进入其系统时生效。当事人对采用数据电文形式的意思表示的生效时间另有约定的，按照其约定。

要约的有效期间由要约人在要约中规定。要约人如果在要约中定有存续期间，受要约人必须在此期间内承诺。要约可以撤回，按照《民法典》要约的撤回适用本法第一百四十一条的规定，即行为人可以撤回意思表示。撤回意思表示的通知应当在意思表示到达相对人前或者与意思表示同时到达相对人。

有下列情形之一的，要约不得撤销：①要约人以确定了承诺期限或者以其他形式明示要约不可撤销；②受要约人有理由认为要约是不可撤销的，并已经为履行合同做了合理准备工作。

（三）承诺

《民法典》规定，承诺是受要约人同意要约的意思表示。如招标人向投标人发出的中标通知书，是承诺。

1. 承诺的方式

承诺应当以通知的方式做出；但是，根据交易习惯或者要约表明可以通过行为做出承诺的除外。这里的行为通常是履行行为，如预付价款、工地上开始工作等。

2. 承诺的生效

《民法典》规定，承诺生效时合同成立，但是法律另有规定或者当事人另有约定的除外。以通知方式做出的承诺，生效的时间适用《民法典》第一百三十七条的规定。承诺不需要通知的，根据交易习惯或者要约的要求做出承诺的行为时生效。

3. 承诺的内容

承诺的内容应当与要约的内容一致。受要约人对要约的内容做出实质性变更的，为新要约。有关合同标的、数量、质量、价款或者报酬、履行期限、履行地点和方式、违约责任和解决争议方法等的变更，是对要约内容的实质性变更。

三、无效合同和效力待定合同的规定

（一）无效合同

无效合同是指合同内容或者形式违反了法律、行政法规的强制性规定和社会公共利益，因而不能产生法律约束力，不受法律保护的合同。

无效合同的特征是：①具有违法性；②具有不可履行性；③自订立之时就不具有法律效力。

1. 有效的民事法律行为

《民法典》规定，具备下列条件的民事法律行为有效：①行为人具有相应的民事行为能力；②意思表示真实；③不违反法律、行政法规的强制性规定，不违背公序良俗。

（1）行为人具有相应的民事行为能力 《民法典》规定，无民事行为能力人实施的民事法律行为无效。

民事行为能力是指民事主体以自己独立的行为去取得民事权利、承担民事义务的能力。自然人的行为能力分三种情况：完全行为能力、限制行为能力、无行为能力。法人的行为能力由法人的机关或者代表行使。

（2）意思表示真实 《民法典》规定，行为人与相对人以虚假的意思表示实施的民事法律行为无效。

意思表示是指当事人把设立、变更、终止民事权利、民事义务的内在意愿用一定形式表达出来。意思表示真实就是民事法律行为必须出于当事人的自愿，反映当事人的真实意思。

（3）不违反法律、行政法规的强制性规定，不违背公序良俗 《民法典》规定，违反法律、行政法规的强制性规定的民事法律行为无效。但是，该强制性规定不导致该民事法律行为无效的除外。违背公序良俗的民事法律行为无效。行为人与相对人恶意串通，损害他人合法权益的民事法律行为无效。

法律、行政法规中包含强制性规定和任意性规定。强制性规定排除了合同当事人的意思自由，即当事人在合同中不得协议排除法律、行政法规的强制性规定，否则将构成无效合同。

应当指出的是，法律是指全国人民代表大会及其常务委员会颁布的法律，行政法规是指由国务院颁布的法规。在实践中，有的将仅违反了地方规定的合同认定为无效是违法的。

公序良俗是指民事主体的行为应当遵守公共秩序，符合善良风俗，不得违反国家的公共秩序和社会的一般道德。

当事人超越经营范围订立的合同的效力，应当依照《民法典》的有关规定确定，不得仅以超越经营范围确认合同无效。

2. 无效的免责条款

免责条款是指当事人在合同中约定免除或者限制其未来责任的合同条款；免责条款无效是指没有法律约束力的免责条款。

《民法典》规定，合同中的下列免责条款无效：①造成对方人身损害的；②因故意或者重大过失造成对方财产损失的。

造成对方人身损害就侵犯了对方的人身权，造成对方财产损失就侵犯了对方的财产权。人身权和财产权是法律赋予的权利，如果合同中的条款对此予以侵犯，该条款就是违法条款，这样的免责条款是无效的。

3. 建设工程无效施工合同的主要情形

《最高人民法院关于审理建设工程施工合同纠纷案件适用法律问题的解释》(法释〔2020〕25号）规定，建设工程施工合同具有下列情形之一的，应当依据《民法典》第一百五十三条第一款的规定，认定无效：①承包人未取得建筑施工企业资质或者超越资质等级的；②没有资质的实际施工人借用有资质的建筑施工企业名义的；③建设工程必须进行招标而未招标或者中标无效的。

承包人非法转包、违法分包建设工程或者没有资质的实际施工人借用有资质的建筑施工企业名义与他人签订建设工程施工合同的行为无效。

4. 无效合同的法律后果

《民法典》规定，无效的或者被撤销的民事法律行为自始没有法律约束力。民事法律行为部分无效，不影响其他部分效力的，其他部分仍然有效。

合同不生效、无效、被撤销或者终止的，不影响合同中有关解决争议方法的条款的效力。

民事法律行为无效、被撤销或者确定不发生效力后，行为人因该行为取得的财产，应当予以返还；不能返还或者没有必要返还的，应当折价补偿。有过错的一方应当赔偿对方由此所受到的损失；双方都有过错的，应当各自承担相应的责任。

5. 无效施工合同的工程款结算

《民法典》规定，建设工程施工合同无效，但是建设工程经验收合格的，可以参照合同关于工程价款的约定折价补偿承包人。

建设工程施工合同无效，且建设工程经验收不合格的，按照以下情形处理：①修复后的建设工程经验收合格的，发包人可以请求承包人承担修复费用；②修复后的建设工程经验收不合格的，承包人无权请求参照合同关于工程价款的约定折价补偿。发包人对因建设工程不合格造成的损失有过错的，应当承担相应的责任。

（二）效力待定合同

效力待定合同是指合同虽然已经成立，但因其不完全符合有关生效要件的规定，其合同效力能否发生尚未确定，须经法律规定的条件具备才能生效。

1. 限制行为能力人订立的合同

《民法典》规定，限制民事行为能力人实施的纯获利益的民事法律行为或者与其年龄、智力、精神健康状况相适应的民事法律行为有效；实施的其他民事法律行为经法定代理人同意或者追认后有效。相对人可以催告法定代理人自收到通知之日起30日内予以追认。法定代理人未作表示的，视为拒绝追认。民事法律行为被追认前，善意相对人有撤销的权利。撤销应当以通知的方式做出。

2. 无权代理人订立的合同

行为人没有代理权、超越代理权或者代理权终止后，仍然实施代理行为，未经被代理人追认的，对被代理人不发生效力。

相对人可以催告被代理人自收到通知之日起30日内予以追认。被代理人未作表示的，视为拒绝追认。行为人实施的行为被追认前，善意相对人有撤销的权利。撤销应当以通知的方式做出。

行为人实施的行为未被追认的，善意相对人有权请求行为人履行债务或者就其受到的损害请求行为人赔偿。但是，赔偿的范围不得超过被代理人追认时相对人所能获得的利益。

相对人知道或者应当知道行为人无权代理的，相对人和行为人按照各自的过错承担责任。无权代理人以被代理人的名义订立合同，被代理人已经开始履行合同义务或者接受相对人履行的，视为对合同的追认。

第二节　建设工程施工合同相关内容

一、建设工程施工合同的法定形式和内容

（一）建设工程施工合同的法定形式

《民法典》规定，当事人订立合同，可以采用书面形式、口头形式或者其他形式。书面形式是合同书、信件、电报、电传、传真等可以有形地表现所载内容的形式。以电子数据交换、电子邮件等方式能够有形地表现所载内容，并可以随时调取查用的数据电文，视为书面形式。

书面形式合同的内容明确，有据可查，对于防止和解决争议有积极意义。口头形式合同具有直接、简便、快速的特点，但缺乏凭证，一旦发生争议，难以取证，且不易分清责任。其他形式合同，可以根据当事人的行为或者特定情形推定合同的成立，也可以称为默示合同。

《民法典》明确规定，建设工程合同应当采用书面形式。

（二）合同的内容

合同的内容，即合同当事人的权利、义务，除法律规定的以外，主要由合同的条款确定。合同的内容由当事人约定，一般包括以下条款：①当事人的姓名或者名称和住所；②标的；③数量；④质量；⑤价款或者报酬；⑥履行期限、地点和方式；⑦违约责任；⑧解决争议的方法。

当事人可以参照各类合同的示范文本订立合同。

（三）建设工程施工合同的内容

《民法典》规定，施工合同的内容一般包括工程范围、建设工期、中间交工工程的开工和竣工时间、工程质量、工程造价、技术资料交付时间、材料和设备供应责任、拨款和结算、竣工验收、质量保修范围和质量保证期、相互协作等条款。

1）工程范围。工程范围是指施工的界区，是施工人进行施工的工作范围。

2）建设工期。建设工期是指施工人完成施工任务的期限。在实践中，有的发包人常常要求缩短工期，施工人为了赶进度，往往导致严重的工程质量问题。因此，为了保证工程质量，双方当事人应当在施工合同中确定合理的建设工期。

3）中间交工工程的开工和竣工时间。中间交工工程是指施工过程中的阶段性工程。为了保证工程各阶段的交接，顺利完成工程建设，当事人应当明确中间交工工程的开工和竣工时间。

4）工程质量。工程质量条款是明确施工人施工要求，确定施工人责任的依据。施工人必须按照工程设计图纸和施工技术标准施工，不得擅自修改工程设计，不得偷工减料。发包

人也不得明示或者暗示施工人违反工程建设强制性标准，降低建设工程质量。

5）工程造价。工程造价是指进行工程建设所需的全部费用，包括人工费、材料费、施工机械使用费、措施费等。在实践中，有的发包人为了获得更多的利益，往往压低工程造价，而施工人为了盈利或不亏本，不得不偷工减料、以次充好，结果导致工程质量不合格，甚至造成严重的工程质量事故。因此，为了保证工程质量，双方当事人应当合理确定工程造价。

6）技术资料交付时间。技术资料主要是指勘察、设计文件以及其他施工人据以施工所必需的基础资料。当事人应当在施工合同中明确技术资料的交付时间。

7）材料和设备供应责任。材料和设备供应责任是指由哪一方当事人提供工程所需材料设备及其应承担的责任。材料和设备可以由发包人负责提供，也可以由施工人负责采购。如果按照合同约定由发包人负责采购建筑材料、建筑构配件和设备的，发包人应当保证建筑材料、建筑构配件和设备符合设计文件和合同要求。施工人则须按照工程设计要求、施工技术标准和合同约定，对建筑材料、建筑构配件和设备进行检验。

8）拨款和结算。拨款是指工程款的拨付。结算是指施工人按照合同约定和已完工程量向发包人办理工程款的清算。拨款和结算条款是施工人请求发包人支付工程款和报酬的依据。

9）竣工验收。竣工验收条款一般应当包括验收范围与内容、验收标准与依据、验收人员组成、验收方式和日期等内容。

10）质量保修范围和质量保证期。建设工程质量保修范围和质量保证期，应当按照2019年4月经修改后公布的《建设工程质量管理条例》的规定执行。

11）相互协作。相互协作条款一般包括双方当事人在施工前的准备工作，施工人及时向发包人提出开工通知书、施工进度报告书、对发包人的监督检查提供必要协助等。

（四）建设工程施工合同发承包双方的主要义务

1. 发包人的主要义务

（1）不得违法发包　《民法典》规定，发包人不得将应当由一个承包人完成的建设工程肢解成若干部分发包给数个承包人。

（2）提供必要施工条件　发包人未按照约定的时间和要求提供原材料、设备、场地、资金、技术资料的，承包人可以顺延工程日期，并有权请求赔偿停工、窝工等造成的损失。

（3）及时检查隐蔽工程　隐蔽工程在隐蔽以前，承包人应当通知发包人检查。发包人没有及时检查的，承包人可以顺延工程日期，并有权请求赔偿停工、窝工等造成的损失。

（4）及时验收工程　建设工程竣工后，发包人应当根据施工图纸及说明书、国家颁发的施工验收规范和质量检验标准及时进行验收。

（5）支付工程价款　发包人应当按照合同约定的时间、地点和方式等，向承包人支付工程价款。

2. 承包人的主要义务

（1）不得转包和违法分包工程　承包人不得将其承包的全部建设工程转包给第三人或者将其承包的全部建设工程肢解以后以分包的名义分别转包给第三人。禁止承包人将工程分包给不具备相应资质条件的单位。禁止分包单位将其承包的工程再分包。

（2）建设工程主体结构的施工必须由承包人自行完成　承包人将建设工程主体结构的

施工分包给第三人的，该分包合同无效。

（3）接受发包人有关检查 发包人在不妨碍承包人正常作业的情况下，可以随时对作业进度、质量进行检查。隐蔽工程在隐蔽以前，承包人应当通知发包人检查。

（4）交付竣工验收合格的建设工程 建设工程竣工经验收合格后，方可交付使用；未经验收或者验收不合格的，不得交付使用。

（5）建设工程质量不符合约定的无偿修理 因施工人的原因致使建设工程质量不符合约定的，发包人有权请求施工人在合理期限内无偿修理或者返工、改建。经过修理或者返工、改建后，造成逾期交付的，施工人应当承担违约责任。

二、建设工程工期和支付价款的规定

（一）建设工程工期

住房和城乡建设部、原国家工商行政管理总局制定的《建设工程施工合同（示范文本）》（GF—2017—0201）规定，工期是指在合同协议书约定的承包人完成工程所需的期限，包括按照合同约定所做的期限变更。

1. 开工日期及开工通知

开工日期包括计划开工日期和实际开工日期。经发包人同意后，监理人发出的开工通知应符合法律规定。监理人应在计划开工日期 7 天前向承包人发出开工通知，工期自开工通知中载明的开工日期起算。

《最高人民法院关于审理建设工程施工合同纠纷案件适用法律问题的解释》（法释〔2020〕25 号）规定，当事人对建设工程开工日期有争议的，人民法院应当分别按照以下情形予以认定：

1）开工日期为发包人或者监理人发出的开工通知载明的开工日期；开工通知发出后，尚不具备开工条件的，以开工条件具备的时间为开工日期；因承包人原因导致开工时间推迟的，以开工通知载明的时间为开工日期。

2）承包人经发包人同意已经实际进场施工的，以实际进场施工时间为开工日期。

3）发包人或者监理人未发出开工通知，也无相关证据证明实际开工日期的，应当综合考虑开工报告、合同、施工许可证、竣工验收报告或者竣工验收备案表等载明的时间，并结合是否具备开工条件的事实，认定开工日期。

2. 工期顺延

当事人约定顺延工期应当经发包人或者监理人签证等方式确认，承包人虽未取得工期顺延的确认，但能够证明在合同约定的期限内向发包人或者监理人申请过工期顺延且顺延事由符合合同约定，承包人以此为由主张工期顺延的，人民法院应予支持。

当事人约定承包人未在约定期限内提出工期顺延申请视为工期不顺延的，按照约定处理，但发包人在约定期限后同意工期顺延或者承包人提出合理抗辩的除外。

3. 竣工日期

《建设工程施工合同（示范文本）》（GF—2017—0201）规定，竣工日期包括计划竣工日期和实际竣工日期。

《最高人民法院关于审理建设工程施工合同纠纷案件适用法律问题的解释》（法释〔2020〕25 号）规定，当事人对建设工程实际竣工日期有争议的，人民法院应当分别按照以下情形予以认定：①建设工程经竣工验收合格的，以竣工验收合格之日为竣工日期；②承包人已经提交竣工验收报告，发包人拖延验收的，以承包人提交验收报告之日为竣工日期；③建设工程未经竣工验收，发包人擅自使用的，以转移占有建设工程之日为竣工日期。

（二）工程价款的支付

按照合同约定的时间、金额和支付条件支付工程价款，是发包人的主要合同义务，也是承包人的主要合同权利。

《民法典》第五百一十条规定，合同生效后，当事人就质量、价款或者报酬、履行地点等内容没有约定或者约定不明确的，可以协议补充；不能达成补充协议的，按照合同相关条款或者交易习惯确定。

如果按照合同相关条款或者交易习惯仍不能确定的，《民法典》规定，价款或者报酬不明确的，按照订立合同时履行地的市场价格履行；依法应当执行政府定价或者政府指导价的，依照规定履行；履行期限不明确的，债务人可以随时履行，债权人也可以随时请求履行，但是应当给对方必要的准备时间。

1. 合同价款的确定

招标工程的合同价款由发包人、承包人依据中标通知书中的中标价格在协议书内约定。非招标工程的合同价款由发包人、承包人依据工程预算书在协议书内约定。合同价款在协议书内约定后，任何一方不得擅自改变。

合同价款的确定方式有固定价格合同、可调价格合同、成本加酬金合同，双方可在专用条款内约定采用其中一种。

《建筑工程施工发包与承包计价管理办法》规定，招标人与中标人应当根据中标价订立合同。不实行招标投标的工程由发承包双方协商订立合同。合同价款的有关事项由发承包双方约定，一般包括合同价款约定方式，预付工程款、工程进度款、工程竣工价款的支付和结算方式，以及合同价款的调整情形等。

发承包双方在确定合同价款时，应当考虑市场环境和生产要素价格变化对合同价款的影响。实行工程量清单计价的建筑工程，鼓励发承包双方采用单价方式确定合同价款。建设规模较小、技术难度较低、工期较短的建筑工程，发承包双方可以采用总价方式确定合同价款。紧急抢险、救灾以及施工技术特别复杂的建筑工程，发承包双方可以采用成本加酬金方式确定合同价款。

对于“黑白合同”的纠纷，《最高人民法院关于审理建设工程施工合同纠纷案件适用法律问题的解释》规定，当事人签订的建设工程施工合同与招标文件、投标文件、中标通知书载明的工程范围、建设工期、工程质量、工程价款不一致，一方当事人请求将招标文件、投标文件、中标通知书作为结算工程价款的依据的，人民法院应予支持。

2. 工程价款的支付和竣工结算

《民法典》规定，验收合格的，发包人应当按照约定支付价款，并接收该建设工程。

《优化营商环境条例》规定，国家机关、事业单位不得违约拖欠市场主体的货物、工程、服务等账款，大型企业不得利用优势地位拖欠中小企业账款。

2020年7月公布的《保障中小企业款项支付条例》规定，机关、事业单位从中小企业采购货物、工程、服务，应当自货物、工程、服务交付之日起30日内支付款项；合同另有约定的，付款期限最长不得超过60日。合同约定采取履行进度结算、定期结算等方式的，付款期限应当自双方确认结算金额之日起算。

《建筑工程施工发包与承包计价管理办法》规定，预付工程款按照合同价款或者年度工程计划额度的一定比例确定和支付，并在工程进度款中予以抵扣。承包方应当按照合同约定向发包方提交已完成工程量报告。发包方收到工程量报告后，应当按照合同约定及时核对并确认。发承包双方应当按照合同约定，定期或者按照工程进度分段进行工程款结算和支付。

工程完工后，应当按照下列规定进行竣工结算：

1）承包方应当在工程完工后的约定期限内提交竣工结算文件。

2）国有资金投资建筑工程的发包方，应当委托具有相应资质的工程造价咨询企业对竣工结算文件进行审核，并在收到竣工结算文件后的约定期限内向承包方提出由工程造价咨询企业出具的竣工结算文件审核意见；逾期未答复的，按照合同约定处理，合同没有约定的，竣工结算文件视为已被认可。非国有资金投资的建筑工程发包方，应当在收到竣工结算文件后的约定期限内予以答复，逾期未答复的，按照合同约定处理，合同没有约定的，竣工结算文件视为已被认可；发包方对竣工结算文件有异议的，应当在答复期内向承包方提出，并可以在提出异议之日起的约定期限内与承包方协商；发包方在协商期内未与承包方协商或者经协商未能与承包方达成协议的，应当委托工程造价咨询企业进行竣工结算审核，并在协商期满后的约定期限内向承包方提出由工程造价咨询企业出具的竣工结算文件审核意见。

3）承包方对发包方提出的工程造价咨询企业竣工结算审核意见有异议的，在接到该审核意见后 1 个月内，可以向有关工程造价管理机构或者有关行业组织申请调解，调解不成的，可以依法申请仲裁或者向人民法院提起诉讼。

发承包双方在合同中对第 1）项、第 2）项的期限没有明确约定的，应当按照国家有关规定执行；国家没有规定的，可认为其约定期限均为 28 日。

工程竣工结算文件经发承包双方签字确认的，应当作为工程决算的依据，未经对方同意，另一方不得就已生效的竣工结算文件委托工程造价咨询企业重复审核。发包方应当按照竣工结算文件及时支付竣工结算款。

3. 合同价款的调整

《建筑工程施工发包与承包计价管理办法》规定，发承包双方应当在合同中约定发生下列情形时合同价款的调整方法：①法律、法规、规章或者国家有关政策变化影响合同价款的；②工程造价管理机构发布价格调整信息的；③经批准变更设计的；④发包方更改经审定批准的施工组织设计造成费用增加的；⑤双方约定的其他因素。

4. 解决工程价款结算争议的规定

（1）视为发包人认可承包人的单方结算价　《最高人民法院关于审理建设工程施工合同纠纷案件适用法律问题的解释》（法释〔2020〕25 号）规定，当事人约定，发包人收到竣工结算文件后，在约定期限内不予答复，视为认可竣工结算文件的，按照约定处理。承包人请求按照竣工结算文件结算工程价款的，应予支持。

（2）对工程量有争议的工程款结算　《最高人民法院关于审理建设工程施工合同纠纷案件适用法律问题的解释》（法释〔2020〕25 号）规定，当事人对工程量有争议的，按照施工过程中形成的签证等书面文件确认。承包人能够证明发包人同意其施工，但未能提供签证文件证明工程量发生的，可以按照当事人提供的其他证据确认实际发生的工程量。

当事人就同一建设工程订立的数份建设工程施工合同均无效，但建设工程质量合格，一方当事人请求参照实际履行的合同关于工程价款的约定折价补偿承包人的，人民法院应予支持。实际履行的合同难以确定，当事人请求参照最后签订的合同关于工程价款的约定折价补偿承包人的，人民法院应予支持。

当事人签订的建设工程施工合同与招标文件、投标文件、中标通知书载明的工程范围、建设工期、工程质量、工程价款不一致，一方当事人请求将招标文件、投标文件、中标通知书作为结算工程价款的依据的，人民法院应予支持。

（3）欠付工程款的利息支付 《保障中小企业款项支付条例》规定，机关、事业单位和大型企业迟延支付中小企业款项的，应当支付逾期利息。双方对逾期利息的利率有约定的，约定利率不得低于合同订立时 1 年期贷款市场报价利率；未作约定的，按照每日利率万分之五支付逾期利息。

《最高人民法院关于审理建设工程施工合同纠纷案件适用法律问题的解释》（法释〔2020〕25 号）规定，利息从应付工程价款之日开始计付。当事人对付款时间没有约定或者约定不明的，下列时间视为应付款时间：①建设工程已实际交付的，为交付之日；②建设工程没有交付的，为提交竣工结算文件之日；③建设工程未交付，工程价款也未结算的，为当事人起诉之日。

（4）工程垫资的处理 《保障中小企业款项支付条例》规定，政府投资项目所需资金应当按照国家有关规定确保落实到位，不得由施工单位垫资建设。

《最高人民法院关于审理建设工程施工合同纠纷案件适用法律问题的解释》（法释〔2020〕25 号）规定，当事人对垫资和垫资利息有约定，承保人请求按照约定返还垫资及其利息的，人民法院应予支持，但是约定的利息计算标准高于垫资时的同类贷款利率或者同期贷款市场报价利率的部分除外。当事人对垫资没有约定的，按照工程欠款处理。当事人对垫资利息没有约定，承包人请求支付利息的，人民法院不予支持。

5. 承包人工程价款的优先受偿权

《民法典》规定，发包人未按照约定支付价款的，承包人可以催告发包人在合理期限内支付价款。发包人逾期不支付的，除根据建设工程的性质不宜折价、拍卖外，承包人可以与发包人协议将该工程折价，也可以请求人民法院将该工程依法拍卖。建设工程的价款就该工程折价或者拍卖的价款优先受偿。

《最高人民法院关于建设工程价款优先受偿权问题的批复》（法释〔2002〕16 号）规定，人民法院在审理房地产纠纷案件和办理执行案件中，应当认定建筑工程的承包人的优先受偿权优于抵押权和其他债权。

《最高人民法院关于审理建设工程施工合同纠纷案件适用法律问题的解释》（法释〔2020〕25 号）规定，装饰装修工程具备折价或者拍卖条件，装饰装修工程的承包人请求工程价款就该装饰装修工程折价或者拍卖的价款优先受偿的，人民法院应予支持。

建设工程质量合格，承包人请求其承建工程的价款就工程折价或者拍卖的价款优先受偿的，人民法院应予支持。未竣工的建设工程质量合格，承包人请求其承建工程的价款就其承建工程部分折价或者拍卖的价款优先受偿的，人民法院应予支持。

承包人建设工程价款优先受偿的范围依照国务院有关行政主管部门关于建设工程价款范围的规定确定。承包人就逾期支付建设工程价款的利息、违约金、损害赔偿金等主张优先受偿的，人民法院不予支持。承包人行使建设工程价款优先受偿权的期限为 6 个月，自发包人应当给付建设工程价款之日起算。发包人与承包人约定放弃或者限制建设工程价款优先受偿权，损害建筑工人利益，发包人根据该约定主张承包人不享有建设工程价款优先受偿权的，人民法院不予支持。

三、建设工程赔偿损失的规定

1. 赔偿损失的概念和特征

赔偿损失是指合同违约方因不履行或不完全履行合同义务而给对方造成的损失，依法或依据合同约定赔偿对方所蒙受损失的一种违约责任形式。

《民法典》规定，当事人一方不履行合同义务或者履行合同义务不符合约定的，应当承担继续履行、采取补救措施或者赔偿损失等违约责任。

赔偿损失具有以下特征：

1）赔偿损失是合同违约方违反合同义务所产生的责任形式。

2）赔偿损失具有补偿性，是强制违约方给非违约方所受损失的一种补偿。

3）赔偿损失具有一定的任意性。当事人订立合同时，可以预先约定对违约的赔偿损失的计算方法，或者直接约定违约方付给非违约方一定数额的金钱。当事人也可以事先约定免责的条款。

4）赔偿损失以赔偿非违约方实际遭受的全部损害为原则。

2. 承担赔偿损失责任的构成要件

承担赔偿损失责任的构成要件是：①具有违约行为；②造成损失后果；③违约行为与财产等损失之间有因果关系；④违约人有过错，或者虽无过错，但法律规定应当赔偿。

3. 赔偿损失的范围

《民法典》规定，当事人一方不履行合同义务或者履行合同义务不符合约定，造成对方损失的，损失赔偿额应当相当于因违约所造成的损失，包括合同履行后可以获得的利益；但是，不得超过违约一方订立合同时预见到或者应当预见到的因违约可能造成的损失。

赔偿损失范围包括直接损失和间接损失。直接损失是指财产上的直接减少；间接损失（又称所失利益）是指失去的可以预期取得的利益。可以预期取得的利益（又称可得利益）是指利润而不是营业额。

4. 约定赔偿损失与法定赔偿损失

《民法典》规定，当事人可以约定一方违约时应当根据违约情况向对方支付一定数额的违约金，也可以约定因违约产生的损失赔偿额的计算方法。约定的违约金低于造成的损失的，人民法院或者仲裁机构可以根据当事人的请求予以增加；约定的违约金过分高于造成的损失的，人民法院或者仲裁机构可以根据当事人的请求予以适当减少。

法定赔偿损失是指根据法律规定的赔偿范围、损失计算原则与标准，确定赔偿损失的金额。

一般来说，赔偿损失的主要形式是法定赔偿损失，而约定赔偿损失是为了弥补法定赔偿损失的不足。在确定了适用约定赔偿损失还是法定赔偿损失的情况下，原则上约定赔偿损失优先于法定赔偿损失。作为约定赔偿损失，一旦发生违约并造成受害人的损害以后，受害人不必证明其具体损害范围即可依据约定赔偿损失条款而获得赔偿。

5. 赔偿损失的限制

（1）赔偿损失的可预见性原则 《民法典》规定，损失赔偿额应当相当于因违约所造成的损失，包括合同履行后可以获得的利益；但是，不得超过违约一方订立合同时预见到或者应当预见到的因违约可能造成的损失。

如果损害是不可预见的，则违约方不应赔偿。

（2）采取措施防止损失的扩大 《民法典》规定，当事人一方违约后，对方应当采取适当措施防止损失的扩大；没有采取适当措施致使损失扩大的，不得就扩大的损失请求赔偿。当事人因防止损失扩大而支出的合理费用，由违约方承担。

6. 建设工程施工合同中的赔偿损失

（1）发包人应当承担的赔偿损失

1）未及时检查隐蔽工程造成的损失。《民法典》规定，隐蔽工程在隐蔽以前，承包人应当通知发包人检查。发包人没有及时检查的，承包人可以顺延工程日期，并有权请求赔偿停工、窝工等损失。

2）未按照约定提供原材料、设备等造成的损失。发包人未按照约定的时间和要求提供原材料、设备、场地、资金、技术资料的，承包人可以顺延工程日期，并有权请求赔偿停工、窝工等损失。

3）因发包人原因致使工程中途停建、缓建造成的损失。因发包人的原因致使工程中途停建、缓建的，发包人应当采取措施弥补或者减少损失，赔偿承包人因此造成的停工、窝工、倒运、机械设备调迁、材料和构件积压等损失和实际费用。

4）提供图纸或者技术要求不合理且怠于答复等造成的损失。承揽人（承包人）发现定作人（发包人）提供的图纸或者技术要求不合理的，应当及时通知定作人（发包人）。因定作人（发包人）怠于答复等原因造成承揽人（承包人）损失的，应当赔偿损失。

5）中途变更承揽工作要求造成的损失。定作人（发包人）中途变更承揽工作的要求，造成承揽人（承包人）损失的，应当赔偿损失。

6）要求压缩合同约定工期造成的损失。《建设工程安全生产管理条例》规定，“建设单位有下列行为之一的……造成损失的，依法承担赔偿责任：……（二）要求施工单位压缩合同约定的工期的……”。

7）验收违法行为造成的损失。《建设工程质量管理条例》规定，“建设单位有下列行为之一的……造成损失的，依法承担赔偿责任：（一）未组织竣工验收，擅自交付使用的；（二）验收不合格，擅自交付使用的；（三）对不合格的建设工程按照合格工程验收的”。

（2）承包人应当承担的赔偿损失

1）转让、出借资质证书等造成的损失。《建筑法》规定，“建筑施工企业转让、出借资质证书或者以其他方式允许他人以本企业的名义承揽工程的……。对因该项承揽工程不符合规定的质量标准造成的损失，建筑施工企业与使用本企业名义的单位或者个人承担连带赔偿责任”。

2）转包、违法分包造成的损失。《建筑法》规定，“承包单位将承包的工程转包的，或者违反本法规定进行分包的……对因转包工程或者违法分包的工程不符合规定的质量标准造成的损失，与接受转包或者分包的单位承担连带赔偿责任”。

3）偷工减料等造成的损失。《建筑法》规定，“建筑施工企业在施工中偷工减料的，使用不合格的建筑材料、建筑构配件和设备的，或者有其他不按照工程设计图纸或者施工技术标准施工的行为的……造成建筑工程质量不符合规定的质量标准的，负责返工、修理，并赔偿因此造成的损失”。

4）与监理单位串通造成的损失。工程监理单位与承包单位串通，为承包单位谋取非法利益，给建设单位造成损失的，应当与承包单位承担连带赔偿责任。

5）不履行保修义务造成的损失。《建筑法》规定，“建筑施工企业违反规定，不履行保修义务或者拖延履行保修义务的……并对在保修期内因屋顶、墙面渗漏、开裂等质量缺陷造成的损失，承担赔偿责任”。

6）保管不善造成的损失。承揽人（承包人）应当妥善保管定作人（发包人）提供的材料以及完成的工作成果，因保管不善造成毁损、灭失的，应当承担赔偿责任。

7）合理使用期限内造成的损失。《建筑法》规定，在建筑物的合理使用寿命内，因建筑工程质量不合格受到损害的，有权向责任者要求赔偿。

《民法典》规定，因承包人的原因致使建设工程在合理使用期限内造成人身损害和财产损失的，承包人应当承担赔偿责任。

第三节　合同变化及法律责任

一、合同的履行、变更、转让、撤销和终止

（一）合同的履行

《民法典》规定，当事人应当按照约定全面履行自己的义务。当事人应当遵循诚信原则，根据合同的性质、目的和交易习惯履行通知、协助、保密等义务。当事人在履行合同过程中，应当避免浪费资源、污染环境和破坏生态。

合同生效后，当事人不得因姓名、名称的变更或者法定代表人、负责人、承办人的变动而不履行合同义务。

（二）合同的变更

当事人协商一致，可以变更合同。当事人对合同变更的内容约定不明确的，推定为未变更。

（1）合同的变更须经当事人双方协商一致　如果双方当事人就变更事项达成一致意见，则变更后的内容取代原合同的内容，当事人应当按照变更后的内容履行合同。如果一方当事人未经对方同意就改变合同的内容，不仅变更的内容对另一方没有约束力，其做法还是一种违约行为，应当承担违约责任。

（2）对合同变更内容约定不明确的推定　合同变更的内容必须明确约定。如果当事人对于合同变更的内容约定不明确，则将被推定为未变更。任何一方不得要求对方履行约定不明确的变更内容。

（3）合同基础条件变化的处理　合同成立后，合同的基础条件发生了当事人在订立合同时无法预见的、不属于商业风险的重大变化，继续履行合同对于当事人一方明显不公平的，受不利影响的当事人可以与对方重新协商；在合理期限内协商不成的，当事人可以请求人民法院或者仲裁机构变更或者解除合同。

（三）合同权利义务的转让

1. 合同权利（债权）的转让

（1）合同权利（债权）的转让范围　《民法典》规定，债权人可以将债权的全部或者部分转让给第三人，但是有下列情形之一的除外：①根据债权性质不得转让；②按照当事人约定不得转让；③依照法律规定不得转让。当事人约定非金钱债权不得转让的，不得对抗善意第三人。当事人约定金钱债权不得转让的，不得对抗第三人。

1）根据债权性质不得转让的债权。债权是在债的关系中权利主体具备的能够要求义务主体为一定行为或者不为一定行为的权利。债权和债务一起共同构成债的内容。如果债权随意转让给第三人，会使债权债务关系发生变化，违反当事人订立合同的目的，使当事人的合法利益得不到应有的保护。

2）按照当事人约定不得转让的债权。当事人订立合同时可以对债权的转让做出特别约定，禁止债权人将债权转让给第三人。这种约定只要是当事人真实意思的表示，同时不违反法律禁止性规定，即对当事人产生法律的效力。债权人如果将债权转让给他人，其行为将构成违约。

3）依照法律规定不得转让的债权。《民法典》规定，最高额抵押担保的债权确定前，部分债权转让的，最高额抵押权不得转让，但是当事人另有约定的除外。最高额抵押担保的债权确定前，抵押权人与抵押人可以通过协议变更债权确定的期间、债权范围以及最高债权额。但是，变更的内容不得对其他抵押权人产生不利影响。

（2）合同权利（债权）的转让应当通知债务人　《民法典》规定，债权人转让债权的，未通知债务人的，该转让对债务人不发生效力。债权转让的通知不得撤销，但是经受让人同意的除外。

需要说明的是，债权人转让权利应当通知债务人，未经通知的转让行为对债务人不发生效力，但债权人债权的转让无须得到债务人的同意。这一方面是尊重债权人对其权利的行使，另一方面也防止债权人滥用权利损害债务人的利益。当债务人接到权利转让的通知后，权利转让即行生效，原债权人被新的债权人替代，或者新债权人的加入使原债权人不再完全享有原债权。

（3）债务人对让与人的抗辩　《民法典》规定，债务人接到债权转让通知后，债务人对让与人的抗辩，可以向受让人主张。

抗辩权是指债权人行使债权时，债务人根据法定事由对抗债权人行使请求权的权利。债务人的抗辩权是其固有的一项权利，并不随权利的转让而消灭。在权利转让的情况下，债务人可以向新债权人行使该权利。受让人不得以任何理由拒绝债务人权利的行使。

（4）从权利随同主权利转让　《民法典》规定，债权人转让债权的，受让人取得与债权有关的从权利，但是该从权利专属于债权人自身的除外。受让人取得从权利不因该从权利未办理转移登记手续或者未转移占有而受到影响。

2. 合同义务（债务）的转让

《民法典》规定，债务人将债务的全部或者部分转移给第三人的，应当经债权人同意。债务人或者第三人可以催告债权人在合理期限内予以同意，债权人未作表示的，视为不同意。

债务转移分为两种情况：一种情况是债务的全部转移，在这种情况下，新的债务人完全取代了旧的债务人，新的债务人负责全面履行债务；另一种情况是债务的部分转移，即新的债务人加入到原债务中，与原债务人一起向债权人履行义务。无论是转移全部债务还是部分债务，债务人都需要征得债权人同意。未经债权人同意，债务人转移债务的行为对债权人不发生效力。

3. 合同中权利和义务的一并转让

《民法典》规定，当事人一方经对方同意，可以将自己在合同中的权利和义务一并转让给第三人。合同的权利和义务一并转让的，适用债权转让、债务转移的有关规定。

权利和义务一并转让是指合同一方当事人将其权利和义务一并转移给第三人，由第三人全部承受这些权利和义务。权利义务一并转让的后果，导致原合同关系的消灭，第三人取代了转让方的地位，产生出一种新的合同关系。只有经对方当事人同意，才能将合同的权利和义务一并转让。如果未经对方同意，一方当事人擅自一并转让权利和义务的，其转让行为无效，对方有权就转让行为对自己造成的损害，追究转让方的违约责任。

（四）可撤销合同

所谓可撤销合同，是指因意思表示不真实，通过有撤销权的机构行使撤销权，使已经生效的意思表示归于无效的合同。

1. 可撤销合同的种类

（1）因重大误解订立的合同　《民法典》规定，基于重大误解实施的民事法律行为，行为人有权请求人民法院或者仲裁机构予以撤销。

所谓重大误解，是指误解者做出意思表示时，对涉及合同法律效果的重要事项存在着认识上的显著缺陷，其后果是使误解者的利益受到较大的损失，或者达不到误解者订立合同的目的。这种情况的出现，并不是由于行为人受到对方的欺诈、胁迫或者是对方利用本方处于危困状态、缺乏判断能力等情形下签订的合同，而是由于行为人自己的大意、缺乏经验或者信息不通而造成的。

（2）在订立合同时显失公平的合同　《民法典》规定，一方利用对方处于危困状态、缺乏判断能力等情形，致使民事法律行为成立时显失公平的，受损害方有权请求人民法院或者仲裁机构予以撤销。

所谓显失公平的合同，就是一方当事人在利用对方处于危困状态、缺乏判断能力等情形，使当事人之间享有的权利和承担的义务严重不对等，致使民事法律行为成立时显失公平的合同。如标的物的价值与价款过于悬殊，承担责任或风险显然不合理的合同，都可称为显失公平的合同。

（3）以欺诈手段订立的合同　《民法典》规定，一方以欺诈手段，使对方在违背真实意思的情况下实施的民事法律行为，受欺诈方有权请求人民法院或者仲裁机构予以撤销。第三人实施欺诈行为，使一方在违背真实意思的情况下实施的民事法律行为，对方知道或者应当知道该欺诈行为的，受欺诈方有权请求人民法院或者仲裁机构予以撤销。

（4）以胁迫的手段订立的合同　一方或者第三人以胁迫手段，使对方在违背真实意思的情况下实施的民事法律行为，受胁迫方有权请求人民法院或者仲裁机构予以撤销。

2. 合同撤销权的行使

《民法典》规定，有下列情形之一的，撤销权消灭：①当事人自知道或者应当知道撤销事由之日起1年内、重大误解的当事人自知道或者应当知道撤销事由之日起90日内没有行使撤销权；②当事人受胁迫，自胁迫行为终止之日起1年内没有行使撤销权；③当事人知道撤销事由后明确表示或者以自己的行为表明放弃撤销权。当事人自民事法律行为发生之日起 5 年内没有行使撤销权的，撤销权消灭。

3. 被撤销合同的法律后果

《民法典》规定，无效的或者被撤销的民事法律行为自始没有法律约束力。民事法律行为部分无效，不影响其他部分效力的，其他部分仍然有效。

（五）合同的终止

合同的终止是指依法生效的合同，因具备法定的或当事人约定的情形，合同的债权、债务归于消灭，债权人不再享有合同的权利，债务人也不必再履行合同的义务。

《民法典》规定，有下列情形之一的，债权债务终止：①债务已经履行；②债务相互抵销；③债务人依法将标的物提存；④债权人免除债务；⑤债权债务同归于一人；⑥法律规定或者当事人约定终止的其他情形。合同解除的，该合同的权利义务关系终止。

1. 合同解除的特征

合同的解除是指合同有效成立后，当具备法律规定的合同解除条件时，因当事人一方或双方的意思表示而使合同关系归于消灭的行为。

合同解除具有如下特征：

1）合同的解除适用于合法有效的合同，而无效合同、可撤销合同不发生合同解除。

2）合同解除须具备法律规定的条件。非依照法律规定，当事人不得随意解除合同。

3）合同解除须有解除的行为。无论哪一方当事人享有解除合同的权利，其必须向对方提出解除合同的意思表示，才能达到合同解除的法律后果。

4）合同解除使合同关系自始消灭或者向将来消灭，可视为当事人之间未发生合同关系，或者合同尚存的权利义务不再履行。

2. 合同解除的种类

（1）约定解除合同　《民法典》规定，当事人协商一致，可以解除合同。当事人可以约定一方解除合同的事由。解除合同的事由发生时，解除权人可以解除合同。

（2）法定解除合同　《民法典》规定，有下列情形之一的，当事人可以解除合同：①因不可抗力致使不能实现合同目的；②在履行期限届满前，当事人一方明确表示或者以自己的行为表明不履行主要债务；③当事人一方延迟履行主要债务，经催告后在合理期限内仍未履行；④当事人一方延迟履行债务或者有其他违约行为致使不能实现合同目的；⑤法律规定的其他情形。以持续履行的债务为内容的不定期合同，当事人可以随时解除合同，但是应当在合理期限之前通知对方。

法定解除是法律直接规定解除合同的条件，当条件具备时，解除权人可直接行使解除权；约定解除则是双方的法律行为，单方行为不能导致合同的解除。

3. 解除合同的程序

《民法典》规定，当事人一方依法主张解除合同的，应当通知对方。合同自通知到达对方时解除；通知载明债务人在一定期限内不履行债务则合同自动解除，债务人在该期限内未履行债务的，合同自通知载明的期限届满时解除。对方对解除合同有异议的，任何一方当事人均可以请求人民法院或者仲裁机构确认解除行为的效力。当事人一方未通知对方，直接以提起诉讼或者申请仲裁的方式依法主张解除合同，人民法院或者仲裁机构确认该主张的，合同自起诉状副本或者仲裁申请书副本送达对方时解除。

当事人对异议期限有约定的依照约定，没有约定的，最长期3个月。

4. 施工合同的解除

（1）发包人解除施工合同 《民法典》规定，承包人将建设工程转包、违法分包的，发包人可以解除合同。

（2）承包人解除施工合同 《民法典》规定，发包人提供的主要建筑材料、建筑构配件和设备不符合强制性标准或者不履行协助义务，致使承包人无法施工，经催告后在合理期限内仍未履行相应义务的，承包人可以解除合同。

（3）施工合同解除的法律后果 《民法典》规定，合同解除后，已经完成的建设工程质量合格的，发包人应当按照约定支付相应的工程价款；已经完成的建设工程质量不合格的，参照本法第七百九十三条（注：指施工合同无效）的规定处理。

二、违约责任及违约责任的免除

（一）违约责任的概念和特征

违约责任是指合同当事人因违反合同义务所承担的责任。

《民法典》规定，当事人一方不履行合同义务或者履行合同义务不符合约定的，应当承担继续履行、采取补救措施或者赔偿损失等违约责任。

违约责任具有如下特征：①违约责任的产生是以合同当事人不履行合同义务为条件的；②违约责任具有相对性；③违约责任主要具有补偿性，即旨在弥补或补偿因违约行为造成的损害后果；④违约责任可以由合同当事人约定，但约定不符合法律要求的，将会被宣告无效或被撤销；⑤违约责任是民事责任的一种形式。

（二）当事人承担违约责任应具备的条件

《民法典》规定，当事人一方明确表示或者以自己的行为表明不履行合同义务的，对方可以在履行期限届满前请求其承担违约责任。

承担违约责任，首先是合同当事人发生了违约行为，即有违反合同义务的行为；其次，非违约方只需证明违约方的行为不符合合同约定，便可以要求其承担违约责任，而不需要证明其主观上是否具有过错；最后，违约方若想免于承担违约责任，必须举证证明其存在法定的或约定的免责事由，而法定免责事由主要限于不可抗力，约定的免责事由主要是合同中的免责条款。

（三）承担违约责任的种类

合同当事人违反合同义务，承担违约责任的种类主要有继续履行、采取补救措施、停止违约行为、赔偿损失、支付违约金或定金等。

1. 继续履行

《民法典》规定，当事人一方不履行合同义务或者履行合同义务不符合约定的，应当承担继续履行、采取补救措施或者赔偿损失等违约责任。

继续履行是一种违约后的补救方式，是否要求违约方继续履行是非违约方的一项权利。继续履行可以与违约金、定金、赔偿损失并用，但不能与解除合同的方式并用。

2. 违约金和定金

违约金有法定违约金和约定违约金两种。由法律规定的违约金为法定违约金；由当事人约定的违约金为约定违约金。

《民法典》规定，当事人可以约定一方违约时应当根据违约情况向对方支付一定数额的违约金，也可以约定因违约产生的损失赔偿额的计算方法。

约定的违约金低于造成的损失的，人民法院或者仲裁机构可以根据当事人的请求予以增加；约定的违约金过分高于造成的损失的，人民法院或者仲裁机构可以根据当事人的请求予以适当减少。

当事人可以约定一方向对方给付定金作为债权的担保。定金合同自实际交付定金时成立。定金的数额由当事人约定；但是，不得超过主合同标的额的20%，超过部分不产生定金的效力。实际交付的定金数额多于或者少于约定数额的，视为变更约定的定金数额。债务人履行债务的，定金应当抵作价款或者收回。给付定金的一方不履行债务或者履行债务不符合约定，致使不能实现合同目的的，无权请求返还定金；收受定金的一方不履行债务或者履行债务不符合约定，致使不能实现合同目的的，应当双倍返还定金。

当事人既约定违约金，又约定定金的，一方违约时，对方可以选择适用违约金或者定金条款。定金不足以弥补一方违约造成的损失的，对方可以请求赔偿超过定金数额的损失。

（四）违约责任的免除

在合同履行过程中，如果出现法定的免责条件或合同约定的免责事由，违约人将免于承担违约责任。我国的《民法典》仅承认不可抗力为法定的免责事由。

《民法典》规定，当事人一方因不可抗力不能履行合同的，根据不可抗力的影响，部分或者全部免除责任，但是法律另有规定的除外。

因不可抗力不能履行合同的，应当及时通知对方，以减轻可能给对方造成的损失，并应当在合理期限内提供证明。

当事人迟延履行后发生不可抗力的，不免除其违约责任。

思考题

1. 什么是建设工程合同？简述其法律特征和订立原则。
2. 什么是合同订立与成立？合同成立应具备哪些条件？
3. 什么是要约？简述要约构成的要件和不可撤销的情形。
4. 什么是建设工程施工合同？简述其法定形式和内容。
5. 简述建设工程施工合同发承包双方的主要义务。
6. 什么是建设工程赔偿损失？简述其基本特征及构成要件。
7. 简述建设工程施工合同中的发包人和承包人承担赔偿损失内容。
8. 什么是无效合同？简述其特征。
9. 简述建设工程无效施工合同的主要情形。
10. 什么是可撤销合同？有哪些种类？
11. 什么是合同解除？有哪些特征？
12. 简述发包人和承包人施工合同的解除主要情形。
13. 案例背景：甲建筑公司（以下简称甲公司）拟向乙建材公司（以下简称乙公司）购买一批钢材。双方经口头协商，约定购买钢材100吨，单价每吨3500元，并拟订了准备签字盖章的买卖合同文本。乙公司签字盖章后，交给了甲公司准备签字盖章。由于施工进度紧张，在甲公司催促下，乙公司在未收到甲公司签字盖章的合同文本情形下，将100吨钢材送到甲公司工地现场。甲公司接收了并投入工程使用。后因拖欠货款，双方产生了纠纷。

问题：甲、乙公司的买卖合同是否成立？

14. 案例背景：某开发商在与某建筑公司商谈建筑工程施工合同时，要求该建筑公司必须先行垫资施工。该建筑公司为了获得签约，答应了开发商的要求，但对垫资如何处理没有做出特别约定。当工程按期如约完工后，该建筑公司要求开发商除支付工程款外，还应将先前的工程垫资款按照借款处理，并支付相应的利息。

问题：该建筑公司要求开发商将工程垫资按借款处理并支付相应的利息是否可以得到法律的支持？

15. 案例背景：A建筑公司挂靠于一资质较高的B建筑公司，以B建筑公司名义承揽了一项工程，并与建设单位C公司签订了施工合同。但在施工过程中，由于A建筑公司的实际施工技术力量和管理能力都较差，造成了工程进度的延误和一些工程质量缺陷。C公司以A建筑公司挂靠为由，不予支付余下的工程款。A建筑公司以B建筑公司名义将C公司告上了法庭。

问题：(1) A建筑公司以B建筑公司名义与C公司签订的施工合同是否有效？

(2) C公司是否应当支付余下的工程款？

16. 案例背景：张先生同某装饰公司签订了一份家装承揽合同，对工程总造价、工期、违约金等做了具体约定。合同签订后，张先生将自己设计的图纸交给了该装饰公司，并提出了一些要求。当房屋装修进行到一半时，张先生突然提出要将其房屋的部分设计进行修改，但该装饰公司按原设计图施工已使用了不少材料和人工。3个月后完工验收时，张先生发现房屋装修的部分油漆面有刮伤现象，房屋吊顶走向不直，地板砖不够整齐等。于是，张先生以工程质量不合格为由拒付工程尾款。该装饰公司则提出，由于张先生中途变更设计内容，给装饰公司造成了人工和材料的浪费，张先生应当对此承担相应责任。

问题：(1) 该装饰公司应当承担哪些责任？

(2) 张先生是否也应当承担相应责任？

17. 案例背景：张女士有了一定的积蓄后，经房屋中介的介绍，相中了肖先生所有的一套房屋。2012年8月3日双方签订了房屋买卖合同，约定房屋价款为520万元；在合同生效后的3个月内，张女士应分三次向肖先生付清房款；如果张女士不能支付房款，肖先生将保留房屋的所有权。之后，在合同生效后的第1个月，肖先生收到了张女士的第一笔房款，第2个月又收到了第二笔房款。但是，由于张女士的公司突然出现亏损，资金发生断链，张女士不能如期向肖先生支付第三笔房款。

问题：(1) 张女士不能如期支付房款的行为是否将导致合同的无效？

(2) 张女士的行为是否属于违约行为？应当承担什么法律责任？

18. 案例背景：某开发商需要定制5台电梯，委托某机电公司代购，并与该机电公司签订了委托合同，对电梯的生产厂家、型号、价款、到货时间、地点以及对机电公司的受托权限等做了约定。之后，该机电公司以自己的名义与电梯厂家签订了购销合同。在代购合同履行时，电梯生产厂家符合型号要求的只有3台可以按期交货，而其他2台交货时间较长。为了不影响委托人的使用和对委托代购时间的履约，机电公司认为尽管电梯的型号不同，但质量、外观等差异不大，就擅自做主将另外2台型号有差异的电梯做了代替，事后也未向开发商报告。在试用期间，其中1台发生了质量问题。

问题：(1) 对有质量问题的电梯，开发商应当向谁提出索赔？

(2) 机电公司有何过错？

19. 案例背景：某电器公司与某建筑公司签订了《建筑工程施工合同》，对工程内容、工程价款、支付时间、工程质量、工期、违约责任等做了具体约定。在施工过程中，电器公司对施工图先后做了8次修改，但未能按期交付施工图，致使工期拖延。竣工验收时，电器公司对部分工程质量提出了异议。经双方协商无果，电器公司以建筑公司工期延误为由向法院提起了诉讼，要求建筑公司承担相应的违约责任。

问题：(1) 对工期的延误，建筑公司是否应当承担违约责任？

(2) 建筑公司今后在施工合同签订与履行过程中，应当注意哪些问题？

20. 案例背景：某建筑公司承包了某房地产开发公司开发的商品房建设工程，并签订了施工合同，就工程价款、竣工日期等做了详细约定。该工程如期完成并经验收合格，但房地产开发公司尚欠建筑公司工程款1250万元。经建筑公司多次催要无果，便将房地产开发公司起诉至法院。在诉讼中，房地产开发公司以还欠另一公司的债务为由，拒绝支付其尚欠的工程价款。

问题：（1）房地产开发公司不向建筑公司支付工程价款的理由是否成立？

（2）建筑公司应当在什么时限内向法院提起诉讼？

第七章 建设工程质量法律制度

本章重点内容：工程建设各方主体实施强制性标准的规定，建设单位违法行为应承担的法律责任，施工企业违法行为应承担的法律责任，施工单位对施工质量负责、总分包单位的质量责任，施工检测的见证取样和送检制度，施工质量检验制度、建设工程的返修；违法分包造成质量问题应承担的法律责任、项目经理违法行为应承担的法律责任、构成犯罪的追究刑事责任，建设单位质量违法行为应承担的法律责任；勘察、设计单位质量违法行为应承担的法律责任，工程监理单位质量违法行为应承担的法律责任，建设工程竣工消防验收，竣工工程质量争议的处理，建设工程质量的最低保修期限，保修义务的责任落实与损失赔偿责任的承担。

本章学习目标：了解工程建设标准相关知识，掌握施工单位的质量责任和义务，掌握建设单位及相关单位的质量责任和义务，熟悉建设工程竣工验收制度，熟悉建设工程质量保修制度。通过本章学习，培养学生在未来工作中在工程质量管理方面具有强烈的责任感和使命感，树立百年大计质量第一的思想；工作中对建设项目目标形成正确的质量观；培养学生在工作中依法依规进行质量管理的严谨工作态度，增强质量意识和职业道德。

第一节 工程建设标准

一、工程建设标准的分类

（一）工程建设国家标准

工程建设国家标准分为强制性标准和推荐性标准。

1. 工程建设国家标准的范围和类型

《中华人民共和国标准化法》（简称《标准化法》）规定，对保障人身健康和生命财产安全、国家安全、生态环境安全以及满足经济社会管理基本需要的技术要求，应当制定强制性国家标准。

对满足基础通用、与强制性国家标准配套、对各有关行业起引领作用等需要的技术要求，可以制定推荐性国家标准。

2020年1月国家市场监督管理总局发布的《强制性国家标准管理办法》规定，强制性国家标准的技术要求应当全部强制，并且可验证、可操作。

下列标准属于强制性标准：①工程建设勘察、规划、设计、施工（包括安装）及验收等通用的综合标准和重要的通用的质量标准；②工程建设通用的有关安全、卫生和环境保护的标准；③工程建设重要的通用的术语、符号、代号、量与单位、建筑模数和制图方法标准；④工程建设重要的通用的试验、检验和评定方法等标准；⑤工程建设重要的通用的信息技术标准；⑥国家需要控制的其他工程建设通用的标准。

强制性标准以外的标准是推荐性标准。推荐性标准，国家鼓励企业自愿采用。

2. 工程建设国家标准的制定

《标准化法》规定，国务院有关行政主管部门依据职责负责强制性国家标准的项目提出、组织起草、征求意见和技术审查。国务院标准化行政主管部门负责强制性国家标准的立项、编号和对外通报。

省、自治区、直辖市人民政府标准化行政主管部门可以向国务院标准化行政主管部门提出强制性国家标准的立项建议，由国务院标准化行政主管部门会同国务院有关行政主管部门决定。社会团体、企业事业组织以及公民可以向国务院标准化行政主管部门提出强制性国家标准的立项建议，国务院标准化行政主管部门认为需要立项的，会同国务院有关行政主管部门决定。

推荐性国家标准由国务院标准化行政主管部门制定。

《强制性国家标准管理办法》规定，制定强制性国家标准应当结合国情采用国际标准。强制性国家标准应当有明确的标准实施监督管理部门，并能够依据法律、行政法规、部门规章的规定对违反强制性国家标准的行为予以处理。

（二）工程建设行业标准

《标准化法》规定，对没有推荐性国家标准、需要在全国某个行业范围内统一的技术要求，可以制定行业标准。行业标准由国务院有关行政主管部门制定，报国务院标准化行政主管部门备案。

1. 工程建设行业标准的范围

1992年12月原建设部发布的《工程建设行业标准管理办法》规定，对没有国家标准而需要在全国某个行业范围内统一的下列技术要求，可以制定行业标准：①工程建设勘察、规划、设计、施工（包括安装）及验收等行业专用的质量要求；②工程建设行业专用的有关安全、卫生和环境保护的技术要求；③工程建设行业专用的术语、符号、代号、量与单位和制图方法；④工程建设行业专用的试验、检验和评定等方法；⑤工程建设行业专用的信息技术要求；⑥其他工程建设行业专用的技术要求。

行业标准不得与国家标准相抵触。行业标准的某些规定与国家标准不一致时，必须有充分的科学依据和理由，并经国家标准的审批部门批准。行业标准在相应的国家标准实施后，应当及时修订或废止。

2. 工程建设行业标准的制定、修订程序与复审

工程建设行业标准的制定、修订程序，也可以按准备、征求意见、送审和报批四个阶段进行。

工程建设行业标准实施后，根据科学技术的发展和工程建设的实际需要，该标准的批准部门应当适时进行复审，确认其继续有效或予以修订、废止。一般是5年复审1次。

（三）工程建设地方标准

我国幅员辽阔，各地的自然条件差异较大，而工程建设在许多方面要受到自然条件的影

响。因此，工程建设标准除国家标准、行业标准外，还需要有相应的地方标准。《标准化法》规定，为满足地方自然条件、风俗习惯等特殊技术要求，可以制定地方标准。

（四）工程建设团体标准

《标准化法》规定，国家鼓励学会、协会、商会、联合会、产业技术联盟等社会团体协调相关市场主体共同制定满足市场和创新需要的团体标准，由本团体成员约定采用或者按照本团体的规定供社会自愿采用。

1. 团体标准的定性和基本要求

国家标准化管理委员会、民政部制定的《团体标准管理规定》(国标委联〔2019〕1号)规定，团体标准是依法成立的社会团体为满足市场和创新需要，协调相关市场主体共同制定的标准。

《标准化法》规定，制定团体标准，应当遵循开放、透明、公平的原则，保证各参与主体获取相关信息，反映各参与主体的共同需求，并应当组织对标准相关事项进行调查分析、试验、论证。国家支持在重要行业、战略性新兴产业、关键共性技术等领域利用自主创新技术制定团体标准、企业标准。

《团体标准管理规定》进一步规定，禁止利用团体标准实施妨碍商品、服务自由流通等排除、限制市场竞争的行为。团体标准应当符合相关法律法规的要求，不得与国家有关产业政策相抵触。团体标准的技术要求不得低于强制性标准的相关技术要求。

2. 团体标准制定的程序

制定团体标准的一般程序包括：提案、立项、起草、征求意见、技术审查、批准、编号、发布、复审。

（五）工程建设企业标准

《标准化法》规定，企业可以根据需要自行制定企业标准，或者与其他企业联合制定企业标准。

推荐性国家标准、行业标准、地方标准、团体标准、企业标准的技术要求不得低于强制性国家标准的相关技术要求。国家鼓励社会团体、企业制定高于推荐性标准相关技术要求的团体标准、企业标准。

国家实行团体标准、企业标准自我声明公开和监督制度。企业应当公开其执行的强制性标准、推荐性标准、团体标准或者企业标准的编号和名称；企业执行自行制定的企业标准的，还应当公开产品、服务的功能指标和产品的性能指标。国家鼓励团体标准、企业标准通过标准信息公共服务平台向社会公开。

企业应当按照标准组织生产经营活动，其生产的产品、提供的服务应当符合企业公开标准的技术要求。

二、工程建设强制性标准实施的规定

（一）工程建设各方主体实施强制性标准的规定

《建筑法》规定，建设单位不得以任何理由，要求建筑设计单位或者建筑施工企业在工程设计或者施工作业中，违反法律、行政法规和建筑工程质量、安全标准，降低工程质量。

建筑工程设计应当符合按照国家规定制定的建筑安全规程和技术规范，保证工程的安全性能。勘察、设计文件应当符合有关法律、行政法规的规定和建筑工程质量、安全标准、建筑工程勘察、设计技术规范以及合同的约定。设计文件选用的建筑材料、建筑构配件和设备，应当注明其规格、型号、性能等技术指标，其质量要求必须符合国家规定的标准。

建筑工程监理应当依照法律、行政法规及有关的技术标准、设计文件和建筑工程承包合同，对承包单位在施工质量、建设工期和建设资金使用等方面，代表建设单位实施监督。工程监理人员认为工程施工不符合工程设计要求、施工技术标准和合同约定的，有权要求建筑施工企业改正。工程监理人员发现工程设计不符合建筑工程质量标准或者合同约定的质量要求的，应当报告建设单位要求设计单位改正。

《建设工程质量管理条例》进一步规定，建设单位不得明示或者暗示设计单位或者施工单位违反工程建设强制性标准，降低建设工程质量。建筑设计单位和建筑施工企业对建设单位违反规定提出的降低工程质量的要求，应当予以拒绝。勘察、设计单位必须按照工程建设强制性标准进行勘察、设计，并对其勘察、设计的质量负责。

施工单位必须按照工程设计图纸和施工技术标准施工，不得擅自修改工程设计，不得偷工减料。施工单位必须按照工程设计要求、施工技术标准和合同约定，对建筑材料、建筑构配件、设备和商品混凝土进行检验，检验应当有书面记录和专人签字；未经检验或者检验不合格的，不得使用。

（二）对工程建设强制性标准的监督检查

2015年1月住房和城乡建设部经修改后发布的《实施工程建设强制性标准监督规定》规定，在中华人民共和国境内从事新建、扩建、改建等工程建设活动，必须执行工程建设强制性标准。

1. 监督管理机构及分工

国务院住房城乡建设主管部门负责全国实施工程建设强制性标准的监督管理工作。国务院有关主管部门按照国务院的职能分工负责实施工程建设强制性标准的监督管理工作。县级以上地方人民政府住房城乡建设主管部门负责本行政区域内实施工程建设强制性标准的监督管理工作。

建设项目规划审查机构应当对工程建设规划阶段执行强制性标准的情况实施监督；施工图设计文件审查单位应当对工程建设勘察、设计阶段执行强制性标准的情况实施监督；建筑安全监督管理机构应当对工程建设施工阶段执行施工安全强制性标准的情况实施监督；工程质量监督机构应当对工程建设施工、监理、验收等阶段执行强制性标准的情况实施监督。

建设项目规划审查机关、施工图设计文件审查单位、建筑安全监督管理机构、工程质量监督机构的技术人员必须熟悉、掌握工程建设强制性标准。

2. 监督检查的内容和方式

强制性标准监督检查的内容包括：①有关工程技术人员是否熟悉、掌握强制性标准；②工程项目的规划、勘察、设计、施工、验收等是否符合强制性标准的规定；③工程项目采用的材料、设备是否符合强制性标准的规定；④工程项目的安全、质量是否符合强制性标准的规定；⑤工程中采用的导则、指南、手册、计算机软件的内容是否符合强制性标准的规定。

工程建设标准批准部门应当定期对建设项目规划审查机关、施工图设计文件审查单位、建筑安全监督管理机构、工程质量监督机构实施强制性标准的监督进行检查，对监督不力的单位和个人，给予通报批评，建议有关部门处理。

工程建设标准批准部门应当对工程项目执行强制性标准情况进行监督检查。监督检查可以采取重点检查、抽查和专项检查的方式。

建设行政主管部门或者有关行政主管部门在处理重大事故时，应当有工程建设标准方面的专家参加；工程事故报告应当包含是否符合工程建设强制性标准的意见。工程建设标准批准部门应当将强制性标准监督检查结果在一定范围内公告。

三、违法行为应承担的法律责任

（一）建设单位违法行为应承担的法律责任

《建筑法》规定，建设单位违反本法规定，要求建筑设计单位或者建筑施工企业违反建筑工程质量、安全标准，降低工程质量的，责令改正，可以处以罚款；构成犯罪的，依法追究刑事责任。

《建设工程质量管理条例》规定，“建设单位有下列行为之一的，责令改正，处20万元以上50万元以下的罚款：……（三）明示或者暗示设计单位或者施工单位违反工程建设强制性标准，降低工程质量的……”。

《实施工程建设强制性标准监督规定》中规定，建设单位有下列行为之一的，责令改正，并处以20万元以上50万元以下的罚款：①明示或者暗示施工单位使用不合格的建筑材料、建筑构配件和设备的；②明示或者暗示设计单位或者施工单位违反工程建设强制性标准，降低工程质量的。

（二）勘察、设计单位违法行为应承担的法律责任

《建筑法》规定，建筑设计单位不按照建筑工程质量、安全标准进行设计的，责令改正，处以罚款；造成工程质量事故的，责令停业整顿，降低资质等级或者吊销资质证书，没收违法所得，并处罚款；造成损失的，承担赔偿责任；构成犯罪的，依法追究刑事责任。

《建设工程质量管理条例》规定，“有下列行为之一的，责令改正，处10万元以上30万元以下的罚款：（一）勘察单位未按照工程建设强制性标准进行勘察的……（四）设计单位未按照工程建设强制性标准进行设计的”。有以上所列行为，造成工程质量事故的，责令停业整顿，降低资质等级；情节严重的，吊销资质证书；造成损失的，依法承担赔偿责任。

《实施工程建设强制性标准监督规定》中规定，勘察、设计单位违反工程建设强制性标准进行勘察、设计的，责令改正，并处以10万元以上30万元以下的罚款。有前款行为，造成工程质量事故的，责令停业整顿，降低资质等级；情节严重的，吊销资质证书；造成损失的，依法承担赔偿责任。

（三）施工企业违法行为应承担的法律责任

《建筑法》规定，建筑施工企业在施工中偷工减料的，使用不合格的建筑材料、建筑构配件和设备的，或者有其他不按照工程设计图纸或者施工技术标准施工的行为的，责令改正，处以罚款；情节严重的，责令停业整顿，降低资质等级或者吊销资质证书；造成建筑工程质量不符合规定的质量标准的，负责返工、修理，并赔偿因此造成的损失；构成犯罪的，依法追究刑事责任。

《标准化法》规定，生产、销售、进口产品或者提供服务不符合强制性标准，或者企业生产的产品、提供的服务不符合其公开标准的技术要求的，依法承担民事责任。

生产、销售、进口产品或者提供服务不符合强制性标准的，依照《中华人民共和国产品质量法》《中华人民共和国进出口商品检验法》《中华人民共和国消费者权益保护法》等法

律、行政法规的规定查处，记入信用记录，并依照有关法律、行政法规的规定予以公示；构成犯罪的，依法追究刑事责任。

企业未依照《标准化法》规定公开其执行的标准的，由标准化行政主管部门责令限期改正；逾期不改正的，在标准信息公共服务平台上公示。

《建设工程质量管理条例》规定，施工单位在施工中偷工减料的，使用不合格的建筑材料、建筑构配件和设备的，或者有不按照工程设计图纸或者施工技术标准施工的其他行为的，责令改正，处工程合同价款2%以上4%以下的罚款；造成建设工程质量不符合规定的质量标准的，负责返工、修理，并赔偿因此造成的损失；情节严重的，责令停业整顿，降低资质等级或者吊销资质证书。

《实施工程建设强制性标准监督规定》中规定，施工单位违反工程建设强制性标准的，责令改正，处工程合同价款2%以上4%以下的罚款；造成建设工程质量不符合规定的质量标准的，负责返工、修理，并赔偿因此造成的损失；情节严重的，责令停业整顿，降低资质等级或者吊销资质证书。

（四）工程监理单位违法行为应承担的法律责任

《实施工程建设强制性标准监督规定》规定，工程监理单位违反强制性标准规定，将不合格的建设工程以及建筑材料、建筑构配件和设备按照合格签字的，责令改正，处50万元以上100万元以下的罚款，降低资质等级或者吊销资质证书；有违法所得的，予以没收；造成损失的，承担连带赔偿责任。

（五）相关主体的刑事责任

《建设工程质量管理条例》规定，建设单位、设计单位、施工单位、工程监理单位违反国家规定，降低工程质量标准，造成重大安全事故，构成犯罪的，对直接责任人员依法追究刑事责任。

第二节　施工单位的质量责任和义务

一、对施工质量负责和总分包单位的质量责任

（一）施工单位对施工质量负责

《建筑法》规定，建筑施工企业对工程的施工质量负责。《建设工程质量管理条例》进一步规定，施工单位对建设工程的施工质量负责。施工单位应当建立质量责任制，确定工程项目的项目经理、技术负责人和施工管理负责人。

《建筑工程五方责任主体项目负责人质量终身责任追究暂行办法》(建质〔2014〕124号)规定，施工单位项目经理应当按照经审查合格的施工图设计文件和施工技术标准进行施工，对因施工导致的工程质量事故或质量问题承担责任。

（二）总分包单位的质量责任

《建筑法》规定，建筑工程实行总承包的，工程质量由工程总承包单位负责，总承包单位将建筑工程分包给其他单位的，应当对分包工程的质量与分包单位承担连带责任。分包单位应当接受总承包单位的质量管理。

《建设工程质量管理条例》进一步规定，建设工程实行总承包的，总承包单位应当对全

部建设工程质量负责；建设工程勘察、设计、施工、设备采购的一项或者多项实行总承包的，总承包单位应当对其承包的建设工程或者采购的设备的质量负责。总承包单位依法将建设工程分包给其他单位的，分包单位应当按照分包合同的约定对其分包工程的质量向总承包单位负责，总承包单位与分包单位对分包工程的质量承担连带责任。

据此，在总分包的情况下存在着总包、分包两个合同以及三种法律关系或责任：

1）总包质量责任。无论是实行建设工程总承包还是对建设工程勘察、设计、施工、设备采购的一项或者多项实行总承包，总承包单位都应当按照合同约定对其所承包的工程或工作向建设单位承担总体的质量责任。

2）分包质量责任。总承包单位依法将建设工程分包给其他单位的，分包单位应当按照分包合同的约定对其分包工程的质量向总承包单位承担质量责任。分包单位还应当接受总承包单位的质量管理。

3）总分包连带质量责任。总承包单位与分包单位对分包工程的质量承担连带责任，即分包工程发生质量问题时，建设单位或其他受害人既可以向分包单位请求赔偿，也可以向总承包单位请求赔偿；进行赔偿的一方，有权依据分包合同的约定，对不属于自己责任的那部分赔偿向对方追偿。

【案例】

背景：承包商甲通过招标投标获得了某单位家属楼工程施工任务，后经发包单位同意，承包商甲将该家属楼的附属工程分包给杨某负责的工程队，并签订了分包合同。1年后，工程按期完成。但是，经工程质量监督机构检验发现，该家属楼附属工程存在严重的质量问题。发包单位便要求承包商甲承担责任。承包商甲却称该附属工程是经发包单位同意后分包给杨某负责的工程队，所以与己无关。发包单位又找到分包人杨某，杨某以种种理由拒绝承担工程的质量责任。

问题：(1) 承包商甲是否应该对该家属楼附属工程的质量负责？

(2) 该工程的质量问题应该如何解决？

分析：

(1) 根据《建筑法》《建设工程质量管理条例》的规定，总承包单位应当对承包工程的质量负责，分包单位应当就分包工程的质量向总承包单位负责，总承包单位与分包单位对分包工程的质量承担连带责任。据此，承包商甲作为总承包单位，应该对该家属楼附属工程的质量负责，即使是分包人的质量问题，也要依法与其承担连带责任。

(2) 分包人杨某分包的该家属楼附属工程完工后，经检验发现存在严重的质量问题，根据《民法典》《建设工程质量管理条例》的规定，应当负责返修。本案中的发包人有权要求杨某的工程队或承包商甲对该家属楼附属工程履行返修义务。如果是承包商甲进行返修，在返修后有权向杨某的工程队进行追偿。此外，如果因为返修而造成逾期交付的，依据《民法典》的规定，承包商甲与杨某的工程队还应当向发包人承担违约的连带责任。

对本案中杨某的工程队还应当查有无相应的资质证书；如无，应依据《建筑法》《建设工程质量管理条例》和《建筑工程施工转包违法分包等违法行为认定查处管理办法》等定性为违法分包，给予相应的处理。

二、按照工程设计图纸和施工技术标准施工的规定

《建筑法》规定，建筑施工企业必须按照工程设计图纸和施工技术标准施工，不得偷工减料。工程设计的修改由原设计单位负责，建筑施工企业不得擅自修改工程设计。《建设工程质量管理条例》进一步规定，施工单位必须按照工程设计图纸和施工技术标准施工，不得擅自修改工程设计，不得偷工减料。施工单位在施工过程中发现设计文件和图纸有差错的，应当及时提出意见和建议。

（一）按图施工，遵守标准

工程设计图纸是施工单位的施工依据。按工程设计图纸施工，是保证工程实现设计意图的前提，也是明确划分设计、施工单位质量责任的前提。按图施工、不擅自修改设计，是施工单位保证工程质量的最基本要求。

施工技术标准是工程建设过程中规范施工行为的技术依据。施工单位只有按照施工技术标准，特别是强制性标准的要求施工，才能保证工程的施工质量。从法律的层面来看，工程设计图纸和施工技术标准都属于工程合同文件的组成部分，如果施工单位不按照工程设计图纸和施工技术标准施工，则属于违约行为，应该对建设单位承担违约责任。

（二）防止设计文件和图纸出现差错

工程项目的设计往往涉及多个专业之间的协调配合。所以，设计文件和图纸也有可能会出现差错。这些差错通常会在图纸会审或施工过程中被逐渐发现。施工人员特别是施工管理负责人、技术负责人以及项目经理等，均为具有丰富实践经验的专业技术人员、专业管理人员。施工单位在施工过程中发现设计文件和图纸有差错的，有义务及时向建设单位或监理单位提出意见和建议，以免造成不必要的损失和质量问题。这也是其履行施工合同应尽的基本义务。

三、对建筑材料、设备等进行检验检测的规定

《建筑法》规定，建筑施工企业必须按照工程设计要求、施工技术标准和合同的约定，对建筑材料、建筑构配件和设备进行检验，不合格的不得使用。《建设工程质量管理条例》进一步规定，施工单位必须按照工程设计要求、施工技术标准和合同约定，对建筑材料、建筑构配件、设备和商品混凝土进行检验，检验应当有书面记录和专人签字；未经检验或者检验不合格的，不得使用。

由于建设工程属于特殊产品，其质量隐蔽性强、终检局限性大，在施工全过程质量控制中，必须严格执行法定的检验、检测制度。否则，将给建设工程造成难以逆转的先天性质量隐患，甚至导致质量安全事故。依法对建筑材料、设备等进行检验检测，是施工单位的一项重要法定义务。

（一）建筑材料、建筑构配件、设备和商品混凝土的检验制度

施工单位对进入施工现场的建筑材料、建筑构配件、设备和商品混凝土实行检验制度，是施工单位质量保证体系的重要组成部分，也是保证施工质量的重要前提。

施工单位的检验要依据工程设计要求、施工技术标准和合同约定。检验对象是将在工程施工中使用的建筑材料、建筑构配件、设备和商品混凝土。合同若有其他约定的，检验工作还应满足合同相应条款的要求。检验结果要按规定的格式形成书面记录，并由相关的专业人

员签字。对于未经检验或检验不合格的，不得在施工中使用。

（二）施工检测的见证取样和送检制度

《建设工程质量管理条例》规定，施工人员对涉及结构安全的试块、试件以及有关材料，应当在建设单位或者工程监理单位监督下现场取样，并送具有相应资质等级的质量检测单位进行检测。

1. 见证取样和送检

建设部《房屋建筑工程和市政基础设施工程实行见证取样和送检的规定》（建建〔2000〕211号）中规定，涉及结构安全的试块、试件和材料见证取样和送检的比例不得低于有关技术标准中规定应取样数量的30%。下列试块、试件和材料必须实施见证取样和送检：①用于承重结构的混凝土试块；②用于承重墙体的砌筑砂浆试块；③用于承重结构的钢筋及连接接头试件；④用于承重墙的砖和混凝土小型砌块；⑤用于拌制混凝土和砌筑砂浆的水泥；⑥用于承重结构的混凝土中使用的掺加剂；⑦地下、屋面、厕浴间使用的防水材料；⑧国家规定必须实行见证取样和送检的其他试块、试件和材料。

见证人员应由建设单位或该工程的监理单位中具备施工试验知识的专业技术人员担任，并由建设单位或该工程的监理单位书面通知施工单位、检测单位和负责该项工程的质量监督机构。

在施工过程中，见证人员应按照见证取样和送检计划，对施工现场的取样和送检进行见证。取样人员应在试样或其包装上做出标识、封志。标识和封志应标明工程名称、取样部位、取样日期、样品名称和样品数量，并由见证人员和取样人员签字。见证人员和取样人员应对试样的代表性和真实性负责。

2. 工程质量检测单位的资质和检测规定

2015年5月住房和城乡建设部经修改后发布的《建设工程质量检测管理办法》规定，工程质量检测机构是具有独立法人资格的中介机构。按照其承担的检测业务内容分为专项检测机构资质和见证取样检测机构资质。检测机构未取得相应的资质证书，不得承担本办法规定的质量检测业务。

质量检测业务由工程项目建设单位委托具有相应资质的检测机构进行检测。委托方与被委托方应当签订书面合同。

检测机构完成检测业务后，应当及时出具检测报告。检测报告经检测人员签字、检测机构法定代表人或者其授权的签字人签署，并加盖检测机构公章或者检测专用章后方可生效。检测报告经建设单位或者工程监理单位确认后，由施工单位归档。任何单位和个人不得明示或者暗示检测机构出具虚假检测报告，不得篡改或者伪造检测报告。如果检测结果利害关系人对检测结果发生争议的，由双方共同认可的检测机构复检，复检结果由提出复检方报当地建设主管部门备案。

检测机构应当将检测过程中发现的建设单位、监理单位、施工单位违反有关法律、法规和工程建设强制性标准的情况，以及涉及结构安全检测结果的不合格情况，及时报告工程所在地建设主管部门。检测机构应当建立档案管理制度，并应当单独建立检测结果不合格项目台账。

检测人员不得同时受聘于两个或者两个以上的检测机构。检测机构和检测人员不得推荐或者监制建筑材料、建筑构配件和设备。检测机构不得与行政机关，法律、法规授权的具有管理公共事务职能的组织以及所检测工程项目相关的设计单位、施工单位、监理单位有隶属关系或者其他利害关系。

检测机构不得转包检测业务。检测机构应当对其检测数据和检测报告的真实性和准确性负责。检测机构违反法律、法规和工程建设强制性标准，给他人造成损失的，应当依法承担相应的赔偿责任。

四、施工质量检验和返修的规定

（一）施工质量检验制度

《建设工程质量管理条例》规定，施工单位必须建立、健全施工质量的检验制度，严格工序管理，做好隐蔽工程的质量检查和记录。隐蔽工程在隐蔽前，施工单位应当通知建设单位和建设工程质量监督机构。

1. 严格工序质量检验和管理

工序也称过程。施工组织网络上的关键工序或过程都有可能对施工质量产生决定性的影响。完善的检验制度和严格的工序管理是保证工序或过程质量的前提。施工单位要加强对施工工序或过程的质量控制，特别是要加强影响结构安全的地基和结构等关键施工过程的质量控制检验和管理。

2. 强化隐蔽工程质量检查

隐蔽工程在隐蔽前，施工单位除了要做好检查、检验及记录外，还应当及时通知建设单位（实施监理的工程为监理单位）和建设工程质量监督机构，以接受政府监督和向建设单位提供质量保证。

（二）建设工程的返修

《建筑法》规定，对已发现的质量缺陷，建筑施工企业应当修复。《建设工程质量管理条例》进一步规定，施工单位对施工中出现质量问题的建设工程或者竣工验收不合格的建设工程，应当负责返修。

《民法典》规定，因施工人的原因致使建设工程质量不符合约定的，发包人有权请求施工人在合理期限内无偿修理或者返工、改建。

返修作为施工单位的法定义务，其返修包括施工过程中出现质量问题的建设工程和竣工验收不合格的建设工程两种情形。所谓返工，是指工程质量不符合规定的质量标准，而又无法修理的情况下重新进行施工；修理则是指工程质量不符合标准，而又有可能修复的情况下，对工程进行修补，使其达到质量标准的要求。不论是施工过程中出现质量问题的建设工程，还是竣工验收时发现质量问题的工程，施工单位都要负责返修。

对于非施工单位原因造成的质量问题，施工单位也应当负责返修，但是因此造成的损失及返修费用由责任方负责。

五、建立健全职工教育培训制度的规定

《建设工程质量管理条例》规定，施工单位应当建立、健全教育培训制度，加强对职工的教育培训；未经教育培训或者考核不合格的人员，不得上岗作业。

职工教育培训是施工单位的重要工作之一，通常包括各类质量教育和岗位技能培训等。特别是对质量工作有关的人员，如总工程师、项目经理、质量体系内审员、质量检查员、施

工人员、材料试验及检测人员，以及关键技术工种，如焊工、钢筋工、混凝土工等，必须先培训、后上岗。

六、施工单位质量违法行为应承担的法律责任

（一）违反资质管理规定和转包、违法分包造成质量问题应承担的法律责任

《建筑法》规定，“建筑施工企业转让、出借资质证书或者以其他方式允许他人以本企业的名义承揽工程的……对因该项承揽工程不符合规定的质量标准造成的损失，建筑施工企业与使用本企业名义的单位或者个人承担连带赔偿责任。承包单位将承包的工程转包的，或者违反本法规定进行分包的……对因转包工程或者违法分包的工程不符合规定的质量标准造成的损失，与接受转包或者分包的单位承担连带赔偿责任”。

（二）偷工减料等违法行为应承担的法律责任

《建筑法》规定，建筑施工企业在施工中偷工减料的，使用不合格的建筑材料、建筑构配件和设备的，或者有其他不按照工程设计图纸或者施工技术标准施工的行为的，责令改正，处以罚款；情节严重的，责令停业整顿，降低资质等级或者吊销资质证书；造成建筑工程质量不符合规定的质量标准的，负责返工、修理，并赔偿因此造成的损失；构成犯罪的，依法追究刑事责任。

《建设工程质量管理条例》规定，施工单位在施工中偷工减料的，使用不合格的建筑材料、建筑构配件和设备的，或者有不按照工程设计图或者施工技术标准施工的其他行为的，责令改正，处工程合同价款 2% 以上 4% 以下的罚款；造成建设工程质量不符合规定的质量标准的，负责返工、修理，并赔偿因此造成的损失；情节严重的，责令停业整顿，降低资质等级或者吊销资质证书。

（三）项目经理违法行为应承担的法律责任

《建筑工程五方责任主体项目负责人质量终身责任追究暂行办法》（建质〔2014〕124 号）规定，符合下列情形之一的，县级以上地方人民政府住房城乡建设主管部门应当依法追究项目负责人的质量终身责任：①发生工程质量事故；②发生投诉、举报、群体性事件、媒体报道并造成恶劣社会影响的严重工程质量问题；③由于勘察、设计或施工原因造成尚在设计使用年限内的建筑工程不能正常使用；④存在其他需追究责任的违法违规行为。

对施工单位项目经理按以下方式进行责任追究：①项目经理为相关注册执业人员的，责令停止执业 1 年；造成重大质量事故的，吊销执业资格证书，5 年以内不予注册；情节特别恶劣的，终身不予注册；②构成犯罪的，移送司法机关依法追究刑事责任；③处单位罚款数额 5% 以上 10% 以下的罚款；④向社会公布曝光。

（四）检验检测违法行为应承担的法律责任

《建设工程质量管理条例》规定，施工单位未对建筑材料、建筑构配件、设备和商品混凝土进行检验，或者未对涉及结构安全的试块、试件以及有关材料取样检测的，责令改正，处 10 万元以上 20 万元以下的罚款；情节严重的，责令停业整顿，降低资质等级或者吊销资质证书；造成损失的，依法承担赔偿责任。

（五）构成犯罪的追究刑事责任

《建设工程质量管理条例》规定，建设单位、设计单位、施工单位、工程监理单位违反国家规定，降低工程质量标准，造成重大安全事故，构成犯罪的，对直接责任人员依法追究

刑事责任。

建设、勘察、设计、施工、工程监理单位的工作人员因调动工作、退休等原因离开该单位后，被发现在该单位工作期间违反国家有关建设工程质量管理规定，造成重大工程质量事故的，仍应当依法追究法律责任。

《刑法》第一百三十七条规定，建设单位、设计单位、施工单位、工程监理单位违反国家规定，降低工程质量标准，造成重大安全事故的，对直接责任人员处5年以下有期徒刑或者拘役，并处罚金；后果特别严重的，处5年以上10年以下有期徒刑，并处罚金。

【案例】

背景：江南某制药公司与某施工单位签订了一份“建设工程施工承包合同”，双方约定由该施工单位承包制药公司的提取车间等1万多m^2的建筑工程土建及配套附属工程。之后，施工单位不严格按设计图施工，且偷工减料。为此，制药公司曾多次向施工单位提出，对于工程质量不符合要求的部位要求返工处理。施工单位只是口头上承诺，但没有实际行动。1年后，经质量监督机构检查并做出了“关于江南某制药有限公司提取车间的工程质量报告”。该报告称，经现场随机抽查，施工单位有明显的偷工减料行为，以上问题的存在影响了设备工艺的使用功能。

问题：(1) 施工单位有哪些违法行为？

(2) 对施工单位的违法行为应该怎样处理？

分析：

(1) 施工单位主要过错如下：①施工单位工程质量意识差，对施工质量没有认真负起责任，违反了《建设工程质量管理条例》第二十六条规定，“施工单位对建设工程的施工质量负责”；②施工单位不严格按设计图施工、偷工减料等行为，违反了《建设工程质量管理条例》第二十八条规定，“施工单位必须按照工程设计图和施工技术标准施工，不得擅自修改工程设计，不得偷工减料”；③施工单位对于部分工程质量不符合要求的事实，一直不做返修处理，违反了《建设工程质量管理条例》第三十二条规定，“施工单位对施工中出现质量问题的建设工程或者竣工验收不合格的建设工程，应当负责返修”。

(2) 对施工单位应做如下处理：根据《建筑法》第七十四条、《建设工程质量管理条例》第六十四条的规定，施工单位在施工中偷工减料的，使用不合格的建筑材料、建筑构配件和设备的，或者有不按照工程设计图或者施工技术标准施工的其他行为的，责令改正，处工程合同价款2%以上4%以下的罚款；造成建设工程质量不符合规定的质量标准的，负责返工、修理，并赔偿因此造成的损失；情节严重的，责令停业整顿，降低资质等级或者吊销资质证书；构成犯罪的，依法追究刑事责任。

据此，当地的建设行政主管部门应该根据其处罚权限，责令施工单位对其违法行为立即整改，并在工程合同价款2%以上4%以下处以适当罚款；对于提取车间工程质量不符合规定质量标准的，责令施工单位负责返修，并赔偿因此造成的损失。如果情节严重的，可以责令其停业整顿，由颁发资质证书的机关降低资质等级或者吊销资质证书；构成犯罪的，可以提请司法机关依法追究刑事责任。

第三节　建设单位及相关单位的质量责任和义务

一、建设单位相关的质量责任和义务

《国务院办公厅关于促进建筑业持续健康发展的意见》中明确提出，“特别要强化建设单位的首要责任”。建设单位作为建设工程的投资人，是建设工程的重要责任主体。建设单位有权选择承包单位，有权对建设过程进行检查、控制，对建设工程进行验收，并要按时支付工程款和费用等，在整个建设活动中居于主导地位。因此，为确保建设工程的质量，必须规范建设单位的行为，明确其质量责任。

（一）依法发包工程

《建设工程质量管理条例》规定，建设单位应当将工程发包给具有相应资质等级的单位。建设单位不得将建设工程肢解发包。建设单位应当依法对工程建设项目的勘察、设计、施工、监理以及与工程建设有关的重要设备、材料等的采购进行招标。

《建筑工程五方责任主体项目负责人质量终身责任追究暂行办法》（建质〔2014〕124号）进一步规定，建设单位项目负责人对工程质量承担全面责任，不得违法发包、肢解发包，不得以任何理由要求勘察、设计、施工、监理单位违反法律法规和工程建设标准，降低工程质量，其违法违规或不当行为造成工程质量事故或质量问题应当承担责任。

《建设工程勘察设计资质管理规定》《建筑业企业资质管理规定》《工程监理企业资质管理规定》等，均对工程勘察单位、工程设计单位、施工企业和工程监理单位的资质等级、资质标准、业务范围等做了明确规定。如果建设单位将工程发包给没有资质等级或资质等级不符合条件的单位，不仅扰乱了建设市场秩序，还将会因为承包单位不具备完成建设工程的技术能力、专业人员和资金，造成工程质量低劣，甚至使工程项目半途而废。

（二）依法向有关单位提供原始资料

《建设工程质量管理条例》规定，建设单位必须向有关的勘察、设计、施工、工程监理等单位提供与建设工程有关的原始资料。原始资料必须真实、准确、齐全。

建设单位作为建设活动的总负责方，向有关单位提供原始资料，以及施工地段地下管线现状资料，并保证这些资料的真实、准确、齐全，是其基本的责任和义务。

在工程实践中，建设单位根据委托任务必须向勘察单位提供如勘察任务书、项目规划总平面图、地下管线、地形地貌等在内的基础资料；向设计单位提供政府有关部门批准的项目建议书、可行性研究报告等立项文件，设计任务书，有关城市规划、专业规划设计条件，勘察成果及其他基础资料；向施工单位提供概算批准文件，建设项目正式列入国家、部门或地方的年度固定资产投资计划，建设用地的征用资料，施工图及技术资料，建设资金和主要建筑材料、设备的来源落实资料，建设项目所在地规划部门批准文件，施工现场完成“三通一平”的平面图等资料；向工程监理单位提供的原始资料，除包括给施工单位的资料外，还要有建设单位与施工单位签订的承包合同文本。

（三）限制不合理的干预行为

《建筑法》规定，建设单位不得以任何理由，要求建筑设计单位或者建筑施工企业在工程设计或者施工作业中，违反法律、行政法规和建筑工程质量、安全标准，降低工程质量。

2019年4月公布的《政府投资条例》规定，政府投资项目应当按照国家有关规定合理确定并严格执行建设工期，任何单位和个人不得非法干预。

《建设工程质量管理条例》进一步规定，建设工程发包单位，不得迫使承包方以低于成本的价格竞标，不得任意压缩合理工期。建设单位不得明示或者暗示设计单位或者施工单位违反工程建设强制性标准，降低建设工程质量。

建设单位也不得任意压缩合理工期。建设单位更不得以任何理由，诸如建设资金不足、工期紧等，违反强制性标准的规定，要求设计单位降低设计标准，或者要求施工单位采用建设单位采购的不合格材料设备等。

【案例】

背景：某化工厂在同一厂区建设第二个大型厂房时，为了节省投资，决定不做勘察，便将4年前为第一个大型厂房做的勘察成果提供给设计院作为设计依据，让其设计新厂房。设计院不同意。但是，在该化工厂的一再坚持下最终设计院妥协，答应使用旧的勘察成果。厂房建成后使用一年多就发现其北墙墙体多处开裂。该化工厂一纸诉状将施工单位告上法庭，请求判定施工单位承担工程质量责任。

问题：(1) 本案中的质量责任应当由谁承担？

(2) 工程中设计方是否有过错？违反了什么规定？

分析：

(1) 本案中的墙体开裂，经检测是设计对地基处理不当引起厂房不均匀沉陷所致。《建筑法》第五十四条规定，“建设单位不得以任何理由，要求建筑设计单位或者建筑施工企业在工程设计或者施工作业中，违反法律、行政法规和建筑工程质量、安全标准，降低工程质量”。该化工厂为节省投资，坚持不做勘察，向设计单位提供了旧的勘察成果，违反了法律规定，对该工程的质量应该承担主要责任。

(2) 设计方也有过错。《建筑法》第五十四条还规定，“建筑设计单位和建筑施工企业对建设单位违反规定提出的降低工程质量的要求，应当予以拒绝”。《建设工程质量管理条例》第二十一条规定，“设计单位应当根据勘察成果文件进行建设工程设计”。因此，设计单位尽管开始不同意建设单位的做法，但后来没有坚持原则妥协了，也应该对工程设计承担质量责任。

法庭经审理，认定该工程的质量责任由该化工厂承担主要责任，由设计方承担次要责任。

(四) 依法报审施工图设计文件

《建设工程质量管理条例》规定，施工图设计文件未经审查批准的，不得使用。

施工图设计文件是设计文件的重要内容，是编制施工图预算、安排材料、设备订货和非标准设备制作，进行施工、安装和工程验收等工作的依据；一经完成，建设工程最终所要达到的质量，尤其是地基基础和结构的安全性就有了约束。因此，施工图设计文件的质量直接影响建设工程的质量。

(五) 依法实行工程监理

《建设工程质量管理条例》规定，实行监理的建设工程，建设单位应当委托具有相应资质等级的工程监理单位进行监理，也可以委托具有工程监理相应资质等级并与被监理工程的施工承包单位没有隶属关系或者其他利害关系的该工程的设计单位进行监理。

《建设工程质量管理条例》进一步规定，下列建设工程必须实行监理：①国家重点建设工程；②大中型公用事业工程；③成片开发建设的住宅小区工程；④利用外国政府或者国际组织贷款、援助资金的工程；⑤国家规定必须实行监理的其他工程。

（六）依法办理工程质量监督手续

《建设工程质量管理条例》规定，建设单位在开工前，应当按照国家有关规定办理工程质量监督手续，工程质量监督手续可以与施工许可证或者开工报告合并办理。

据此，建设单位在开工之前，应当依法到建设行政主管部门或铁路、交通、水利等有关管理部门，或其委托的工程质量监督机构办理工程质量监督手续，接受政府主管部门的工程质量监督。

建设单位办理工程质量监督手续，应提供以下文件和资料：①工程规划许可证；②设计单位资质等级证书；③监理单位资质等级证书，监理合同及工程项目监理登记表；④施工单位资质等级证书及营业执照副本；⑤工程勘察设计文件；⑥中标通知书及施工承包合同等。

（七）依法保证建筑材料等符合要求

《建设工程质量管理条例》规定，按照合同约定，由建设单位采购建筑材料、建筑构配件和设备的，建设单位应当保证建筑材料、建筑构配件和设备符合设计文件和合同要求。建设单位不得明示或者暗示施工单位使用不合格的建筑材料、建筑构配件和设备。

由建设单位采购建筑材料、建筑构配件和设备的，建设单位必须保证建筑材料、建筑构配件和设备符合设计文件和合同要求。对于建设单位负责供应的材料设备，在使用前施工单位应当按照规定对其进行检验和试验，如果不合格，不得在工程上使用，并应通知建设单位予以退换。

（八）依法进行装修工程

《建设工程质量管理条例》规定，涉及建筑主体和承重结构变动的装修工程，建设单位应当在施工前委托原设计单位或者具有相应资质等级的设计单位提出设计方案；没有设计方案的，不得施工。房屋建筑使用者在装修过程中，不得擅自变动房屋建筑主体和承重结构。

对于涉及建筑主体和承重结构变动的装修工程，必须重新进行计算和设计，形成新的设计方案。建设单位应当委托原设计单位或者具有相应资质条件的设计单位完成设计方案。否则，将可能留下质量隐患甚至造成严重质量事故。房屋使用者在装修过程中，也不得擅自变动房屋建筑主体和承重结构。

（九）建设单位质量违法行为应承担的法律责任

《建筑法》规定，建设单位违反本法规定，要求建筑设计单位或者建筑施工企业违反建筑工程质量、安全标准，降低工程质量的，责令改正，可以处以罚款；构成犯罪的，依法追究刑事责任。

《建设工程质量管理条例》规定，建设单位有下列行为之一的，责令改正，处 20 万元以上 50 万元以下的罚款：①迫使承包方以低于成本的价格竞标的；②任意压缩合理工期的；③明示或者暗示设计单位或者施工单位违反工程建设强制性标准，降低工程质量的；④施工图设计文件未经审查或者审查不合格，擅自施工的；⑤建设项目必须实行工程监理而未实行工程监理的；⑥未按照国家规定办理工程质量监督手续的；⑦明示或者暗示施工单位使用不合格的建筑材料、建筑构配件和设备的；⑧未按照国家规定将竣工验收报告、有关认可文件或者准许使用文件报送备案的。

《建筑工程五方责任主体项目负责人质量终身责任追究暂行办法》(建质〔2014〕124号)规定，发生本办法第六条所列情形之一的，对建设单位项目负责人按以下方式进行责任追究：①项目负责人为国家公职人员的，将其违法违规行为告知其上级主管部门及纪检监察部门，并建议对项目负责人给予相应的行政、纪律处分；②构成犯罪的，移送司法机关依法追究刑事责任；③处单位罚款数额5%以上10%以下的罚款；④向社会公布曝光。

二、勘察、设计单位相关的质量责任和义务

《建筑法》规定，建筑工程的勘察、设计单位必须对其勘察、设计的质量负责。勘察、设计文件应当符合有关法律、行政法规的规定和建筑工程质量、安全标准、建筑工程勘察、设计技术规范以及合同的约定。

《建设工程质量管理条例》进一步规定，勘察、设计单位必须按照工程建设强制性标准进行勘察、设计，并对其勘察、设计的质量负责。注册建筑师、注册结构工程师等注册执业人员应当在设计文件上签字，对设计文件负责。

谁勘察设计谁负责，谁施工谁负责，这是国际上通行的做法。勘察、设计单位和注册执业人员是勘察设计质量的责任主体，也是整个工程质量的责任主体之一。勘察、设计质量实行单位与注册执业人员双重责任，即勘察、设计单位对其勘察、设计的质量负责，注册建筑师、注册结构工程师等专业人士对其签字的设计文件负责。

（一）依法承揽工程的勘察、设计业务

《建设工程质量管理条例》规定，从事建设工程勘察、设计的单位应当依法取得相应等级的资质证书，并在其资质等级许可的范围内承揽工程。禁止勘察、设计单位超越其资质等级许可的范围或者以其他勘察、设计单位的名义承揽工程。禁止勘察、设计单位允许其他单位或者个人以本单位的名义承揽工程。勘察、设计单位不得转包或者违法分包所承揽的工程。

（二）勘察、设计必须执行强制性标准

《建设工程质量管理条例》规定，勘察、设计单位必须按照工程建设强制性标准进行勘察、设计，并对其勘察、设计的质量负责。

《建筑工程五方责任主体项目负责人质量终身责任追究暂行办法》(建质〔2014〕124号)进一步规定，勘察、设计单位项目负责人应当保证勘察设计文件符合法律法规和工程建设强制性标准的要求，对因勘察、设计导致的工程质量事故或质量问题承担责任。

强制性标准是工程建设技术和经验的重要积累，是勘察、设计工作的重要技术依据。只有满足工程建设强制性标准才能保证质量，才能满足工程对安全、卫生、环保等多方面的质量要求，因而勘察、设计单位必须严格执行。

（三）勘察单位提供的勘察成果必须真实、准确

《建设工程质量管理条例》规定，勘察单位提供的地质、测量、水文等勘察成果必须真实、准确。工程勘察成果文件的真实准确与否直接影响到设计、施工质量，因而工程勘察成果必须真实准确、安全可靠。

（四）设计依据和设计深度

《建设工程质量管理条例》规定，设计单位应当根据勘察成果文件进行建设工程设计。

设计文件应当符合国家规定的设计深度要求，注明工程合理使用年限。

勘察成果文件是设计的基础资料，是设计的依据。因此，先勘察、后设计是工程建设的基本做法，也是基本建设程序的要求。我国对各类设计文件的编制深度都有规定，在实践中应当贯彻执行。工程合理使用年限是指从工程竣工验收合格之日起，工程的地基基础、主体结构能保证在正常情况下安全使用的年限。它与《建筑法》中的“建筑物合理寿命年限”、《民法典》中的“建设工程在合理使用期限内”等概念，在内涵上是一致的。

【案例】

背景：某写字楼项目的整体结构属“筒中筒”，中间“筒”高18层，四周裙楼3层，地基设计是“满堂红”布桩，素混凝土排土灌桩。施工到12层时，地下筏板剪切破坏，地下水上冲。经鉴定发现，此地基土属于饱和土，地基中素混凝土排土桩被破坏。经调查得知：①该工程的地质勘查报告已经载明，此地基土属于饱和土；②在打桩过程中曾出现跳土现象。

问题：本案中设计方有何过错？违反了什么规定？

分析：

本案中涉及多方面的结构技术问题，较为复杂，地下筏板剪切破坏的可能原因并不唯一，需要进行进一步的结构计算分析才能够下结论。但是，有一点是很明确的，即设计单位对桩型选择失误。因为，该工程的地质勘查报告已经载明此地基土属于饱和土，那么饱和土的湿软特性决定了设计单位就不应该选择采用排土灌桩。正是由于此失误，所以在打桩过程中出现跳土现象。

因此，设计单位没有根据勘察成果文件提供的信息进行设计，违反了《建设工程质量管理条例》第二十一条规定：“设计单位应当根据勘察成果文件进行建设工程设计。”设计单位应该对该工程设计承担质量责任。

（五）依法规范设计对建筑材料等的选用

《建筑法》《建设工程质量管理条例》都规定，设计单位在设计文件中选用的建筑材料、建筑构配件和设备，应当注明规格、型号、性能等技术指标，其质量要求必须符合国家规定的标准。除有特殊要求的建筑材料、专用设备、工艺生产线等外，设计单位不得指定生产厂、供应商。

（六）依法对设计文件进行设计交底

《建设工程质量管理条例》规定，设计单位应当就审查合格的施工图设计文件向施工单位做出详细说明。

设计文件的设计交底，通常的做法是设计文件完成后，通过建设单位发给施工单位，再由设计单位将设计的意图、特殊的工艺要求，以及建筑、结构、设备等各专业在施工中的难点、疑点和容易发生的问题等向施工单位做详细说明，并负责解释施工单位对设计图的疑问。

（七）依法参与建设工程质量事故分析

《建设工程质量管理条例》规定，设计单位应当参与建设工程质量事故分析，并对因设计造成的质量事故，提出相应的技术处理方案。

（八）勘察、设计单位质量违法行为应承担的法律责任

《建设法》规定，建筑设计单位不按照建筑工程质量、安全标准进行设计的，责令改正，处以罚款；造成工程质量事故的，责令停业整顿，降低资质等级或者吊销资质证书，没收违法所得，并处罚款；造成损失的，承担赔偿责任；构成犯罪的，依法追究刑事责任。

《建设工程质量管理条例》规定，有下列行为之一的，责令改正，处10万元以上30万元以下的罚款：①勘察单位未按照工程建设强制性标准进行勘察的；②设计单位未根据勘察成果文件进行工程设计的；③设计单位指定建筑材料、建筑构配件的生产厂、供应商的；④设计单位未按照工程建设强制性标准进行设计的。有以上所列行为，造成工程质量事故的，责令停业整顿，降低资质等级；情节严重的，吊销资质证书；造成损失的，依法承担赔偿责任。

《建筑工程五方责任主体项目负责人质量终身责任追究暂行办法》(建质〔2014〕124号)规定，发生本办法第六条所列情形之一的，对勘察单位项目负责人、设计单位项目负责人按以下方式进行责任追究：①项目负责人为注册建筑师、勘察设计注册工程师的，责令停止执业1年；造成重大质量事故的，吊销执业资格证书，5年以内不予注册；情节特别恶劣的，终身不予注册；②构成犯罪的，移送司法机关依法追究刑事责任；③处单位罚款数额5%以上10%以下的罚款；④向社会公布曝光。

三、工程监理单位相关的质量责任和义务

（一）依法承担工程监理业务

《建筑法》规定，工程监理单位应当在其资质等级许可的监理范围内，承担工程监理业务。工程监理单位不得转让工程监理业务。

《建设工程质量管理条例》进一步规定，工程监理单位应当依法取得相应等级的资质证书，并在其资质等级许可的范围内承担工程监理业务。禁止工程监理单位超越本单位资质等级许可的范围或者以其他工程监理单位的名义承担工程监理业务。禁止工程监理单位允许其他单位或者个人以本单位的名义承担工程监理业务。工程监理单位不得转让工程监理业务。

（二）对有隶属关系或其他利害关系的回避

《建筑法》《建设工程质量管理条例》均规定，工程监理单位与被监理工程的施工承包单位以及建筑材料、建筑构配件和设备供应单位有隶属关系或者其他利害关系的，不得承担该项建设工程的监理业务。

（三）监理工作的依据和监理责任

《建设工程质量管理条例》规定，工程监理单位应当依照法律、法规以及有关技术标准、设计文件和建设工程承包合同，代表建设单位对施工质量实施监理，并对施工质量承担监理责任。

《建筑工程五方责任主体项目负责人质量终身责任追究暂行办法》进一步规定，监理单位总监理工程师应当按照法律法规、有关技术标准、设计文件和工程承包合同进行监理，对施工质量承担监理责任。

工程监理的依据是：①有关法律法规，如《民法典》《建筑法》《建设工程质量管理条例》等；②有关技术标准，如工程建设强制性标准以及建设工程承包合同中确认采用的推荐性标准等；③设计文件，施工图设计等设计文件既是施工的依据，也是监理单位对施工活动

进行监督管理的依据；④建设工程承包合同，监理单位据此监督施工单位是否全面履行合同约定的义务。

监理单位对施工质量承担监理责任，包括违约责任和违法责任两个方面：

1）违约责任。如果监理单位不按照监理合同约定履行监理义务，给建设单位或其他单位造成损失的，应当承担相应的赔偿责任。

2）违法责任。如果监理单位违法监理，或者降低工程质量标准，造成质量事故的，要承担相应的法律责任。

（四）工程监理的职责和权限

《建设工程质量管理条例》规定，工程监理单位应当选派具备相应资格的总监理工程师和监理工程师进驻施工现场。未经监理工程师签字，建筑材料、建筑构配件和设备不得在工程上使用或者安装，施工单位不得进行下一道工序的施工。未经总监理工程师签字，建设单位不拨付工程款，不进行竣工验收。

监理单位应根据所承担的监理任务，组建驻工地监理机构。监理机构一般由总监理工程师、监理工程师和其他监理人员组成。监理工程师拥有对建筑材料、建筑构配件和设备以及每道施工工序的检查权，对检查不合格的，有权决定是否允许在工程上使用或进行下一道工序的施工。工程监理实行总监理工程师负责制。总监理工程师依法和在授权范围内可以发布有关指令，全面负责受委托的监理工程。

（五）工程监理的形式

《建设工程质量管理条例》规定，监理工程师应当按照工程监理规范的要求，采取旁站、巡视和平行检验等形式，对建设工程实施监理。

（六）工程监理单位质量违法行为应承担的法律责任

《建筑法》规定，工程监理单位与建设单位或者建筑施工企业串通，弄虚作假、降低工程质量的，责令改正，处以罚款，降低资质等级或者吊销资质证书；有违法所得的，予以没收；造成损失的，承担连带赔偿责任；构成犯罪的，依法追究刑事责任。

《建设工程质量管理条例》规定，工程监理单位有下列行为之一的，责令改正，处50万元以上100万元以下的罚款，降低资质等级或者吊销资质证书；有违法所得的，予以没收；造成损失的，承担连带赔偿责任。①与建设单位或者施工单位串通、弄虚作假、降低工程质量的；②将不合格的建设工程、建筑材料、建筑构配件和设备按照合格签字的。

《建筑工程五方责任主体项目负责人质量终身责任追究暂行办法》（建质〔2014〕124号）规定，发生本办法第六条所列情形之一的，对监理单位总监理工程师按以下方式进行责任追究：①责令停止注册监理工程师执业1年；造成重大质量事故的，吊销执业资格证书，5年以内不予注册；情节特别恶劣的，终身不予注册；②构成犯罪的，移送司法机关依法追究刑事责任；③处单位罚款数额5%以上10%以下的罚款；④向社会公布曝光。

四、政府主管部门工程质量监督管理的相关规定

（一）我国的建设工程质量监督管理体制

《建设工程质量管理条例》规定，国务院建设行政主管部门对全国的建设工程质量实施统一监督管理。国务院铁路、交通、水利等有关部门按照国务院规定的职责分工，负责对全国的有关专业建设工程质量的监督管理。

国务院发展计划部门按照国务院规定的职责，组织稽查特派员，对国家出资的重大建设项目实施监督检查。国务院经济贸易主管部门按照国务院规定的职责，对国家重大技术改造项目实施监督检查。

县级以上地方人民政府建设行政主管部门对本行政区域内的建设工程质量实施监督管理。县级以上地方人民政府交通、水利等有关部门在各自的职责范围内，负责对本行政区域内的专业建设工程质量的监督管理。建设工程质量监督管理，可以由建设行政主管部门或者其他有关部门委托的建设工程质量监督机构具体实施。

建设工程质量监督管理，可以由建设行政主管部门或者其他有关部门委托的建设工程质量监督机构具体实施。从事房屋建筑工程和市政基础设施工程质量监督的机构，必须按照国家有关规定经国务院建设行政主管部门或者省、自治区、直辖市人民政府建设行政主管部门考核；从事专业建设工程质量监督的机构，必须按照国家有关规定经国务院有关部门或者省、自治区、直辖市人民政府有关部门考核。经考核合格后，方可实施质量监督。

在政府加强监督的同时，还要发挥社会监督的巨大作用，即任何单位和个人对建设工程的质量事故、质量缺陷都有权检举、控告、投诉。

（二）政府监督检查的内容和有权采取的措施

《建设工程质量管理条例》规定，国务院建设行政主管部门和国务院铁路、交通、水利等有关部门以及县级以上地方人民政府建设行政主管部门和其他有关部门，应当加强对有关建设工程质量的法律、法规和强制性标准执行情况的监督检查。

县级以上人民政府建设行政主管部门和其他有关部门履行监督检查职责时，有权采取下列措施：①要求被检查的单位提供有关工程质量的文件和资料；②进入被检查单位的施工现场进行检查；③发现有影响工程质量的问题时，责令改正。

有关单位和个人对县级以上人民政府建设行政主管部门和其他有关部门进行的监督检查应当支持与配合，不得拒绝或者阻碍建设工程质量监督检查人员依法执行职务。

（三）禁止滥用权力的行为

《建设工程质量管理条例》规定，供水、供电、供气、公安消防等部门或者单位不得明示或者暗示建设单位、施工单位购买其指定的生产供应单位的建筑材料、建筑构配件和设备。

（四）建设工程质量事故报告制度

《建设工程质量管理条例》规定，建设工程发生质量事故，有关单位应当在 24 小时内向当地建设行政主管部门和其他有关部门报告。对重大质量事故，事故发生地的建设行政主管部门和其他有关部门应当按照事故类别和等级向当地人民政府和上级建设行政主管部门和其他有关部门报告。特别重大质量事故的调查程序按照国务院有关规定办理。

2015 年 4 月国务院公布的《生产安全事故报告和调查处理条例》规定，特别重大事故是指造成 30 人以上死亡，或者 100 人以上重伤（包括急性工业中毒），或者 1 亿元以上直接经济损失的事故。特别重大事故、重大事故逐级上报至国务院安全生产监督管理部门和负有安全生产监督管理职责的有关部门。每级上报的时间不得超过 2 小时。必要时，安全生产监督管理部门和负有安全生产监督管理职责的有关部门可以越级上报事故情况。

（五）有关质量违法行为应承担的法律责任

《建设工程质量管理条例》规定，发生重大工程质量事故隐瞒不报、谎报或者拖延报告期限的，对直接负责的主管人员和其他责任人员依法给予行政处分。

供水、供电、供气、公安消防等部门或者单位明示或者暗示建设单位或者施工单位购买其指定的生产供应单位的建筑材料、建筑构配件和设备的，责令改正。

国家机关工作人员在建设工程质量监督管理工作中玩忽职守、滥用职权、徇私舞弊，构成犯罪的，依法追究刑事责任；尚不构成犯罪的，依法给予行政处分。

第四节 建设工程竣工验收制度

一、竣工验收的主体和法定条件

（一）建设工程竣工验收的主体

《建设工程质量管理条例》规定，建设单位收到建设工程竣工报告后，应当组织设计、施工、工程监理等有关单位进行竣工验收。

在建设工程完工后，承包单位应当向建设单位提供完整的竣工资料和竣工验收报告，提请建设单位组织竣工验收。建设单位收到竣工验收报告后，应及时组织设计、施工、工程监理等有关单位参加竣工验收，检查整个工程项目是否已按照设计要求和合同约定全部建设完成，并符合竣工验收条件。

（二）竣工验收应当具备的法定条件

《建筑法》规定，交付竣工验收的建筑工程，必须符合规定的建筑工程质量标准，有完整的工程技术经济资料和经签署的工程保修书，并具备国家规定的其他竣工条件。建筑工程竣工经验收合格后，方可交付使用；未经验收或者验收不合格的，不得交付使用。

《建设工程质量管理条例》进一步规定，建设工程竣工验收应当具备下列条件：①完成建设工程设计和合同约定的各项内容；②有完整的技术档案和施工管理资料；③有工程使用的主要建筑材料、建筑构配件和设备的进场试验报告；④有勘察、设计、施工、工程监理等单位分别签署的质量合格文件；⑤有施工单位签署的工程保修书。建设工程经验收合格的，方可交付使用。

1. 完成建设工程设计和合同约定的各项内容

建设工程设计和合同约定的内容，主要是指设计文件所确定的以及承包合同“承包人承揽工程项目一览表”中载明的工作范围，也包括监理工程师签发的变更通知单中所确定的工作内容。承包单位必须按合同的约定，按质、按量、按时完成上述工作内容，使工程具有正常的使用功能。

2. 有完整的技术档案和施工管理资料

《建设工程文件归档规范》（GB/T 50328—2014）（2019 年版）规定，建设工程档案的验收应纳入建设工程竣工联合验收环节。

工程技术档案和施工管理资料是工程竣工验收和质量保证的重要依据之一，主要包括以下档案和资料：①工程项目竣工验收报告；②分项、分部工程和单位工程技术人员名单；③图纸会审和技术交底记录；④设计变更通知单，技术变更核实单；⑤工程质量事故发生后调查和处理资料；⑥隐蔽验收记录及施工日志；⑦竣工图；⑧质量检验评定资料；⑨合同约定的其他资料。

3. 有工程使用的主要建筑材料、建筑构配件和设备的进场试验报告

对建设工程使用的主要建筑材料、建筑构配件和设备，除须具有质量合格证明资料外，还应当有进场试验、检验报告，其质量要求必须符合国家规定的标准。

4. 有勘察、设计、施工、工程监理等单位分别签署的质量合格文件

勘察、设计、施工、工程监理等有关单位要依据工程设计文件及承包合同所要求的质量标准，对竣工工程进行检查评定；符合规定的，应当签署合格文件。

5. 有施工单位签署的工程保修书

施工单位向建设单位签署的工程保修书，也是交付竣工验收的条件之一。

凡是没有经过竣工验收或者经过竣工验收确定为不合格的建设工程，不得交付使用。如果建设单位为提前获得投资效益，在工程未经验收就提前投产或使用，由此而发生的质量等问题，建设单位要承担相应的质量责任。

二、施工单位应提交的档案资料

《建设工程质量管理条例》规定，建设单位应当严格按照国家有关档案管理的规定，及时收集、整理建设项目各环节的文件资料，建立、健全建设项目档案，并在建设工程竣工验收后，及时向建设行政主管部门或者其他有关部门移交建设项目档案。

2019年3月住房和城乡建设部经修改后发布的《城市建设档案管理规定》中规定，建设单位应当在工程竣工验收后3个月内，向城建档案馆报送一套符合规定的建设工程档案。凡建设工程档案不齐全的，应当限期补充。对改建、扩建和重要部位维修的工程，建设单位应当组织设计、施工单位据实修改、补充和完善原建设工程档案。

《建设工程文件归档规范》规定，勘察、设计、施工、监理等单位应将本单位形成的工程文件立卷后向建设单位移交。

建设工程项目实行总承包管理的，总包单位应负责收集、汇总各分包单位形成的工程档案，并应及时向建设单位移交；各分包单位应将本单位形成的工程文件整理、立卷后及时移交总包单位。建设工程项目由几个单位承包的，各承包单位应负责收集、整理立卷其承包项目的工程文件，并应及时向建设单位移交。

每项建设工程应编制一套电子档案，随纸质档案一并移交城建档案管理机构。电子档案签署了具有法律效力的电子印章或电子签名的，可不移交相应纸质档案。

三、规划、消防、环保、节能等验收的规定

（一）建设工程竣工规划验收

《城乡规划法》规定，县级以上地方人民政府城乡规划主管部门按照国务院规定对建设工程是否符合规划条件予以核实。未经核实或者经核实不符合规划条件的，建设单位不得组织竣工验收。建设单位应当在竣工验收后6个月内向城乡规划主管部门报送有关竣工验收资料。

建设工程竣工后，建设单位应当依法向城乡规划行政主管部门提出竣工规划验收申请，由城乡规划行政主管部门按照选址意见书、建设用地规划许可证、建设工程规划许可证、乡村建设规划许可证及其有关规划的要求，对建设工程进行规划验收，包括对建设用地范围内的各项工程建设情况、建筑物的使用性质、位置、间距、层数、标高、平面、立面、外墙装

饰材料和色彩、各类配套服务设施、临时施工用房、施工场地等进行全面核查，并做出验收记录。对于验收合格的，由城乡规划行政主管部门出具规划认可文件或核发建设工程竣工规划验收合格证。

《城乡规划法》还规定，建设单位未在建设工程竣工验收后 6 个月内向城乡规划主管部门报送有关竣工验收资料的，由所在地城市、县人民政府城乡规划主管部门责令限期补报；逾期不补报的，处 1 万元以上 5 万元以下的罚款。

（二）建设工程竣工消防验收

《消防法》规定，国务院住房和城乡建设主管部门规定应当申请消防验收的建设工程竣工，建设单位应当向住房和城乡建设主管部门申请消防验收。

上述规定以外的其他建设工程，建设单位在验收后应当报住房和城乡建设主管部门备案，住房和城乡建设主管部门应当进行抽查。依法应当进行消防验收的建设工程，未经消防验收或者消防验收不合格的，禁止投入使用；其他建设工程经依法抽查不合格的，应当停止使用。

依法应当进行消防验收的建设工程，未经消防验收或者消防验收不合格，擅自投入使用的，《消防法》规定，由住房和城乡建设主管部门、消防救援机构按照各自职权责令停止施工、停止使用或者停产停业，并处 3 万元以上 30 万元以下罚款。

（三）建设工程竣工环保验收

2017 年 7 月国务院经修改后公布的《建设项目环境保护管理条例》规定，编制环境影响报告书、环境影响报告表的建设项目竣工后，建设单位应当按照国务院环境保护行政主管部门规定的标准和程序，对配套建设的环境保护设施进行验收，编制验收报告。建设单位在环境保护设施验收过程中，应当如实查验、监测、记载建设项目环境保护设施的建设和调试情况，不得弄虚作假。除按照国家规定需要保密的情形外，建设单位应当依法向社会公开验收报告。分期建设、分期投入生产或者使用的建设项目，其相应的环境保护设施应当分期验收。

编制环境影响报告书、环境影响报告表的建设项目，其配套建设的环境保护设施经验收合格，方可投入生产或者使用；未经验收或者验收不合格的，不得投入生产或者使用。

（四）建筑工程节能验收

2018 年 10 月经经修改后公布的《中华人民共和国节约能源法》规定，国家实行固定资产投资项目节能评估和审查制度。不符合强制性节能标准的项目，建设单位不得开工建设；已经建成的，不得投入生产、使用。政府投资项目不符合强制性节能标准的，依法负责项目审批的机关不得批准建设。

2008 年 8 月国务院公布的《民用建筑节能条例》进一步规定，建设单位组织竣工验收，应当对民用建筑是否符合民用建筑节能强制性标准进行查验；对不符合民用建筑节能强制性标准的，不得出具竣工验收合格报告。

建筑节能工程施工质量的验收，主要应按照《建筑节能工程施工质量验收标准》（GB 50411—2019）以及《建筑工程施工质量验收统一标准》（GB 50300—2013）、各专业工程施工质量验收规范等执行。单位工程竣工验收应在建筑节能分部工程验收合格后进行。

建筑节能工程为单位建筑工程的一个分部工程，并按规定划分为分项工程和检验批。建筑节能工程应按照分项工程进行验收，如墙体节能工程、幕墙节能工程、门窗节能工程、屋面节能工程、地面节能工程、供暖节能工程、通风与空气调节节能工程、配电与照明节能工程等。当建筑节能分项工程的工程量较大时，可以将分项工程划分为若干个检验批进行验收。当建筑节能工程验收无法按照要求划分分项工程或检验批时，可由建设、施工、监理等各方协商进行划分。但验收项目、验收内容、验收标准和验收记录均应遵守规范的规定。

1. 建筑节能分部工程进行质量验收的条件

建筑节能分部工程的质量验收，应在检验批、分项工程全部合格的基础上，进行建筑围护结构的外墙节能构造实体检验，严寒、寒冷和夏热冬冷地区的外窗气密性现场检测，以及系统节能性能检测和系统联合试运转与调试，确认建筑节能工程质量达到验收的条件后方可进行。

2. 建筑节能分部工程验收的组织

建筑节能工程验收的程序和组织应遵守《建筑工程施工质量验收统一标准》的要求，并符合下列规定：①节能工程的检验批验收和隐蔽工程验收应由监理工程师主持，施工单位相关专业的质量检查员与施工员参加；②节能分项工程验收应由监理工程师主持，施工单位项目技术负责人和相关专业的质量检查员、施工员参加；必要时可邀请设计单位相关专业的人员参加；③节能分部工程验收应由总监理工程师（建设单位项目负责人）主持，施工单位项目经理、项目技术负责人和相关专业的质量检查员、施工员参加；施工单位的质量或技术负责人应参加，设计单位节能设计人员应参加。

3. 建筑节能工程验收的程序

（1）施工单位自检评定　建筑节能分部工程施工完成后，施工单位对节能工程质量进行检查，确认符合节能设计文件要求后，填写“建筑节能分部工程质量验收表”，并由项目经理和施工单位负责人签字。

（2）监理单位进行节能工程质量评估　监理单位收到“建筑节能分部工程质量验收表”后，应全面审查施工单位的节能工程验收资料且整理监理资料，对各节能分项工程进行质量评估，监理工程师及项目总监在“建筑节能分部工程质量验收表”中签字确认验收结论。

（3）建筑节能分部工程验收　由监理单位总监理工程师（建设单位项目负责人）主持验收会议，组织施工单位的相关人员、设计单位节能设计人员对节能工程质量进行检查验收。验收各方对工程质量进行检查，提出整改意见。

建筑节能质量监督管理部门的验收监督人员到施工现场对节能工程验收的组织形式、验收程序、执行验收标准等情况进行现场监督，发现有违反规定程序、执行标准或评定结果不准确的，应要求有关单位改正或停止验收。对未达到国家验收标准合格要求的质量问题，签发监督文书。

（4）施工单位按验收意见进行整改　施工单位按照验收各方提出的整改意见进行整改；整改完毕后，建设、监理、设计、施工单位对节能工程的整改结果进行确认。对建筑节能工程存在重要的整改内容的项目，质量监督人员参加复查。

（5）节能工程验收结论　符合建筑节能工程质量验收规范的工程为验收合格，即通过节能分部工程质量验收。对节能工程验收不合格的工程，按《建筑节能工程施工质量验收标准》（GB 50411—2019）和其他验收规范的要求整改完后，重新验收。

（6）验收资料归档　建筑节能工程施工质量验收合格后，相应的建筑节能分部工程验收资料应作为建设工程竣工验收资料中的重要组成部分归档。

4. 建筑节能工程专项验收应注意事项

1）建筑节能工程验收重点是检查建筑节能工程效果是否满足设计及规范要求，监理和施工单位应加强和重视节能验收工作，对验收中发现的工程实物质量问题及时解决。

2）工程项目存在以下问题之一的，监理单位不得组织节能工程验收：①未完成建筑节能工程设计内容的；②隐蔽验收记录等技术档案和施工管理资料不完整的；③工程使用的主要建筑材料、建筑构配件和设备未提供进场检验报告的，未提供相关的节能性能检测报告的；④工程存在违反强制性标准的质量问题而未整改完毕的；⑤对监督机构发出的责令整改内容未整改完毕的；⑥存在其他违反法律、法规行为而未处理完毕的。

3）工程项目验收存在以下问题之一的，应重新组织建筑节能工程验收：①验收组织机构不符合法规及规范要求的；②参加验收人员不具备相应资格的；③参加验收各方主体验收意见不一致的；④验收程序和执行标准不符合要求的；⑤各方提出的问题未整改完毕的。

4）单位工程在办理竣工备案时应提交建筑节能相关资料，不符合要求的不予备案。

5. 建筑工程节能验收违法行为应承担的法律责任

《民用建筑节能条例》规定，建设单位对不符合民用建筑节能强制性标准的民用建筑项目出具竣工验收合格报告的，由县级以上地方人民政府建设主管部门责令改正，处民用建筑项目合同价款 2% 以上 4% 以下的罚款；造成损失的，依法承担赔偿责任。

四、竣工结算、质量争议的规定

（一）工程竣工结算

《民法典》规定，建设工程竣工后，发包人应当根据施工图纸及说明书、国家颁发的施工验收规范和质量检验标准及时进行验收。验收合格的，发包人应当按照约定支付价款，并接收该建设工程。《建筑法》规定，发包单位应当按照合同的约定，及时拨付工程款项。

1. 工程竣工结算方式

财政部、建设部制定的《建设工程价款结算暂行办法》（财建〔2004〕369 号）规定，工程完工后，双方应按照约定的合同价款及合同价款调整内容以及索赔事项，进行工程竣工结算。工程竣工结算分为单位工程竣工结算、单项工程竣工结算和建设项目竣工总结算。

2. 竣工结算文件的提交、编制与审查等规定

（1）竣工结算文件的提交　2013 年 12 月住房和城乡建设部发布的《建筑工程施工发包与承包计价管理办法》规定，工程完工后，承包方应当在约定期限内提交竣工结算文件。

《建设工程价款结算暂行办法》规定，承包人应在合同约定期限内完成项目竣工结算编制工作，未在规定期限内完成并且提不出正当理由延期的，责任自负。

（2）竣工结算文件的编审　单位工程竣工结算由承包人编制，发包人审查；实行总承包的工程，由具体承包人编制，在总包人审查的基础上，发包人审查。

单项工程竣工结算或建设项目竣工总结算由总（承）包人编制，发包人可直接进行审查，也可以委托具有相应资质的工程造价咨询机构进行审查。政府投资项目，由同级财政部门审查。单项工程竣工结算或建设项目竣工总结算经发、承包人签字盖章后有效。

《建筑工程施工发包与承包计价管理办法》规定，国有资金投资建筑工程的发包方，应当委托具有相应资质的工程造价咨询企业对竣工结算文件进行审核，并在收到竣工结算文件后的约定期限内向承包方提出由工程造价咨询企业出具的竣工结算文件审核意见；逾期未答

复的，按照合同约定处理，合同没有约定的，竣工结算文件视为已被认可。

非国有资金投资的建筑工程发包方，应当在收到竣工结算文件后的约定期限内予以答复，逾期未答复的，按照合同约定处理，合同没有约定的，竣工结算文件视为已被认可；发包方对竣工结算文件有异议的，应当在答复期内向承包方提出，并可以在提出异议之日起的约定期限内与承包方协商；发包方在协商期内未与承包方协商或者经协商未能与承包方达成协议的，应当委托工程造价咨询企业进行竣工结算审核，并在协商期满后的约定期限内向承包方提出由工程造价咨询企业出具的竣工结算文件审核意见。

（3）承包方异议的处理　承包方对发包方提出的工程造价咨询企业竣工结算审核意见有异议的，在接到该审核意见后一个月内，可以向有关工程造价管理机构或者有关行业组织申请调解，调解不成的，可以依法申请仲裁或者向人民法院提起诉讼。

（4）竣工结算文件的确认与备案　工程竣工结算文件经发承包双方签字确认的，应当作为工程决算的依据，未经对方同意，另一方不得就已生效的竣工结算文件委托工程造价咨询企业重复审核。发包方应当按照竣工结算文件及时支付竣工结算款。

竣工结算文件应当由发包方报工程所在地县级以上地方人民政府住房城乡建设主管部门备案。

3. 竣工结算文件的审查期限

《建设工程价款结算暂行办法》规定，单项工程竣工后，承包人应在提交竣工验收报告的同时，向发包人递交竣工结算报告及完整的结算资料，发包人应按以下规定时限进行核对（审查）并提出审查意见：① 500 万元以下，从接到竣工结算报告和完整的竣工结算资料之日起 20 天；② 500 万 ~2000 万元，从接到竣工结算报告和完整的竣工结算资料之日起 30 天；③ 2000 万 ~5000 万元，从接到竣工结算报告和完整的竣工结算资料之日起 45 天；④ 5000 万元以上，从接到竣工结算报告和完整的竣工结算资料之日起 60 天。

建设项目竣工总结算在最后一个单项工程竣工结算审查确认后 15 天内汇总，送发包人后 30 天内审查完成。

《建筑工程施工发包与承包计价管理办法》规定，发承包双方在合同中对竣工结算文件提交、审核的期限没有明确约定的，应当按照国家有关规定执行；国家没有规定的，可认为其约定期限均为 28 日。

4. 工程竣工价款结算

《建设工程价款结算暂行办法》规定，发包人收到承包人递交的竣工结算报告及完整的结算资料后，应按规定的期限（合同约定有期限的，从其约定）进行核实，给予确认或者提出修改意见。

发包人根据确认的竣工结算报告向承包人支付工程竣工结算价款，保留 5% 左右的质量保证（保修）金，待工程交付使用 1 年质保期到期后清算（合同另有约定的，从其约定），质保期内如有返修，发生费用应在质量保证（保修）金内扣除。

工程竣工结算以合同工期为准，实际施工工期比合同工期提前或延后，发、承包双方应按合同约定的奖惩办法执行。

5. 索赔及合同以外零星项目工程价款结算

发承包人未能按合同约定履行自己的各项义务或发生错误，给另一方造成经济损失的，由受损方按合同约定提出索赔，索赔金额按合同约定支付。

发包人要求承包人完成合同以外零星项目，承包人应在接受发包人要求的7天内就用工数量和单价、机械台班数量和单价、使用材料和金额等向发包人提出施工签证，发包人签证后施工，如发包人未签证，承包人施工后发生争议的，责任由承包人自负。

发包人和承包人要加强施工现场的造价控制，及时对工程合同外的事项如实记录并履行书面手续。凡由发、承包双方授权的现场代表签字的现场签证以及发、承包双方协商确定的索赔等费用，应在工程竣工结算中如实办理，不得因发承包双方现场代表的中途变更改变其有效性。

6. 未按规定时限办理事项的处理

发包人收到竣工结算报告及完整的结算资料后，在《建设工程价款结算暂行办法》规定或合同约定期限内，对结算报告及资料没有提出意见，则视同认可。

承包人如未在规定时间内提供完整的工程竣工结算资料，经发包人催促后14天内仍未提供或没有明确答复，发包人有权根据已有资料进行审查，责任由承包人自负。

根据确认的竣工结算报告，承包人向发包人申请支付工程竣工结算款。发包人应在收到申请后15天内支付结算款，到期没有支付的应承担违约责任。承包人可以催告发包人支付结算价款，如达成延期支付协议，发包人应按同期银行贷款利率支付拖欠工程价款的利息。如未达成延期支付协议，承包人可以与发包人协商将该工程折价，或申请人民法院将该工程依法拍卖，承包人就该工程折价或者拍卖的价款优先受偿。

7. 工程价款结算争议处理

工程造价咨询机构接受发包人或承包人委托，编审工程竣工结算，应按合同约定和实际履约事项认真办理，出具的竣工结算报告经发、承包双方签字后生效。当事人一方对报告有异议的，可对工程结算中有异议部分，向有关部门申请咨询后协商处理，若不能达成一致的，双方可按合同约定的争议或纠纷解决程序办理。

发包人对工程质量有异议，已竣工验收或已竣工未验收但实际投入使用的工程，其质量争议按该工程保修合同执行；已竣工未验收且未实际投入使用的工程以及停工、停建工程的质量争议，应当就有争议部分的竣工结算暂缓办理，双方可就有争议的工程委托有资质的检测鉴定机构进行检测，根据检测结果确定解决方案，或按工程质量监督机构的处理决定执行，其余部分的竣工结算依照约定办理。

当事人对工程造价发生合同纠纷时，可通过下列办法解决：①双方协商确定；②按合同条款约定的办法提请调解；③向有关仲裁机构申请仲裁或向人民法院起诉。

《最高人民法院关于审理建设工程施工合同纠纷案件适用法律问题的解释》（法释〔2020〕25号）第十九条规定，当事人对建设工程的计价标准或者计价方法有约定的，按照约定结算工程价款。因设计变更导致建设工程的工程量或质量标准发生变化，当事人对该部分工程价款不能协商一致的，可以参照签订建设工程施工合同时当地建设行政主管部门发布的计价方法或者计价标准结算工程价款。

8. 工程价款结算管理

《建设工程价款结算暂行办法》规定，工程竣工后，发、承包双方应及时办清工程竣工结算。否则，工程不得交付使用，有关部门不予办理权属登记。

（二）竣工工程质量争议的处理

《建筑法》规定，建筑工程竣工时，屋顶、墙面不得留有渗漏、开裂等质量缺陷；对已发现的质量缺陷，建筑施工企业应当修复。《建设工程质量管理条例》规定，施工单位对施工中出现质量问题的建设工程或者竣工验收不合格的建设工程，应当负责返修。

据此，建设工程竣工时发现的质量问题或者质量缺陷，无论是建设单位的责任还是施工单位的责任，施工单位都有义务进行修复或返修。但是，对于非施工单位原因出现的质量问题或质量缺陷，其返修的费用和造成的损失是应由责任方承担的。

1. 承包方责任的处理

《民法典》规定，因施工人的原因致使建设工程质量不符合约定的，发包人有权请求施工人在合理期限内无偿修理或者返工、改建。

如果承包人拒绝修理、返工或改建的，《最高人民法院关于审理建设工程施工合同纠纷案件适用法律问题的解释》（法释〔2020〕25号）第十二条规定，因承包人的原因造成建设工程质量不符合约定，承包人拒绝修理、返工或者改建，发包人请求减少支付工程价款的，人民法院应予支持。

2. 发包方责任的处理

《建筑法》规定，建设单位不得以任何理由，要求建筑设计单位或者建筑施工企业在工程设计或者施工作业中，违反法律、行政法规和建筑工程质量、安全标准，降低工程质量。

《最高人民法院关于审理建设工程施工合同纠纷案件适用法律问题的解释》（法释〔2020〕25号）第十三条规定，发包人具有下列情形之一，造成建设工程质量缺陷，应当承担过错责任：①提供的设计有缺陷；②提供或者指定购买的建筑材料、建筑构配件、设备不符合强制性标准；③直接指定分包人分包专业工程。

3. 未经竣工验收擅自使用的处理

《民法典》《建筑法》和《建设工程质量管理条例》均规定，建设工程竣工经验收合格后，方可交付使用；未经验收或验收不合格的，不得交付使用。

《最高人民法院关于审理建设工程施工合同纠纷案件适用法律问题的解释》（法释〔2020〕25号）第十四条规定，建设工程未经竣工验收，发包人擅自使用后，又以使用部分质量不符合约定为由主张权利的，人民法院不予支持；但是承包人应当在建设工程的合理使用寿命内对地基基础工程和主体结构质量承担民事责任。

五、竣工验收报告备案的规定

《建设工程质量管理条例》规定，建设单位应当自建设工程竣工验收合格之日起15日内，将建设工程竣工验收报告和规划、公安消防、环保等部门出具的认可文件或者准许使用文件报建设行政主管部门或者其他有关部门备案。建设行政主管部门或者其他有关部门发现建设单位在竣工验收过程中有违反国家有关建设工程质量管理规定行为的，责令停止使用，重新组织竣工验收。

（一）竣工验收备案的时间及须提交的文件

2009年10月住房和城乡建设部经修改后发布的《房屋建筑和市政基础设施工程竣工验收备案管理办法》规定，建设单位应当自工程竣工验收合格之日起15日内，依照本办法规定，向工程所在地的县级以上地方人民政府建设主管部门（简称备案机关）备案。

根据《房屋建筑和市政基础设施工程竣工验收备案管理办法》《住房和城乡建设部关于取消部分部门规章和规范性文件设定的证明事项（第二批）的决定》（建法规〔2020〕2号）

的规定，建设单位办理工程竣工验收备案应当提交下列文件：①工程竣工验收备案表；②工程竣工验收报告。竣工验收报告应当包括工程报建日期，施工许可证号，施工图设计文件审查意见，勘察、设计、施工、工程监理等单位分别签署的质量合格文件及验收人员签署的竣工验收原始文件，市政基础设施的有关质量检测和功能性试验资料以及备案机关认为需要提供的有关资料；③法律、行政法规规定应当由规划等部门出具的认可文件或者准许使用文件；④法律规定应当由公安消防部门出具的对大型的人员密集场所和其他特殊建设工程验收合格的证明文件；⑤施工单位签署的工程质量保修书；⑥法规、规章规定必须提供的其他文件。住宅工程还应当提交《住宅质量保证书》和《住宅使用说明书》。

2019 年 3 月住房和城乡建设部经修改后发布的《城市地下管线工程档案管理办法》规定，建设单位在地下管线工程竣工验收备案前，应当向城建档案管理机构移交下列档案资料：①地下管线工程项目准备阶段文件、监理文件、施工文件、竣工验收文件和竣工图；②地下管线竣工测量成果；③其他应当归档的文件资料（电子文件、工程照片、录像等）。建设单位向城建档案管理机构移交的档案资料应当符合《建设工程文件归档规范》（GB/T 50328—2014）（2019 年版）的要求。

（二）竣工验收备案文件的签收和处理

《房屋建筑和市政基础设施工程竣工验收备案管理办法》规定，备案机关收到建设单位报送的竣工验收备案文件，验证文件齐全后，应当在工程竣工验收备案表上签署文件收讫。工程竣工验收备案表一式两份，1 份由建设单位保存，1 份留备案机关存档。

工程质量监督机构应当在工程竣工验收之日起 5 日内，向备案机关提交工程质量监督报告。

备案机关发现建设单位在竣工验收过程中有违反国家有关建设工程质量管理规定行为的，应当在收讫竣工验收备案文件 15 日内，责令停止使用，重新组织竣工验收。

（三）竣工验收备案违反规定的处罚

《房屋建筑和市政基础设施工程竣工验收备案管理办法》规定，建设单位在工程竣工验收合格之日起 15 日内未办理工程竣工验收备案的，备案机关责令限期改正，处 20 万元以上 50 万元以下罚款。

建设单位将备案机关决定重新组织竣工验收的工程，在重新组织竣工验收前，擅自使用的，备案机关责令停止使用，处工程合同价款 2% 以上 4% 以下罚款。

建设单位采用虚假证明文件办理工程竣工验收备案的，工程竣工验收无效，备案机关责令停止使用，重新组织竣工验收，处 20 万元以上 50 万元以下罚款；构成犯罪的，依法追究刑事责任。

备案机关决定重新组织竣工验收并责令停止使用的工程，建设单位在备案之前已投入使用或者建设单位擅自继续使用造成使用人损失的，由建设单位依法承担赔偿责任。

《城市地下管线工程档案管理办法》规定，建设单位违反本办法规定，未移交地下管线工程档案的，由建设主管部门责令改正，处 1 万元以上 10 万元以下的罚款；对单位直接负责的主管人员和其他直接责任人员，处单位罚款数额 5% 以上 10% 以下的罚款；因建设单位未移交地下管线工程档案，造成施工单位在施工中损坏地下管线的，建设单位依法承担相应的责任。

第五节 建设工程质量保修制度

一、质量保修书和最低保修期限的规定

（一）建设工程质量保修书

《建设工程质量管理条例》规定，建设工程承包单位在向建设单位提交工程竣工验收报告时，应当向建设单位出具质量保修书。质量保修书中应当明确建设工程的保修范围、保修期限和保修责任等。

1. 质量保修范围

《建筑法》规定，建筑工程的保修范围应当包括地基基础工程、主体结构工程、屋面防水工程和其他土建工程，以及电气管线、上下水管线的安装工程，供热、供冷系统工程等项目。

当然，不同类型的建设工程，其保修范围有所不同。

2. 质量保修期限

《建筑法》规定，保修的期限应当按照保证建筑物合理寿命年限内正常使用，维护使用者合法权益的原则确定。

对具体的保修范围和最低保修期限，应当按照《建设工程质量管理条例》的规定执行。

3. 质量保修责任

施工单位在质量保修书中，应当向建设单位承诺保修范围、保修期限和有关具体实施保修的措施，如保修的方法、人员及联络办法，保修答复和处理时限，不履行保修责任的罚则等。

需要注意的是，施工单位在建设工程质量保修书中，应当对建设单位合理使用建设工程有所提示。如果是因建设单位或者用户使用不当或擅自改动结构、设备位置以及不当装修等造成质量问题的，施工单位不承担保修责任；由此而造成的质量受损或者其他用户损失，应当由责任人承担相应的责任。

（二）建设工程质量的最低保修期限

《建设工程质量管理条例》规定，在正常使用条件下，建设工程的最低保修期限为：①基础设施工程、房屋建筑的地基基础工程和主体结构工程，为设计文件规定的该工程的合理使用年限；②屋面防水工程、有防水要求的卫生间、房间和外墙面的防渗漏，为5年；③供热与供冷系统，为2个采暖期、供冷期；④电气管线、给排水管道、设备安装和装修工程，为2年。其他项目的保修期限由发包方与承包方约定。

1. 地基基础工程和主体结构的保修期

基础设施工程、房屋建筑的地基基础工程和主体结构工程的质量，直接关系到基础设施工程和房屋建筑的整体安全可靠，必须在该工程的合理使用年限内予以保修，即实行终身负责制。因此，工程合理使用年限就是该工程勘察、设计、施工等单位的质量责任年限。

2. 屋面防水工程、供热与供冷系统等的最低保修期

在《建设工程质量管理条例》中，对屋面防水工程、供热与供冷系统、电气管线、给排水管道、设备安装和装修工程等的最低保修期限分别做出了规定。如果建设单位与施工单位

经平等协商另行签订保修合同的，其保修期限可以高于法定的最低保修期限，但不能低于最低保修期限，否则视作无效。

建设工程保修期的起始日是竣工验收合格之日。《建设工程质量管理条例》规定，建设行政主管部门或者其他有关部门发现建设单位在竣工验收过程中有违反国家有关建设工程质量管理规定行为的，责令停止使用，重新组织竣工验收。

3. 建设工程超过合理使用年限后需要继续使用的规定

《建设工程质量管理条例》规定，建设工程在超过合理使用年限后需要继续使用的，产权所有人应当委托具有相应资质等级的勘察、设计单位鉴定，并根据鉴定结果采取加固、维修等措施，重新界定使用期。

二、质量责任的损失赔偿

（一）保修义务的责任落实与损失赔偿责任的承担

《最高人民法院关于审理建设工程施工合同纠纷案件适用法律问题的解释》（法释〔2020〕25 号）规定，因保修人未及时履行保修义务，导致建筑物损毁或者造成人身、财产损害的，保修人应当承担赔偿责任。保修人与建筑物所有人或者发包人对建筑物毁损均有过错的，各自承担相应的责任。

发包人具有下列情形之一，造成建设工程质量缺陷，应当承担过错责任：①提供的设计有缺陷；②提供或者指定购买的建筑材料、建筑构配件、设备不符合强制性标准；③直接指定分包人分包专业工程。承包人有过错的，也应当承担相应的过错责任。

（二）建设工程质量保证金

《国务院办公厅关于清理规范工程建设领域保证金的通知》（国办发〔2016〕49 号）规定，对建筑业企业在工程建设中需缴纳的保证金，除依法依规设立的投标保证金、履约保证金、工程质量保证金、农民工工资保证金外，其他保证金一律取消；严禁新设保证金项目；转变保证金缴纳方式，推行银行保函制度；未按规定或合同约定返还保证金的，保证金收取方应向建筑业企业支付逾期返还违约金；在工程项目竣工前，已经缴纳履约保证金的，建设单位不得同时预留工程质量保证金。

住房和城乡建设部、财政部颁布的《建设工程质量保证金管理办法》（建质〔2017〕138 号）规定，建设工程质量保证金（简称保证金）是指发包人与承包人在建设工程承包合同中约定，从应付的工程款中预留，用以保证承包人在缺陷责任期内对建设工程出现的缺陷进行维修的资金。

1. 缺陷责任期的确定

缺陷是指建设工程质量不符合工程建设强制性标准、设计文件，以及承包合同的约定。缺陷责任期一般为 1 年，最长不超过 2 年，由发、承包双方在合同中约定。

缺陷责任期从工程通过竣工验收之日起计。由于承包人原因导致工程无法按规定期限进行竣工验收的，缺陷责任期从实际通过竣工验收之日起计。由于发包人原因导致工程无法按规定期限进行竣工验收的，在承包人提交竣工验收报告 90 天后，工程自动进入缺陷责任期。

2. 质量保证金的预留与使用管理

缺陷责任期内，实行国库集中支付的政府投资项目，保证金的管理应按国库集中支付的有关规定执行。其他政府投资项目，保证金可以预留在财政部门或发包方。缺陷责任期内，如发包方被撤销，保证金随交付使用资产一并移交使用单位管理，由使用单位代行发包人职责。社会投资项目采用预留保证金方式的，发、承包双方可以约定将保证金交由第三方金融机构托管。

发包人应按照合同约定方式预留保证金，保证金总预留比例不得高于工程价款结算总额的3%。合同约定由承包人以银行保函替代预留保证金的，保函金额不得高于工程价款结算总额的3%。

推行银行保函制度，承包人可用银行保函替代预留保证金。在工程项目竣工前，已经缴纳履约保证金的，发包人不得同时预留工程质量保证金。采用工程质量保证担保、工程质量保险等其他保证方式的，发包人不得再预留保证金。

缺陷责任期内，由承包人原因造成的缺陷，承包人应负责维修，并承担鉴定及维修费用。如承包人不维修也不承担费用，发包人可按合同约定从保证金或银行保函中扣除。费用超出保证金额的，发包人可按合同约定向承包人进行索赔。承包人维修并承担相应费用后，不免除对工程的损失赔偿责任。由他人原因造成的缺陷，发包人负责组织维修，承包人不承担费用，且发包人不得从保证金中扣除费用。

3. 质量保证金的返还

缺陷责任期内，承包人认真履行合同约定的责任，到期后，承包人向发包人申请返还保证金。

发包人在接到承包人返还保证金申请后，应于14天内会同承包人按照合同约定的内容进行核实。如无异议，发包人应当按照约定将保证金返还给承包人。对返还期限没有约定或者约定不明确的，发包人应当在核实后14天内将保证金返还承包人，逾期未返还的，依法承担违约责任。发包人在接到承包人返还保证金申请后14天内不予答复，经催告后14天内仍不予答复，视同认可承包人的返还保证金申请。

发包人和承包人对保证金预留、返还以及工程维修质量、费用有争议的，按承包合同约定的争议和纠纷解决程序处理。建设工程实行工程总承包的，总承包单位与分包单位有关保证金的权利与义务的约定，参照《建设工程质量保证金管理办法》关于发包人与承包人相应权利与义务的约定执行。

三、建设工程质量保修违法行为应承担的法律责任

《建筑法》规定，建筑施工企业违反本法规定，不履行保修义务的责令改正，可以处以罚款，并对在保修期内因屋顶、墙面渗漏、开裂等质量缺陷造成的损失，承担赔偿责任。

《建设工程质量管理条例》规定，施工单位不履行保修义务或者拖延履行保修义务的，责令改正，处10万元以上20万元以下的罚款，并对在保修期内因质量缺陷造成的损失承担赔偿责任。

《建设工程质量保证金管理办法》规定，缺陷责任期内，由承包人原因造成的缺陷，承包人应负责维修，并承担鉴定及维修费用。如承包人不维修也不承担费用，发包人可按合同约定从保证金或银行保函中扣除，费用超出保证金额的，发包人可按合同约定向承包人进行索赔。承包人维修并承担相应费用后，不免除对工程的损失赔偿责任。由他人原因造成的缺陷，发包人负责组织维修，承包人不承担费用，且发包人不得从保证金中扣除费用。

2018年12月住房和城乡建设部经修改后发布的《建筑业企业资质管理规定》中规定，企业申请建筑业企业资质升级、资质增项，在申请之日起前一年至资质许可决定做出前，有未依法履行工程质量保修义务或拖延履行保修义务情形的，资质许可机关不予批准。

思考题

1. 简述在总分包的情况下存在着总包、分包之间关于质量的法律责任。
2. 什么是施工质量检验？如何加强施工质量检验？
3. 简述项目经理违法行为应承担的法律责任。
4. 简述建设单位相关的质量责任和义务。
5. 根据《建设工程质量管理条例》规定，简述建设单位被责令改正，处20万元以上50万元以下的罚款的情形。
6. 简述勘察、设计单位相关的质量责任和义务。
7. 根据《建设工程质量管理条例》，简述勘察、设计单位被责令改正，处10万元以上30万元以下的罚款的情形。
8. 简述工程监理单位实施监理的依据和对质量承担的责任。
9. 简述我国政府主管部门工程质量监督管理财务的措施。
10. 简述建设工程竣工验收应当具备的法定条件。
11. 简述竣工工程质量争议的处理。
12. 根据《建设工程质量管理条例》，简述建设工程质量的最低保修期限。
13. 简述建设工程保修义务的责任落实与损失赔偿责任的承担。
14. 案例背景：某施工企业（以下称施工方）承包了某开发公司（以下称建设方）的商务楼工程施工，双方签订了工程施工合同。该工程封顶时，建设方发现该商务楼的顶层17层以及15层、16层的混凝土凝固较慢。于是，建设方认为施工方使用的混凝土强度不够，要求施工方采取措施，对该三层重新施工。施工方则认为，该混凝土强度符合相关的技术规范，不同意重新施工或者采取其他措施。双方协商未果，建设方便将施工方起诉至某区法院，要求施工方对混凝土强度不够的那三层重新施工或采取其他措施，并赔偿建设方的相应损失。根据双方的请求，受诉法院委托某建筑工程质量检测中心按照两种建设规范对该工程结构混凝土实体强度进行检测，具体检测情况如下：

根据原告即建设方的要求，检测中心按照行业协会推荐性团体标准《钻芯法检测混凝土强度技术规程》(CECS 03：2007）的检测结果是：第15层、16层、17层的结构混凝土实体强度达不到该技术规范的要求，其他各层的结构混凝土实体均达到该技术规范的要求。

根据被告即施工方的请求，检测中心按照地方推荐性标准《结构混凝土实体检测技术规程》(DB/T 29148—2005）的检测结果是：第15层、第16层、第17层及其他各层结构混凝土实体强度均达到该规范的要求。

问题：(1）本案中的检测中心按照两个推荐性标准分别进行了检测，法院应以哪个标准作为判案的依据？

(2）当事人若在合同中约定了推荐性标准，对国家强制性标准是否仍须执行？

15. 案例背景：某施工单位承接了一栋办公楼的施工任务。在进行二层楼面板施工时，施工单位在楼面钢筋、模板分项工程完工并自检后，准备报请监理方进行钢筋隐蔽工程验收。由于其楼面板钢筋中有一种用量较少（100kg）的钢筋复检结果尚未出来，监理方的隐蔽验收便未通过。因为建设单位要求赶工期，在建设单位和监理方同意的情况下，施工单位浇筑了混凝土，进行了钢筋隐蔽。事后，建设工程质量监督机构要求施工单位破除楼面，进行钢筋隐蔽验收。监理单位也提出同样的要求。与此同时，待检的少量钢筋复检结果显示钢筋质量不合格。后经设计验算，提出用碳纤维进行楼面加固，造成直接经济损失约80万元。为此，有关方对损失的费用由谁承担发生了争议。

问题：(1）施工单位有何过错？

(2）用碳纤维进行楼面加固的费用应由谁承担？

16. 案例背景：某企业拟建设一所附属小学，委托某设计院为其设计 5 层砖混结构的教学楼、运动场等。该设计院把这项设计转包给某设计所。该所的最终设计，教学楼的楼梯梯井净宽为 0.3m，梯井采用工程玻璃隔离防护，楼梯采用垂直杆件做栏杆，其杆件净距为 0.15 m；运动场与街道之间采用透景墙，墙体采用垂直杆件做栏杆，其杆件净距为 0.15 m。在施工过程中，曾有人对该设计提出异议。经查，该设计所具有相应资质。

问题：设计院、设计所分别有何违法行为？

17. 案例背景：甲建筑公司与乙开发公司签订了《施工合同》，约定由该建筑公司承建其贸易大厦工程。合同签订后，建筑公司积极组织人员、材料进行施工。但是，由于开发公司资金不足及分包项目进度缓慢迟迟不能完工，主体工程完工后工程停滞。时隔 2 年，甲乙双方约定共同委托审价部门对已完工的主体工程进行了审价，确认工程价款为 1800 万元。次年春天，乙公司以销售需要为由，占据使用了大厦大部分房屋。到了年底，因乙公司仍然拒绝支付工程欠款，甲公司起诉至法院，要求乙公司支付工程欠款 900 万元及违约金。乙公司随后反诉，称因工程质量缺陷未修复，请求减少支付工程款 300 万元。

问题：(1）该大厦未经竣工验收乙公司便提前使用，该工程的质量责任应如何承担？

(2）甲公司要求乙公司支付工程欠款及违约金时，是否还可以主张停工损失？停工损失包括哪些具体内容？

第八章

建设工程安全生产法律制度

本章重点内容：未取得安全生产许可证擅自从事施工活动应承担的法律责任、以不正当手段取得安全生产许可证应承担的法律责任、总承包单位应当承担的法定安全生产责任、分包单位应当承担的法定安全生产责任、施工单位全员的安全生产教育培训、施工单位和施工管理人员违法行为应承担的法律责任、施工现场安全防范措施、施工单位消防安全责任人和消防安全职责、建设工程消防施工的质量和安全责任、施工生产安全事故应急救援预案的编制、应急救援的组织实施、施工生产安全事故的调查及处理、生产安全事故应急违法行为应承担的法律责任、事故责任单位及主要负责人应承担的法律责任。

本章学习目标：熟悉施工安全生产许可证制度，掌握施工安全生产责任和安全生产教育培训制度，熟悉施工现场安全防护制度，掌握施工安全事故的应急救援与调查处理。通过本章学习，培养学生在工作生活中生命高于一切的理念，培养学生保障人民群众生命和财产安全的社会责任感、正确的价值观和人生观以及在未来工作实践中尽职义务行为和良好的职业道德。

第一节　施工安全生产许可证制度

一、申请领取安全生产许可证的条件

《建筑施工企业安全生产许可证管理规定》中规定，建筑施工企业取得安全生产许可证，应当具备下列安全生产条件：①建立、健全安全生产责任制，制定完备的安全生产规章制度和操作规程；②保证本单位安全生产条件所需资金的投入；③设置安全生产管理机构，按照国家有关规定配备专职安全生产管理人员；④主要负责人、项目负责人、专职安全生产管理人员经建设主管部门或者其他有关部门考核合格；⑤特种作业人员经有关业务主管部门考核合格，取得特种作业操作资格证书；⑥管理人员和作业人员每年至少进行1次安全生产教育培训并考核合格；⑦依法参加工伤保险，依法为施工现场从事危险作业的人员办理意外伤害保险，为从业人员交纳保险费；⑧施工现场的办公、生活区及作业场所和安全防护用具、机械设备、施工机具及配件符合有关安全生产法律、法规、标准和规程的要求；⑨有职业危害防治措施，并为作业人员配备符合国家标准或者行业标准的安全防护用具和安全防护服装；⑩有对危险性较大的分部分项工程及施工现场易发生重大事故的部位、环节的预防、监控措施和应急预案；⑪ 有生产安全事故应急救援预案、应急救援组织或者应急救援人员，

配备必要的应急救援器材、设备；⑫ 法律、法规规定的其他条件。

二、安全生产许可证的申请、有效期和政府监管的规定

（一）安全生产许可证的申请

《安全生产许可证条例》规定，省、自治区、直辖市人民政府建设主管部门负责建筑施工企业安全生产许可证的颁发和管理，并接受国务院建设主管部门的指导和监督。

《建筑施工企业安全生产许可证管理规定》进一步明确，建筑施工企业从事建筑施工活动前，应当依照本规定向企业注册所在地省、自治区、直辖市人民政府住房城乡建设主管部门申请领取安全生产许可证。

建筑施工企业申请安全生产许可证时，应当向住房城乡建设主管部门提供下列材料：①建筑施工企业安全生产许可证申请表；②企业法人营业执照；③与申请安全生产许可证应当具备的安全生产条件相关的文件、材料。建筑施工企业申请安全生产许可证，应当对申请材料实质内容的真实性负责，不得隐瞒有关情况或者提供虚假材料。

（二）安全生产许可证的有效期

安全生产许可证的有效期为 3 年。安全生产许可证有效期满需要延期的，企业应当于期满前 3 个月向原安全生产许可证颁发管理机关办理延期手续。企业在安全生产许可证有效期内，严格遵守有关安全生产的法律法规，未发生死亡事故的，安全生产许可证有效期届满时，经原安全生产许可证颁发管理机关同意，不再审查，安全生产许可证有效期延期 3 年。

建筑施工企业变更名称、地址、法定代表人等，应当在变更后 10 日内，到原安全生产许可证颁发管理机关办理安全生产许可证变更手续。建筑施工企业破产、倒闭、撤销的，应当将安全生产许可证交回原安全生产许可证颁发管理机关予以注销。

《住房和城乡建设部关于取消部分部门规章和规范性文件设定的证明事项的决定》（建法规〔2019〕6 号）中规定，建筑施工企业安全生产许可证遗失补办，由申请人告知资质许可机关，由资质许可机关在官网发布信息。

（三）政府监管

住房城乡建设主管部门在审核发放施工许可证时，应当对已经确定的建筑施工企业是否有安全生产许可证进行审查，对没有取得安全生产许可证的，不得颁发施工许可证。安全生产许可证颁发管理机关发现企业不再具备安全生产条件的，应当暂扣或者吊销安全生产许可证。企业不得转让、冒用安全生产许可证或者使用伪造的安全生产许可证。

安全生产许可证颁发管理机关或者其上级行政机关发现有下列情形之一的，可以撤销已经颁发的安全生产许可证：①安全生产许可证颁发管理机关工作人员滥用职权、玩忽职守颁发安全生产许可证的；②超越法定职权颁发安全生产许可证的；③违反法定程序颁发安全生产许可证的；④对不具备安全生产条件的建筑施工企业颁发安全生产许可证的；⑤依法可以撤销已经颁发的安全生产许可证的其他情形。

三、违法行为应承担的法律责任

（一）未取得安全生产许可证擅自从事施工活动应承担的法律责任

《安全生产许可证条例》规定，未取得安全生产许可证擅自进行生产的，责令停止生产，没收违法所得，并处10万元以上50万元以下的罚款；造成重大事故或者其他严重后果，

构成犯罪的，依法追究刑事责任。

（二）安全生产许可证有效期满未办理延期手续继续从事施工活动应承担的法律责任

《安全生产许可证条例》规定，安全生产许可证有效期满未办理延期手续，继续进行生产的，责令停止生产，限期补办延期手续，没收违法所得，并处5万元以上10万元以下的罚款；逾期仍不办理延期手续，继续进行生产的，依照未取得安全生产许可证擅自进行生产的规定处罚。

（三）转让安全生产许可证等应承担的法律责任

《安全生产许可证条例》规定，转让安全生产许可证的，没收违法所得，处10万元以上50万元以下的罚款，并吊销其安全生产许可证；构成犯罪的，依法追究刑事责任；接受转让的，依照未取得安全生产许可证擅自进行生产的规定处罚。冒用安全生产许可证或者使用伪造的安全生产许可证的，依照未取得安全生产许可证擅自进行生产的规定处罚。

（四）以不正当手段取得安全生产许可证应承担的法律责任

《建筑施工企业安全生产许可证管理规定》中规定，建筑施工企业隐瞒有关情况或者提供虚假材料申请安全生产许可证的，不予受理或者不予颁发安全生产许可证，并给予警告，1年内不得申请安全生产许可证。

建筑施工企业以欺骗、贿赂等不正当手段取得安全生产许可证的，撤销安全生产许可证，3年内不得再次申请安全生产许可证；构成犯罪的，依法追究刑事责任。

（五）暂扣安全生产许可证并限期整改的规定

《建筑施工企业安全生产许可证管理规定》中规定，取得安全生产许可证的建筑施工企业，发生重大安全事故的，暂扣安全生产许可证并限期整改。

建筑施工企业不再具备安全生产条件的，暂扣安全生产许可证并限期整改；情节严重的，吊销安全生产许可证。

第二节　施工安全生产责任和安全生产教育培训制度

《建筑法》规定，建筑工程安全生产管理必须坚持安全第一、预防为主的方针，建立健全安全生产的责任制度和群防群治制度。建筑施工企业应当建立健全劳动安全生产教育培训制度，加强对职工安全生产的教育培训；未经安全生产教育培训的人员，不得上岗作业。

一、施工单位的安全生产责任

（一）施工安全生产管理的方针

《中华人民共和国安全生产法》（简称《安全生产法》）规定，安全生产工作应当以人为本，坚持安全发展，坚持安全第一、预防为主、综合治理的方针。

（二）施工单位的安全生产责任制度

《安全生产法》规定，生产经营单位的安全生产责任制度应当明确各岗位的责任人员、责任范围和考核标准等内容。《建筑法》规定，建筑施工企业必须依法加强对建筑安全生产的管理，执行安全生产责任制度，采取有效措施，防止伤亡和其他安全生产事故的发生。

《中共中央国务院关于推进安全生产领域改革发展的意见》指出，企业实行全员安全生产责任制度，法定代表人和实际控制人同为安全生产第一责任人，主要技术负责人负有安全生产技术决策和指挥权，强化部门安全生产职责，落实一岗双责。建立企业全过程安全生产和职业健康管理制度，做到安全责任、管理、投入、培训和应急救援“五到位”。国有企业要发挥安全生产工作示范带头作用，自觉接受属地监管。

1. 施工单位主要负责人对安全生产工作全面负责

《安全生产法》规定，生产经营单位的主要负责人对本单位的安全生产工作全面负责。生产经营单位的主要负责人对本单位安全生产工作负有下列职责：①建立健全本单位全员安全生产责任制，加强安全生产标准化建设；②组织制定并实施本单位安全生产规章制度和操作规程；③组织制定并实施本单位安全生产教育和培训计划；④保证本单位安全生产投入的有效实施；⑤组织建立并落实安全风险分级管控和隐患排查治理双重预防工作机制，督促、检查本单位的安全生产工作，及时消除生产安全事故隐患；⑥组织制定并实施本单位的生产安全事故应急救援预案；⑦及时、如实报告生产安全事故。

《建筑法》规定，建筑施工企业的法定代表人对本企业的安全生产负责。《建设工程安全生产管理条例》也规定，施工单位主要负责人依法对本单位的安全生产工作全面负责。

《国务院办公厅关于加强安全生产监管执法的通知》(国办发〔2015〕20号) 中进一步规定，国有大中型企业和规模以上企业要建立安全生产委员会，主任由董事长或总经理担任，董事长、党委书记、总经理对安全生产工作均负有领导责任，企业领导班子成员和管理人员实行安全生产“一岗双责”。

2014年6月住房和城乡建设部发布的《建筑施工企业主要负责人、项目负责人和专职安全生产管理人员安全生产管理规定》中规定，主要负责人应当与项目负责人签订安全生产责任书，确定项目安全生产考核目标、奖惩措施，以及企业为项目提供的安全管理和技术保障措施。工程项目实行总承包的，总承包企业应当与分包企业签订安全生产协议，明确双方安全生产责任。

住房和城乡建设部发布的《建筑施工企业主要负责人、项目负责人和专职安全生产管理人员安全生产管理规定实施意见》(建质〔2015〕206号) 规定，企业主要负责人包括法定代表人、总经理（总裁）、分管安全生产的副总经理（副总裁）、分管生产经营的副总经理（副总裁）、技术负责人、安全总监等。

2. 施工单位安全生产管理机构和专职安全生产管理人员的职责

《安全生产法》规定，矿山、金属冶炼、建筑施工、运输单位和危险物品的生产、经营、储存、装卸单位，应当设置安全生产管理机构或者配备专职安全生产管理人员。

《建设工程安全生产管理条例》规定，施工单位应当设立安全生产管理机构，配备专职安全生产管理人员。专职安全生产管理人员负责对安全生产进行现场监督检查。发现安全事故隐患，应当及时向项目负责人和安全生产管理机构报告；对违章指挥、违章操作的，应当立即制止。

《建筑施工企业安全生产管理机构设置及专职安全生产管理人员配备办法》(建质〔2008〕91号) 规定，建筑施工企业应当依法设置安全生产管理机构，在企业主要负责人的领导下开展本企业的安全生产管理工作。建筑施工企业安全生产管理机构具有以下职责：①宣传和贯彻国家有关安全生产法律法规和标准；②编制并适时更新安全生产管理制度并监督实施；③组织或参与企业生产安全事故应急救援预案的编制及演练；④组织开展安全教育培训与交流；⑤协调配备项目专职安全生产管理人员；⑥制订企业安全生产检查计划并组织实施；⑦监督在建项目安全生产费用的使用；⑧参与危险性较大工程安全专项施工方案专家论证会；⑨通报在建项目违规违章查处情况；⑩组织开展安全生产评优评先表彰工作；⑪建立企业在建项目安全生产管理档案；⑫考核评价分包企业安全生产业绩及项目安全生产管理情况；⑬参加生产安全事故的调查和处理工作；⑭企业明确的其他安全生产管理职责。

建筑施工企业安全生产管理机构专职安全生产管理人员在施工现场检查过程中具有以下职责：①查阅在建项目安全生产有关资料、核实有关情况；②检查危险性较大工程安全专项施工方案落实情况；③监督项目专职安全生产管理人员履责情况；④监督作业人员安全防护用品的配备及使用情况；⑤对发现的安全生产违章违规行为或安全隐患，有权当场予以纠正或做出处理决定；⑥对不符合安全生产条件的设施、设备、器材，有权当场做出查封的处理决定；⑦对施工现场存在的重大安全隐患有权越级报告或直接向建设主管部门报告；⑧企业明确的其他安全生产管理职责。

3. 建设工程项目安全生产领导小组的职责

建筑施工企业应当在建设工程项目组建安全生产领导小组。建设工程实行施工总承包的，安全生产领导小组由总承包企业、专业承包企业和劳务分包企业项目经理、技术负责人和专职安全生产管理人员组成。

安全生产领导小组的主要职责有：①贯彻落实国家有关安全生产法律法规和标准；②组织制定项目安全生产管理制度并监督实施；③编制项目生产安全事故应急救援预案并组织演练；④保证项目安全生产费用的有效使用；⑤组织编制危险性较大工程安全专项施工方案；⑥开展项目安全教育培训；⑦组织实施项目安全检查和隐患排查；⑧建立项目安全生产管理档案；⑨及时、如实报告安全生产事故。

4. 专职安全生产管理人员的配备要求

建筑施工企业安全生产管理机构专职安全生产管理人员的配备应满足下列要求，并应根据企业经营规模、设备管理和生产需要予以增加：

1）建筑施工总承包资质序列企业：特级资质不少于 6 人；一级资质不少于 4 人；二级和二级以下资质企业不少于 3 人。

2）建筑施工专业承包资质序列企业：一级资质不少于 3 人；二级和二级以下资质企业不少于 2 人。

3）建筑施工劳务分包资质序列企业：不少于 2 人。

4）建筑施工企业的分公司、区域公司等较大的分支机构应依据实际生产情况配备不少于 2 人的专职安全生产管理人员。

总承包单位配备项目专职安全生产管理人员应当满足下列要求：

1）建筑工程、装修工程按照建筑面积配备：1 万 m^2 以下的工程不少于 1 人；1 万 ~5 万 m^2 的工程不少于 2 人；5 万 m^2 及以上的工程不少于 3 人，且按专业配备专职安全生产管理人员。

2）土木工程、线路管道、设备安装工程按照工程合同价配备：5000 万元以下的工程不少于 1 人；5000 万 ~1 亿元的工程不少于 2 人；1 亿元及以上的工程不少于 3 人，且按专业配备专职安全生产管理人员。

分包单位配备项目专职安全生产管理人员应当满足下列要求：

1）专业承包单位应当配置至少1人，并根据所承担的分部分项工程的工程量和施工危险程度增加。

2）劳务分包单位施工人员在50人以下的，应当配备1名专职安全生产管理人员；50~200人的，应当配备2名专职安全生产管理人员；200人及以上的，应当配备3名及以上专职安全生产管理人员，并根据所承担的分部分项工程施工危险实际情况增加，不得少于工程施工人员总人数的5‰。

（三）施工单位负责人施工现场带班制度

《国务院关于进一步加强企业安全生产工作的通知》（国发〔2010〕23号）规定，强化生产过程管理的领导责任。企业主要负责人和领导班子成员要轮流现场带班。

《建筑施工企业负责人及项目负责人施工现场带班暂行办法》（建质〔2011〕111号）进一步规定，企业负责人带班检查是指由建筑施工企业负责人带队实施对工程项目质量安全生产状况及项目负责人带班生产情况的检查。建筑施工企业负责人是指企业的法定代表人、总经理、主管质量安全和生产工作的副总经理、总工程师和副总工程师。

建筑施工企业负责人要定期带班检查，每月检查时间不少于其工作日的25%。建筑施工企业负责人带班检查时，应认真做好检查记录，并分别在企业和工程项目存档备查。工程项目进行超过一定规模的危险性较大的分部分项工程施工时，建筑施工企业负责人应到施工现场进行带班检查。工程项目出现险情或发现重大隐患时，建筑施工企业负责人应到施工现场带班检查，督促工程项目进行整改，及时消除险情和隐患。

（四）重大事故隐患治理挂牌督办制度

《安全生产法》规定，生产经营单位应当建立健全并落实生产安全事故隐患排查治理制度，采取技术、管理措施，及时发现并消除事故隐患。事故隐患排查治理情况应当如实记录，并通过职工大会或职工代表大会、信息公示栏等方式向从业人员通报。县级以上地方各级人民政府负有安全生产监督管理职责的部门应当将重大事故隐患纳入相关信息系统，建立健全重大事故隐患治理督办制度，督促生产经营单位消除重大事故隐患。

《国务院关于进一步加强企业安全生产工作的通知》规定，对重大安全隐患治理实行逐级挂牌督办、公告制度。

《房屋市政工程生产安全重大隐患排查治理挂牌督办暂行办法》（建质〔2011〕158号）进一步规定，重大隐患是指在房屋建筑和市政工程施工过程中，存在的危害程度较大、可能导致群死群伤或造成重大经济损失的生产安全隐患。

建筑施工企业是房屋市政工程生产安全重大隐患排查治理的责任主体，应当建立健全重大隐患排查治理工作制度，并落实到每一个工程项目。企业及工程项目的主要负责人对重大隐患排查治理工作全面负责。建筑施工企业应当定期组织安全生产管理人员、工程技术人员和其他相关人员排查每一个工程项目的重大隐患，特别是对深基坑、高支模、地铁隧道等技术难度大、风险大的重要工程应重点定期排查。对排查出的重大隐患，应及时实施治理消除，并将相关情况进行登记存档。

建筑施工企业应及时将工程项目重大隐患排查治理的有关情况向建设单位报告。建设单位应积极协调勘察、设计、施工、监理、监测等单位，并在资金、人员等方面积极配合做好重大隐患排查治理工作。

住房城乡建设主管部门接到工程项目重大隐患举报，应立即组织核实，属实的由工程所在地住房城乡建设主管部门及时向承建工程的建筑施工企业下达《房屋市政工程生产安全重大隐患治理挂牌督办通知书》，并公开有关信息，接受社会监督。

承建工程的建筑施工企业接到《房屋市政工程生产安全重大隐患治理挂牌督办通知书》后，应立即组织治理。确认重大隐患消除后，向工程所在地住房城乡建设主管部门报送治理报告，并提请解除督办。工程所在地住房城乡建设主管部门收到建筑施工企业提出的重大隐患解除督办申请后，应当立即进行现场审查。审查合格的，依照规定解除督办。审查不合格的，继续实施挂牌督办。

二、施工项目负责人的安全生产责任

（一）施工项目负责人的执业资格和安全生产责任

《建筑施工企业主要负责人、项目负责人和专职安全生产管理人员安全生产管理规定》中规定，项目负责人对本项目安全生产管理全面负责，应当建立项目安全生产管理体系，明确项目管理人员安全职责，落实安全生产管理制度，确保项目安全生产费用有效使用。项目负责人应当按规定实施项目安全生产管理，监控危险性较大分部分项工程，及时排查处理施工现场安全事故隐患，隐患排查处理情况应当记入项目安全管理档案；发生事故时，应当按规定及时报告并开展现场救援。工程项目实行总承包的，总承包企业项目负责人应当定期考核分包企业安全生产管理情况。

（二）施工单位项目负责人施工现场带班制度

《建筑施工企业负责人及项目负责人施工现场带班暂行办法》（建质〔2011〕111号）规定，项目负责人是工程项目质量安全管理的第一责任人，应对工程项目落实带班制度负责。项目负责人带班生产是指项目负责人在施工现场组织协调工程项目的质量安全生产活动。

项目负责人在同一时期只能承担一个工程项目的管理工作。项目负责人带班生产时，要全面掌握工程项目质量安全生产状况，加强对重点部位、关键环节的控制，及时消除隐患。要认真做好带班生产记录并签字存档备查。项目负责人每月带班生产时间不得少于本月施工时间的80%。因其他事务需离开施工现场时，应向工程项目的建设单位请假，经批准后方可离开。离开期间应委托项目相关负责人负责其外出时的日常工作。

《住房城乡建设部办公厅关于进一步加强危险性较大的分部分项工程安全管理的通知》（建办质〔2017〕39号）中规定，施工单位项目经理是危大工程安全管控第一责任人，必须在危大工程施工期间现场带班，超过一定规模的危大工程施工时，施工单位负责人应当带班检查。

三、施工总承包和分包单位的安全生产责任

（一）总承包单位应当承担的法定安全生产责任

《建筑法》规定，施工现场安全由建筑施工企业负责。实行施工总承包的，由总承包单位负责。

1. 分包合同应当明确总分包双方的安全生产责任

《建设工程安全生产管理条例》规定，总承包单位依法将建设工程分包给其他单位的，分包合同中应当明确各自的安全生产方面的权利、义务。

施工总承包单位与分包单位的安全生产责任，可分为法定责任和约定责任。所谓法定责

任，即法律法规中明确规定的总承包单位、分包单位各自的安全生产责任。所谓约定责任，即总承包单位与分包单位通过协商，在分包合同中约定各自应当承担的安全生产责任。但是，安全生产的约定责任不能与法定责任相抵触。

2. 统一组织编制建设工程生产安全应急救援预案

《建设工程安全生产管理条例》规定，施工单位应当根据建设工程施工的特点、范围，对施工现场易发生重大事故的部位、环节进行监控，制定施工现场生产安全事故应急救援预案。实行施工总承包的，由总承包单位统一组织编制建设工程生产安全事故应急救援预案，工程总承包单位和分包单位按照应急救援预案，各自建立应急救援组织或者配备应急救援人员，配备救援器材、设备，并定期组织演练。

3. 自行完成建设工程主体结构的施工和负责上报施工生产安全事故

《建设工程安全生产管理条例》规定，总承包单位应当自行完成建设工程主体结构的施工。实行施工总承包的建设工程，由总承包单位负责上报事故。

4. 承担连带责任

《建设工程安全生产管理条例》规定，总承包单位和分包单位对分包工程的安全生产承担连带责任。该规定既强化了总承包单位、分包单位的安全生产责任意识，也有利于保护受损害者的合法权益。

（二）分包单位应当承担的法定安全生产责任

《建筑法》规定，分包单位向总承包单位负责，服从总承包单位对施工现场的安全生产管理。《建设工程安全生产管理条例》进一步规定，分包单位应当服从总承包单位的安全生产管理，分包单位不服从管理导致生产安全事故的，由分包单位承担主要责任。

四、施工作业人员安全生产的权利和义务

（一）施工作业人员依法享有的安全生产保障权利

1. 施工安全生产的知情权和建议权

《安全生产法》规定，生产经营单位的从业人员有权了解其作业场所和工作岗位存在的危险因素、防范措施及事故应急措施，有权对本单位的安全生产工作提出建议。

《建筑法》规定，作业人员有权对影响人身健康的作业程序和作业条件提出改进意见。《建设工程安全生产管理条例》进一步规定，施工单位应当向作业人员提供安全防护用具和安全防护服装，并书面告知危险岗位的操作规程和违章操作的危害。

2. 施工安全防护用品的获得权

《安全生产法》规定，生产经营单位必须为从业人员提供符合国家标准或者行业标准的劳动防护用品，并监督、教育从业人员按照使用规则佩戴、使用。

《建筑法》规定，作业人员有权获得安全生产所需的防护用品。《建设工程安全生产管理条例》进一步规定，施工单位应当向作业人员提供安全防护用具和安全防护服装。

3. 批评、检举、控告权及拒绝违章指挥权

《建筑法》规定，作业人员对危及生命安全和人身健康的行为有权提出批评、检举和控告。《建设工程安全生产管理条例》进一步规定，作业人员有权对施工现场的作业条件、作业程序和作业方式中存在的安全问题提出批评、检举和控告，有权拒绝违章指挥和强令冒险作业。

《安全生产法》规定，生产经营单位不得因从业人员对本单位安全生产工作提出批评、检举、控告或者拒绝违章指挥、强令冒险作业而降低其工资、福利等待遇或者解除与其订立的劳动合同。

4. 紧急避险权

《安全生产法》规定，从业人员发现直接危及人身安全的紧急情况时，有权停止作业或者在采取可能的应急措施后撤离作业场所。生产经营单位不得因从业人员在前款紧急情况下停止作业或者采取紧急撤离措施而降低其工资、福利等待遇或者解除与其订立的劳动合同。《建设工程安全生产管理条例》也规定，在施工中发生危及人身安全的紧急情况时，作业人员有权立即停止作业或者在采取必要的应急措施后撤离危险区域。

5. 获得工伤保险和意外伤害保险赔偿的权利

《建筑法》规定，建筑施工企业应当依法为职工参加工伤保险缴纳工伤保险费。鼓励企业为从事危险作业的职工办理意外伤害保险，支付保险费。据此，施工作业人员除依法享有工伤保险的各项权利外，从事危险作业的施工人员还可以依法享有意外伤害保险的权利。

6. 请求民事赔偿权

《安全生产法》规定，因生产安全事故受到损害的从业人员，除依法享有工伤保险外，依照有关民事法律尚有获得赔偿的权利的，有权提出赔偿要求。

7. 依靠工会维权和被派遣劳动者的权利

《安全生产法》规定，生产经营单位的工会依法组织职工参加本单位安全生产工作的民主管理和民主监督，维护职工在安全生产方面的合法权益。生产经营单位制定或者修改有关安全生产的规章制度，应当听取工会的意见。

（二）施工作业人员应当履行的安全生产义务

1. 守法遵章和正确使用安全防护用具等的义务

《安全生产法》规定，从业人员在作业过程中，应当严格落实岗位安全责任，遵守本单位的安全生产规章制度和操作规程，服从管理，正确佩戴和使用劳动防护用品。

《建筑法》规定，建筑施工企业和作业人员在施工过程中，应当遵守有关安全生产的法律、法规和建筑行业安全规章、规程，不得违章指挥或者违章作业。《建设工程安全生产管理条例》进一步规定，作业人员应当遵守安全施工的强制性标准、规章制度和操作规程，正确使用安全防护用具、机械设备等。

2. 接受安全生产教育培训的义务

《安全生产法》规定，从业人员应当接受安全生产教育和培训，掌握本职工作所需的安全生产知识，提高安全生产技能，增强事故预防和应急处理能力。《建设工程安全生产管理条例》也规定，作业人员进入新的岗位或者新的施工现场前，应当接受安全生产教育培训。未经教育培训或者教育培训考核不合格的人员，不得上岗作业。

《国务院安委会关于进一步加强安全培训工作的决定》（安委〔2012〕10号）进一步规定，严格落实“三项岗位”人员持证上岗和从业人员先培训后上岗制度，健全安全培训档案。劳务派遣单位要加强劳务派遣工基本安全知识培训，劳务使用单位要确保劳务派遣工与本企业职工接受同等的安全培训。

3. 施工安全事故隐患报告的义务

《安全生产法》规定，从业人员发现事故隐患或者其他不安全因素，应当立即向现场安全生产管理人员或者本单位负责人报告；接到报告的人员应当及时予以处理。

4. 被派遣劳动者的义务

《安全生产法》规定，生产经营单位使用被派遣劳动者的，被派遣劳动者应当履行本法规定的从业人员的义务。

五、施工单位安全生产教育培训的规定

（一）施工单位“安管人员”和特种作业人员的培训考核

1. “安管人员”的培训考核

《安全生产法》规定，“生产经营单位的主要负责人和安全生产管理人员必须具备与本单位所从事的生产经营活动相应的安全生产知识和管理能力。……建筑施工、道路运输单位的主要负责人和安全生产管理人员，应当由主管的负有安全生产监督管理职责的部门对其安全生产知识和管理能力考核合格。考核不得收费”。

《建设工程安全生产管理条例》则规定，施工单位的主要负责人、项目负责人、专职安全生产管理人员应当经建设行政主管部门或者其他部门考核合格后方可任职。

《建筑施工企业主要负责人、项目负责人和专职安全生产管理人员安全生产管理规定》中规定，企业主要负责人、项目负责人和专职安全生产管理人员合称为“安管人员”。“安管人员”应当通过其受聘企业，向企业工商注册地的省、自治区、直辖市人民政府住房城乡建设主管部门申请安全生产考核，并取得安全生产考核合格证书。安全生产考核合格证书有效期为3年，证书在全国范围内有效。

建筑施工企业应当建立安全生产教育培训制度，制订年度培训计划，每年对“安管人员”进行培训和考核，考核不合格的，不得上岗。

《建筑施工企业主要负责人、项目负责人和专职安全生产管理人员安全生产管理规定实施意见》（建质〔2015〕206号）规定，专职安全生产管理人员分为机械、土建、综合三类。机械类专职安全生产管理人员可以从事起重机械、土石方机械、桩工机械等安全生产管理工作。土建类专职安全生产管理人员可以从事除起重机械、土石方机械、桩工机械等安全生产管理工作以外的安全生产管理工作。综合类专职安全生产管理人员可以从事全部安全生产管理工作。

2. 特种作业人员的培训考核

《国务院关于坚持科学发展安全发展促进安全生产形势持续稳定好转的意见》（国发〔2011〕40号）规定，企业主要负责人、安全管理人员、特种作业人员一律经严格考核、持证上岗。《国务院安委会关于进一步加强安全培训工作的决定》（安委〔2012〕10号）进一步指出，严格落实“三项岗位”人员持证上岗制度。企业新任用或者招录“三项岗位”人员，要组织其参加安全培训，经考试合格持证后上岗。对发生人员死亡事故负有责任的企业主要负责人、实际控制人和安全管理人员，要重新参加安全培训考试。

“三项岗位”人员中的企业主要负责人、安全管理人员已涵盖在“安管人员”之中。对于特种作业人员，因其从事直接对本人或他人及其周围设施安全有着重大危害因素的作业，必须经专门的安全作业培训，并取得特种作业操作资格证书后，方可上岗作业。

《安全生产法》规定，生产经营单位的特种作业人员必须按照国家有关规定经专门的安全作业培训，取得相应资格，方可上岗作业。《建设工程安全生产管理条例》进一步规定，

垂直运输机械作业人员、安装拆卸工、爆破作业人员、起重信号工、登高架设作业人员等特种作业人员，必须按照国家有关规定经过专门的安全作业培训，并取得特种作业操作资格证书后，方可上岗作业。

《建筑施工特种作业人员管理规定》(建质〔2008〕75号) 规定，建筑施工特种作业包括：①建筑电工；②建筑架子工；③建筑起重信号司索工；④建筑起重机械司机；⑤建筑起重机械安装拆卸工；⑥高处作业吊篮安装拆卸工；⑦经省级以上人民政府建设主管部门认定的其他特种作业。

（二）施工单位全员的安全生产教育培训

《安全生产法》规定，生产经营单位应当对从业人员进行安全生产教育和培训，保证从业人员具备必要的安全生产知识，熟悉有关的安全生产规章制度和安全操作规程，掌握本岗位的安全操作技能，了解事故应急处理措施，知悉自身在安全生产方面的权利和义务。未经安全生产教育和培训合格的从业人员，不得上岗作业。

生产经营单位使用被派遣劳动者的，应当将被派遣劳动者纳入本单位从业人员统一管理，对被派遣劳动者进行岗位安全操作规程和安全操作技能的教育和培训。劳务派遣单位应当对被派遣劳动者进行必要的安全生产教育和培训。

生产经营单位应当建立安全生产教育和培训档案，如实记录安全生产教育和培训的时间、内容、参加人员以及考核结果等情况。

《建设工程安全生产管理条例》还规定，施工单位应当对管理人员和作业人员每年至少进行一次安全生产教育培训，其教育培训情况记入个人工作档案。安全生产教育培训考核不合格的人员，不得上岗。

（三）进入新岗位或者新施工现场前的安全生产教育培训

《建设工程安全生产管理条例》规定，作业人员进入新的岗位或者新的施工现场前，应当接受安全生产教育培训。未经教育培训或者教育培训考核不合格的人员，不得上岗作业。《国务院安委会关于进一步加强安全培训工作的决定》(安委〔2012〕10号) 中指出，严格落实企业职工先培训后上岗制度。建筑企业要对新职工进行至少32学时的安全培训，每年进行至少20学时的再培训。

强化现场安全培训。高危企业要严格班前安全培训制度，有针对性地讲述岗位安全生产与应急救援知识、安全隐患和注意事项等，使班前安全培训成为安全生产第一道防线。要大力推广“手指口述”等安全确认法，帮助员工通过心想、眼看、手指、口述，确保按规程作业。要加强班组长培训，提高班组长现场安全管理水平和现场安全风险管控能力。

（四）采用新技术、新工艺、新设备、新材料前的安全生产教育培训

《安全生产法》规定，生产经营单位采用新工艺、新技术、新材料或者使用新设备，必须了解、掌握其安全技术特性，采取有效的安全防护措施，并对从业人员进行专门的安全生产教育和培训。《建设工程安全生产管理条例》规定，施工单位在采用新技术、新工艺、新设备、新材料时，应当对作业人员进行相应的安全生产教育培训。《国务院安委会关于进一步加强安全培训工作的决定》指出，企业调整职工岗位或者采用新工艺、新技术、新设备、新材料的，要进行专门的安全培训。

（五）安全教育培训方式

《国务院关于坚持科学发展安全发展促进安全生产形势持续稳定好转的意见》(国发

〔2011〕40 号）规定，要积极推进安全文化建设，加强安全知识普及和技能培训。施工单位应当根据实际需要，对不同岗位、不同工种的人员进行因人施教。安全教育培训可采取多种形式，包括安全形势报告会、事故案例分析会、安全法制教育、安全技术交流、安全竞赛、师傅带徒弟等。《国务院安委会关于进一步加强安全培训工作的决定》中进一步指出，完善和落实师傅带徒弟制度。高危企业新职工安全培训合格后，要在经验丰富的工人师傅带领下，实习至少 2 个月后方可独立上岗。工人师傅一般应当具备中级工以上技能等级，3 年以上相应工作经历，成绩突出，善于“传、帮、带”，没有发生过“三违”行为等条件。要组织签订师徒协议，建立师傅带徒弟激励约束机制。

六、违法行为应承担的法律责任

（一）施工单位违法行为应承担的法律责任

《安全生产法》规定，生产经营单位有下列行为之一的，责令限期改正，处 10 万元以下的罚款；逾期未改正的，责令停产停业整顿，并处 10 万元以上 20 万元以下的罚款，对其直接负责的主管人员和其他直接责任人员处 2 万元以上 5 万元以下的罚款：①未按照规定设置安全生产管理机构或者配备安全生产管理人员的、注册安全工程师的；②危险产品的生产、经营、储存、装卸单位以及矿山、金属冶炼、建筑施工、运输单位的主要负责人和安全生产管理人员未按照规定经考核合格的；③未按照规定对从业人员、被派遣劳动者、实习学生进行安全生产教育和培训，或者未按照规定如实告知有关的安全生产事项的；④未如实记录安全生产教育和培训情况的；⑤未将事故隐患排查治理情况如实记录或者未向从业人员通报的；⑥未按照规定制定生产安全事故应急救援预案或者未定期组织演练的；⑦特种作业人员未按照规定经专门的安全作业培训并取得相应资格，上岗作业的。

两个以上生产经营单位在同一作业区域内进行可能危及对方安全生产的生产经营活动，未签订安全生产管理协议或者未指定专职安全生产管理人员进行安全检查与协调的，责令限期改正，可以处 5 万元以下的罚款，对其直接负责的主管人员和其他直接责任人员可以处 1 万元以下的罚款；逾期未改正的，责令停产停业。

《建筑法》规定，建筑施工企业违反本法规定，对建筑安全事故隐患不采取措施予以消除的，责令改正，可以处以罚款；情节严重的，责令停业整顿，降低资质等级或者吊销资质证书；构成犯罪的，依法追究刑事责任。

《建设工程安全生产管理条例》规定，违反本条例的规定，施工单位有下列行为之一的，责令限期改正；逾期未改正的，责令停业整顿，依照《安全生产法》的有关规定处以罚款；造成重大安全事故，构成犯罪的，对直接责任人员，依照《刑法》有关规定追究刑事责任：①未设立安全生产管理机构、配备专职安全生产管理人员或者分部分项工程施工时无专职安全生产管理人员现场监督的；②施工单位的主要负责人、项目负责人、专职安全生产管理人员、作业人员或者特种作业人员，未经安全教育培训或者经考核不合格即从事相关工作的；③未在施工现场的危险部位设置明显的安全警示标志，或者未按照国家有关规定在施工现场设置消防通道、消防水源、配备消防设施和灭火器材的；④未向作业人员提供安全防护用具和安全防护服装的；⑤未按照规定在施工起重机械和整体提升脚手架、模板等自升式架设设施验收合格后登记的；⑥使用国家明令淘汰、禁止使用的危及施工安全的工艺、设备、材料的。

施工单位取得资质证书后，降低安全生产条件的，责令限期改正；经整改仍未达到与其资质等级相适应的安全生产条件的，责令停业整顿，降低其资质等级直至吊销资质证书。

施工单位挪用列入建设工程概算的安全生产作业环境及安全施工措施所需费用的，责令限期改正，处挪用费用 20% 以上 50% 以下的罚款；造成损失的，依法承担赔偿责任。

2017 年 11 月经修改后公布的《中华人民共和国刑法》第一百三十七条规定，建设单位、设计单位、施工单位、工程监理单位违反国家规定，降低工程质量标准，造成重大安全事故的，对直接责任人员，处 5 年以下有期徒刑或者拘役，并处罚金；后果特别严重的，处 5 年以上 10 年以下有期徒刑，并处罚金。

（二）施工管理人员违法行为应承担的法律责任

《安全生产法》规定，生产经营单位的主要负责人未履行本法规定的安全生产管理职责的，责令限期改正，处 2 万元以上 5 万元以下的罚款；逾期未改正的，处 5 万元以上 10 万元以下的罚款，责令生产经营单位停产停业整顿。生产经营单位的主要负责人有前款违法行为，导致发生生产安全事故的，给予撤职处分；构成犯罪的，依照《刑法》有关规定追究刑事责任。生产经营单位的主要负责人依照前款规定受刑事处罚或者撤职处分的，自刑罚执行完毕或者受处分之日起，5 年内不得担任任何生产经营单位的主要负责人；对重大、特别重大生产安全事故负有责任的，终身不得担任本行业生产经营单位的主要负责人。

生产经营单位的主要负责人未履行本法规定的安全生产管理职责，导致发生生产安全事故的，由应急管理部门依照下列规定处以罚款：①发生一般事故的，处上一年年收入 40% 的罚款；②发生较大事故的，处上一年年收入 60% 的罚款；③发生重大事故的，处上一年年收入 80% 的罚款；④发生特别重大事故的，处上一年年收入 100% 的罚款。

生产经营单位的其他负责人和安全生产管理人员未履行本法规定的安全生产管理职责的，责令限期改正，处 1 万元以上 3 万元以下的罚款；导致发生生产安全事故的，暂停或者吊销其与安全生产有关的资格，并处上一年年收入 20% 以上 50% 以下的罚款；构成犯罪的，依照《刑法》有关规定追究刑事责任。

《建筑法》规定，建筑施工企业的管理人员违章指挥、强令职工冒险作业，因而发生重大伤亡事故或者造成其他严重后果的，依法追究刑事责任。

《建设工程安全生产管理条例》规定，施工单位的主要负责人、项目负责人未履行安全生产管理职责的，责令限期改正；逾期未改正的，责令施工单位停业整顿；造成重大安全事故、重大伤亡事故或者其他严重后果，构成犯罪的，依照《刑法》有关规定追究刑事责任。施工单位的主要负责人、项目负责人有以上违法行为，尚不够刑事处罚的，处 2 万元以上 20 万元以下的罚款或者按照管理权限给予撤职处分；自刑罚执行完毕或者受处分之日起，5 年内不得担任任何施工单位的主要负责人、项目负责人。

《住房和城乡建设部、应急管理部关于加强建筑施工安全事故责任企业人员处罚的意见》（建质规〔2019〕9 号）规定，建筑施工企业主要负责人、项目负责人和专职安全生产管理人员等必须具备相应的安全生产知识和管理能力。对没有履行安全生产职责、造成生产安全事故特别是较大及以上事故发生的建筑施工企业有关责任人员，住房和城乡建设主管部门要依法暂停或撤销其与安全生产相关执业资格、岗位证书，并依法实施职业禁入；构成犯罪的，依法追究刑事责任。

《刑法》第一百三十四条第二款规定，强令他人违章冒险作业，因而发生重大伤亡事故或者造成其他严重后果的，处5年以下有期徒刑或者拘役；情节特别恶劣的，处5年以上有期徒刑。第一百三十五条规定，安全生产设施或者安全生产条件不符合国家规定，因而发生重大伤亡事故或者造成其他严重后果的，对直接负责的主管人员和其他直接责任人员，处3年以下有期徒刑或者拘役；情节特别恶劣的，处3年以上7年以下有期徒刑。

《最高人民法院、最高人民检察院关于办理危害生产安全刑事案件适用法律若干问题的解释》（法释〔2015〕22号）中规定，《刑法》第一百三十四条第二款规定的犯罪主体，包括对生产、作业负有组织、指挥或者管理职责的负责人、管理人员、实际控制人、投资人等人员。《刑法》第一百三十五条规定的“直接负责的主管人员和其他直接责任人员”，是指对安全生产设施或者安全生产条件不符合国家规定负有直接责任的生产经营单位负责人、管理人员、实际控制人、投资人，以及其他对安全生产设施或者安全生产条件负有管理、维护职责的人员。

明知存在事故隐患、继续作业存在危险，仍然违反有关安全管理的规定，实施下列行为之一的，应当认定为《刑法》第一百三十四条第二款规定的“强令他人违章冒险作业”：①利用组织、指挥、管理职权，强制他人违章作业的；②采取威逼、胁迫、恐吓等手段，强制他人违章作业的；③故意掩盖事故隐患，组织他人违章作业的；④其他强令他人违章作业的行为。

实施《刑法》第一百三十二条、第一百三十四条第一款、第一百三十五条、第一百三十五条之一、第一百三十六条、第一百三十九条规定的行为，因而发生安全事故，具有下列情形之一的，应当认定为“造成严重后果”或者“发生重大伤亡事故或者造成其他严重后果”，对相关责任人员，处3年以下有期徒刑或者拘役：①造成死亡1人以上，或者重伤3人以上的；②造成直接经济损失100万元以上的；③其他造成严重后果或者重大安全事故的情形。

实施《刑法》第一百三十四条第二款规定的行为，因而发生安全事故，具有本条第一款规定情形的（注：造成死亡1人以上，或者重伤3人以上的；造成直接经济损失100万元以上的；其他造成严重后果或者重大安全事故的情形），应当认定为“发生重大伤亡事故或者造成其他严重后果”，对相关责任人员，处5年以下有期徒刑或者拘役。

实施《刑法》第一百三十二条、第一百三十四条第一款、第一百三十五条、第一百三十五条之一、第一百三十六条、第一百三十九条规定的行为，因而发生安全事故，具有下列情形之一的，对相关责任人员，处3年以上7年以下有期徒刑：①造成死亡3人以上或者重伤10人以上，负事故主要责任的；②造成直接经济损失500万元以上，负事故主要责任的；③其他造成特别严重后果、情节特别恶劣或者后果特别严重的情形。

实施《刑法》第一百三十四条第二款规定的行为，因而发生安全事故，具有本条第一款规定情形的（注：造成死亡3人以上或者重伤10人以上，负事故主要责任的；造成直接经济损失500万元以上，负事故主要责任的；其他造成特别严重后果、情节特别恶劣或者后果特别严重的情形），对相关责任人员，处5年以上有期徒刑。

实施《刑法》第一百三十二条、第一百三十四条至第一百三十九条之一规定的犯罪行为，具有下列情形之一的，从重处罚：①未依法取得安全许可证件或者安全许可证件过期、被暂扣、吊销、注销后从事生产经营活动的；②关闭、破坏必要的安全监控和报警设备的；③已经发现事故隐患，经有关部门或者个人提出后，仍不采取措施的；④1年内曾因危害生产安全违法犯罪活动受过行政处罚或者刑事处罚的；⑤采取弄虚作假、行贿等手段，故意逃避、阻挠负有安全监督管理职责的部门实施监督检查的；⑥安全事故发生后转移财产意图逃避承担责任的；⑦其他从重处罚的情形。

（三）施工作业人员违法行为应承担的法律责任

《安全生产法》规定，生产经营单位的从业人员不落实岗位安全责任，不服从管理，违反安全生产规章制度或者操作规程的，由生产经营单位给予批评教育，依照有关规章制度给予处分；构成犯罪的，依照《刑法》有关规定追究刑事责任。

《建设工程安全生产管理条例》规定，作业人员不服管理、违反规章制度和操作规程冒险作业造成重大伤亡事故或者其他严重后果，构成犯罪的，依照《刑法》有关规定追究刑事责任。

《刑法》第一百三十四条第一款规定，在生产、作业中违反有关安全管理的规定，因而发生重大伤亡事故或者造成其他严重后果的，处 3 年以下有期徒刑或者拘役；情节特别恶劣的，处 3 年以上 7 年以下有期徒刑。

《最高人民法院、最高人民检察院关于办理危害生产安全刑事案件适用法律若干问题的解释》（法释〔2015〕22 号）规定，刑法第一百三十四条第一款规定的犯罪主体，包括对生产、作业负有组织、指挥或者管理职责的负责人、管理人员、实际控制人、投资人等人员，以及直接从事生产、作业的人员。

（四）建筑施工特种作业人员违法行为应承担的法律责任

《建筑施工特种作业人员管理规定》（建质〔2008〕75 号）规定，“有下列情形之一的，考核发证机关应当撤销资格证书：（一）持证人弄虚作假骗取资格证书或者办理延期复核手续的……（三）考核发证机关规定应当撤销资格证书的其他情形”。

有下列情形之一的，考核发证机关应当注销资格证书：①依法不予延期的；②持证人逾期未申请办理延期复核手续的；③持证人死亡或者不具有完全民事行为能力的；④考核发证机关规定应当注销的其他情形。

（五）安全生产教育培训违法行为应承担的法律责任

《国务院安委会关于进一步加强安全培训工作的决定》（安委〔2012〕10 号）规定，严肃追究安全培训责任。对应持证未持证或者未经培训就上岗的人员，一律先离岗、培训持证后再上岗，并依法对企业按规定上限处罚，直至停产整顿和关闭。

第三节　施工现场安全防护制度

一、编制安全技术措施、专项施工方案和安全技术交底的规定

（一）编制安全技术措施、临时用电方案和安全专项施工方案

《建设工程安全生产管理条例》规定，施工单位应当在施工组织设计中编制安全技术措施和施工现场临时用电方案。

对下列达到一定规模的危险性较大的分部分项工程编制专项施工方案，并附具安全验算结果，经施工单位技术负责人、总监理工程师签字后实施，由专职安全生产管理人员进行现场监督：①基坑支护与降水工程；②土方开挖工程；③模板工程；④起重吊装工程；⑤脚手

架工程；⑥拆除、爆破工程；⑦国务院建设行政主管部门或者其他有关部门规定的其他危险性较大的工程。

对以上所列工程中涉及深基坑、地下暗挖工程、高大模板工程的专项施工方案，施工单位还应当组织专家进行论证、审查。

所谓危险性较大的分部分项工程（简称“危大工程”），是指房屋建筑和市政基础设施工程在施工过程中，容易导致人员群死群伤或者造成重大经济损失的分部分项工程。

1. 危大工程安全专项施工方案的编制

2019 年 3 月住房和城乡建设部经修改后发布的《危险性较大的分部分项工程安全管理规定》中规定，施工单位应当在危大工程施工前组织工程技术人员编制专项施工方案。实行施工总承包的，专项施工方案应当由施工总承包单位组织编制。危大工程实行分包的，专项施工方案可以由相关专业分包单位组织编制。

专项施工方案应当由施工单位技术负责人审核签字、加盖单位公章，并由总监理工程师审查签字、加盖执业印章后方可实施。危大工程实行分包并由分包单位编制专项施工方案的，专项施工方案应当由总承包单位技术负责人及分包单位技术负责人共同审核签字并加盖单位公章。

对于超过一定规模的危大工程，施工单位应当组织召开专家论证会对专项施工方案进行论证。实行施工总承包的，由施工总承包单位组织召开专家论证会。专家论证前专项施工方案应当通过施工单位审核和总监理工程师审查。

专家论证会后，应当形成论证报告，对专项施工方案提出通过、修改后通过或者不通过的一致意见。专家对论证报告负责并签字确认。专项施工方案经论证不通过的，施工单位修改后应当按照《危险性较大的分部分项工程安全管理规定》的要求重新组织专家论证。

2. 危大工程安全管理的前期保障

建设单位应当依法提供真实、准确、完整的工程地质、水文地质和工程周边环境等资料。建设单位应当组织勘察、设计等单位在施工招标文件中列出危大工程清单，要求施工单位在投标时补充完善危大工程清单并明确相应的安全管理措施。建设单位应当按照施工合同约定及时支付危大工程施工技术措施费以及相应的安全防护文明施工措施费，保障危大工程施工安全。

勘察单位应当根据工程实际及工程周边环境资料，在勘察文件中说明地质条件可能造成的工程风险。设计单位应当在设计文件中注明涉及危大工程的重点部位和环节，提出保障工程周边环境安全和工程施工安全的意见，必要时进行专项设计。

3. 危大工程安全专项施工方案的实施

施工单位应当在施工现场显著位置公告危大工程名称、施工时间和具体责任人员，并在危险区域设置安全警示标志。

施工单位应当严格按照专项施工方案组织施工，不得擅自修改专项施工方案。因规划调整、设计变更等原因确需调整的，修改后的专项施工方案应当按照规定重新审核和论证。涉及资金或者工期调整的，建设单位应当按照约定予以调整。

施工单位应当对危大工程施工作业人员进行登记，项目负责人应当在施工现场履职。项目专职安全生产管理人员应当对专项施工方案实施情况进行现场监督，对未按照专项施工方案施工的，应当要求立即整改，并及时报告项目负责人，项目负责人应当及时组织限期整改。施工单位应当按照规定对危大工程进行施工监测和安全巡视，发现危及人身安全的紧急情况，应当立即组织作业人员撤离危险区域。

监理单位应当结合危大工程专项施工方案编制监理实施细则，并对危大工程施工实施专项巡视检查。监理单位发现施工单位未按照专项施工方案施工的，应当要求其进行整改；情节严重的，应当要求其暂停施工，并及时报告建设单位。施工单位拒不整改或者不停止施工的，监理单位应当及时报告建设单位和工程所在地住房城乡建设主管部门。

对于按照规定需要进行第三方监测的危大工程，建设单位应当委托具有相应勘察资质的单位进行监测。监测单位应当编制监测方案。监测方案由监测单位技术负责人审核签字并加盖单位公章，报送监理单位后方可实施。监测单位应当按照监测方案开展监测，及时向建设单位报送监测成果，并对监测成果负责；发现异常时，及时向建设、设计、施工、监理单位报告，建设单位应当立即组织相关单位采取处置措施。

对于按照规定需要验收的危大工程，施工单位、监理单位应当组织相关人员进行验收。验收合格的，经施工单位项目技术负责人及总监理工程师签字确认后，方可进入下一道工序。危大工程验收合格后，施工单位应当在施工现场明显位置设置验收标识牌，公示验收时间及责任人员。

危大工程发生险情或者事故时，施工单位应当立即采取应急处置措施，并报告工程所在地住房城乡建设主管部门。建设、勘察、设计、监理等单位应当配合施工单位开展应急抢险工作。危大工程应急抢险结束后，建设单位应当组织勘察、设计、施工、监理等单位制定工程恢复方案，并对应急抢险工作进行后评估。

施工、监理单位应当建立危大工程安全管理档案。施工单位应当将专项施工方案及审核、专家论证、交底、现场检查、验收及整改等相关资料纳入档案管理。监理单位应当将监理实施细则、专项施工方案审查、专项巡视检查、验收及整改等相关资料纳入档案管理。

（二）安全施工技术交底

《建设工程安全生产管理条例》规定，建设工程施工前，施工单位负责项目管理的技术人员应当对有关安全施工的技术要求向施工作业班组、作业人员做出详细说明，并由双方签字确认。

《危险性较大的分部分项工程安全管理规定》中规定，专项施工方案实施前，编制人员或者项目技术负责人应当向施工现场管理人员进行方案交底。施工现场管理人员应当向作业人员进行安全技术交底，并由双方和项目专职安全生产管理人员共同签字确认。

二、施工现场安全防范措施、安全费用和特种设备安全管理的规定

（一）施工现场安全防范措施

《建筑法》规定，建筑施工企业应当在施工现场采取维护安全、防范危险、预防火灾等措施；有条件的，应当对施工现场实行封闭管理。施工现场对毗邻的建筑物、构筑物和特殊作业环境可能造成损害的，建筑施工企业应当采取安全防护措施。

《国务院办公厅关于促进建筑业持续健康发展的意见》（国办发〔2017〕19号）规定，全面落实安全生产责任，加强施工现场安全防护，特别要强化对深基坑、高支模、起重机械等危险性较大的分部分项工程的管理，以及对不良地质地区重大工程项目的风险评估或论证。

1. 危险部位设置安全警示标志

《安全生产法》规定，生产经营单位应当在有较大危险因素的生产经营场所和有关设施、设备上，设置明显的安全警示标志。《建设工程安全生产管理条例》进一步规定，施工单位应当在施工现场入口处、施工起重机械、临时用电设施、脚手架、出入通道口、楼梯口、电梯井口、孔洞口、桥梁口、隧道口、基坑边沿、爆破物及有害危险气体和液体存放处等危险部位，设置明显的安全警示标志。安全警示标志必须符合国家标准。

安全警示标志是指提醒人们注意的各种标牌、文字、符号以及灯光等，一般由安全色、几何图形和图形符号构成。安全警示标志须符合《安全标志及其使用导则》（GB 2894—2008）的有关规定。

2. 不同施工阶段和暂停施工应采取的安全施工措施

《建设工程安全生产管理条例》规定，施工单位应当根据不同施工阶段和周围环境及季节、气候的变化，在施工现场采取相应的安全施工措施。施工现场暂时停止施工的，施工单位应当做好现场防护，所需费用由责任方承担，或者按照合同约定执行。

由于施工作业的风险性较大，在地下施工、高处施工等不同的施工阶段要采取相应的安全措施，并应根据周围环境和季节、气候变化，加强季节性安全防护措施。

当然，造成暂时停止施工的原因很多，责任方可能是施工单位，也可能是建设单位、设计单位或监理单位，还有不可抗力或违法行为被责令停止施工等。一般来说，除不可抗力要按合同约定执行外，其他则要分清责任，由责任方承担费用。

3. 施工现场临时设施的安全卫生要求

《建设工程安全生产管理条例》规定，施工单位应当将施工现场的办公、生活区与作业区分开设置，并保持安全距离；办公、生活区的选址应当符合安全性要求。职工的膳食、饮水、休息场所等应当符合卫生标准。施工单位不得在尚未竣工的建筑物内设置员工集体宿舍。施工现场临时搭建的建筑物应当符合安全使用要求。施工现场使用的装配式活动房屋应当具有产品合格证。

为了保障职工身体健康，职工的膳食、饮水、休息场所等，均应符合卫生安全标准。2021年4月经修正后公布的《中华人民共和国食品安全法》（简称《食品安全法》）规定，学校、托幼机构、养老机构、建筑工地等集中用餐单位的食堂应当严格遵守法律、法规和食品安全标准；从供餐单位订餐的，应当从取得食品生产经营许可的企业订购，并按照要求对订购的食品进行查验。

4. 对施工现场周边的安全防护措施

《建设工程安全生产管理条例》规定，施工单位对因建设工程施工可能造成损害的毗邻建筑物、构筑物和地下管线等，应当采取专项防护措施。在城市市区内的建设工程，施工单位应当对施工现场实行封闭围挡。

施工单位有责任、有义务采取相应的安全防护措施，确保毗邻的建筑物、构筑物和地下管线等不受损坏。施工现场实行封闭管理，主要是解决“扰民”和“民扰”问题。施工现场采用密目式安全网、围墙、围栏等封闭起来，既可以防止施工中的不安全因素扩散到场外，也可以起到保护环境、美化市容、文明施工的作用，还可以防盗、防砸打损害物品等。

5. 危险作业的施工现场安全管理

《安全生产法》规定，生产经营单位进行爆破、吊装、动火、临时用电以及国务院应急管理部门会同国务院有关部门规定的其他危险作业，应当安排专门人员进行现场安全管理，确保操作规程的遵守和安全措施的落实。

2013年12月经修改后公布的《危险化学品安全管理条例》规定，进行可能危及危险化学品管道安全的施工作业，施工单位应当在开工的7日前书面通知管道所属单位，并与管道所属单位共同制定应急预案，采取相应的安全防护措施。管道所属单位应当指派专门人员到现场进行管道安全保护指导。

6. 安全防护用具、机械设备等的安全管理

《建设工程安全生产管理条例》规定，施工单位采购、租赁的安全防护用具、机械设备、施工机具及配件，应当具有生产（制造）许可证、产品合格证，并在进入施工现场前进行查验。施工现场的安全防护用具、机械设备、施工机具及配件必须由专人管理，定期进行检查、维修和保养，建立相应的资料档案，并按照国家有关规定及时报废。

《市场监管总局办公厅、住房和城乡建设部办公厅、应急管理部办公厅关于进一步加强安全帽等特种劳动防护用品监督管理工作的通知》（市监质监〔2019〕35号）进一步规定，安全帽、安全带及防护绝缘鞋、防护手套、自吸过滤式防毒面具等特种劳动防护用品是维护公共安全和生产安全的重要防线，是守护劳动者生命安全和职业健康的重要保障。

7. 生物安全风险防控

2020年10月17日公布的《中华人民共和国生物安全法》规定，有关单位和个人应当配合做好生物安全风险防控和应急处置等工作。任何单位和个人不得编造、散布虚假的生物安全信息。县级以上人民政府有关部门应当依法开展生物安全监督检查工作，被检查单位和个人应当配合，如实说明情况，提供资料，不得拒绝、阻挠。

任何单位和个人发现传染病、动植物疫病的，应当及时向医疗机构、有关专业机构或者部门报告。依法应当报告的，任何单位和个人不得瞒报、谎报、缓报、漏报，不得授意他人瞒报、谎报、缓报，不得阻碍他人报告。

住房和城乡建设部办公厅制定的《房屋建筑和市政基础设施工程施工现场新冠肺炎疫情常态化防控工作指南》（建办质函〔2020〕489号）规定，建设单位是工程项目疫情常态化防控总牵头单位，负责施工现场疫情常态化防控工作指挥、协调和保障等事项。施工总承包单位负责施工现场疫情常态化防控各项工作组织实施。监理单位负责审查施工现场疫情常态化防控工作方案，开展检查并提出建议。建设、施工、监理项目负责人是本单位工程项目疫情常态化防控和质量安全的第一责任人。

严格执行项目所在地人员管控要求，依托全国一体化政务服务平台及建筑工地实名制管理系统等信息化手段，核实项目人员身份及健康信息，不私招乱雇，不使用零散工和无健康信息的劳务人员，不得在项目之间无组织调配使用劳务人员，不得使用按照有关规定需要隔离观察的劳务人员。项目部应按照疫情防控要求，对参建各方聘用的所有人员进行健康管理，建立“一人一档”制度，准确掌握人员健康和流动情况。

施工单位在编制施工组织设计、专项施工方案等时应增加疫情常态化防控专篇，提出优化施工作业，减少人员聚集和交叉作业等具体举措。施工现场应采取封闭式集中管理，严格进、出场实名制考勤。办公区、生活区、施工区、材料加工和存放区等区域应分离，围挡、围墙确保严密牢固，尽量实现人员在场内流动。施工现场应设置符合标准的隔离室和隔离区。现场不具备条件的，应按标准异地设置。

定期对地下室、管廊、下水道、施工机械、起重机械驾驶室及操作室等密闭狭小空间及长期接触的部位进行消毒，并形成台账。施工机械等宜采取专人专用的原则，同时优化施工现场的工序、工艺，并尽可能多地使用信息化技术手段，减少人员接触、聚集和交叉作业。需要进入施工现场的车辆，应予以消毒。

生活区距离工地较远的项目，尽量做到生活区到施工区封闭管理，鼓励安排专车接送人员上下班。合理安排生活区的出入口，入口要有专人负责测温、核对人员身份和健康状况等。宿舍原则上设置可开启窗户，定期通风及消毒。每间宿舍居住人员宜按人均不小于 $2m^2$ 确定，尽量减少聚集，严禁使用通铺。

工地食堂应依法办理相关手续并严格执行卫生防疫规定。食品食材的采购应选择正规渠道购买，建立采购物资台账，确保可追溯。严禁生食和熟食用品混用，避免肉类生食，避免直接手触肉禽类生鲜材料。严禁在工地食堂屠宰野生动物、家禽家畜。

项目部要坚持疫情常态化防控和应急处置相结合的原则，建立健全疫情常态化防控应急机制，按照项目所在地分区分级标准及时完善应急预案，明确应急处置流程，适时开展应急演练，确保责任落实到人。发生涉疫情况，应第一时间向有关部门报告、第一时间启动应急预案、第一时间采取停工措施并封闭现场。

（二）施工单位安全生产费用的提取和使用管理

1. 施工单位安全生产费用的提取管理

财政部、国家安全生产监督管理总局联合制定的《企业安全生产费用提取和使用管理办法》（财企〔2012〕16号）规定，建设工程施工企业以建筑安装工程造价为计提依据。各建设工程类别安全生产费用提取标准如下：①矿山工程为2.5%；②房屋建筑工程、水利水电工程、电力工程、铁路工程、城市轨道交通工程为2.0%；③市政公用工程、冶炼工程、机电安装工程、化工石油工程、港口与航道工程、公路工程、通信工程为1.5%。建设工程施工企业提取的安全生产费用列入工程造价，在竞标时，不得删减，列入标外管理。总包单位应当将安全生产费用按比例直接支付分包单位并监督使用，分包单位不再重复提取。

企业在上述标准的基础上，根据安全生产实际需要，可适当提高安全生产费用提取标准。

依法进行工程招标投标的项目，招标方或具有资质的中介机构编制招标文件时，应当按照有关规定并结合工程实际单独列出安全防护、文明施工措施项目清单。投标方按照招标文件要求结合自身的施工技术水平、管理水平对工程安全防护、文明施工措施项目单独报价。投标方安全防护、文明施工措施的报价，不得低于依据工程所在地工程造价管理机构测定费率计算所需费用总额的90%。

建设单位与施工单位应当在施工合同中明确安全防护、文明施工措施项目总费用，以及费用预付、支付计划，使用要求、调整方式等条款。建设单位与施工单位在施工合同中对安全防护、文明施工措施费用预付、支付计划未作约定或约定不明的，合同工期在一年以内的，建设单位预付安全防护、文明施工措施项目费用不得低于该费用总额的50%；合同工期在一年以上的（含一年），预付安全防护、文明施工措施费用不得低于该费用总额的30%，其余费用应当按照施工进度支付。

住房和城乡建设部、财政部经修订后发布的《建筑安装工程费用项目组成》（建标〔2013〕44号）规定，安全文明施工费包括：①环境保护费，是指施工现场为达到环保部门要求所需要的各项费用；②文明施工费，是指施工现场文明施工所需要的各项费用；③安全施工费，是指施工现场安全施工所需要的各项费用；④临时设施费，是指施工企业为进行建设工程施工所必须搭设的生活和生产用的临时建筑物、构筑物和其他临时设施费用，包括临时设施的搭设、维修、拆除、清理费或摊销费等。

2. 施工单位安全生产费用的使用管理

《企业安全生产费用提取和使用管理办法》(财企〔2012〕16号）中规定，建设工程施工企业安全生产费用应当按照以下范围使用：①完善、改造和维护安全防护设施设备支出（不含“三同时”要求初期投入的安全设施)，包括施工现场临时用电系统、洞口、临边、机械设备、高处作业防护、交叉作业防护、防火、防爆、防尘、防毒、防雷、防台风、防地质灾害、地下工程有害气体监测、通风、临时安全防护等设施设备支出；②配备、维护、保养应急救援器材、设备支出和应急演练支出；③开展重大危险源和事故隐患评估、监控和整改支出；④安全生产检查、评价（不包括新建、改建、扩建项目安全评价)、咨询和标准化建设支出；⑤配备和更新现场作业人员安全防护用品支出；⑥安全生产宣传、教育、培训支出；⑦安全生产适用的新技术、新标准、新工艺、新装备的推广应用支出；⑧安全设施及特种设备检测检验支出；⑨其他与安全生产直接相关的支出。

企业提取的安全生产费用应当专户核算，按规定范围安排使用，不得挤占、挪用。年度结余资金结转下年度使用，当年计提安全费用不足的，超出部分按正常成本费用渠道列支。

《建筑工程安全防护、文明施工措施费用及使用管理规定》中规定，实行工程总承包的，总承包单位依法将建筑工程分包给其他单位的，总承包单位与分包单位应当在分包合同中明确安全防护、文明施工措施费用由总承包单位统一管理。安全防护、文明施工措施由分包单位实施的，由分包单位提出专项安全防护措施及施工方案，经总承包单位批准后及时支付所需费用。

工程监理单位应当对施工单位落实安全防护、文明施工措施情况进行现场监理。对施工单位已经落实的安全防护、文明施工措施，总监理工程师或者造价工程师应当及时审查并签认所发生的费用。监理单位发现施工单位未落实施工组织设计及专项施工方案中安全防护和文明施工措施的，有权责令其立即整改；对施工单位拒不整改或未按期限要求完成整改的，工程监理单位应当及时向建设单位和建设行政主管部门报告，必要时责令其暂停施工。

施工单位应当确保安全防护、文明施工措施费专款专用，在财务管理中单独列出安全防护、文明施工措施项目费用清单备查。施工单位安全生产管理机构和专职安全生产管理人员负责对建筑工程安全防护、文明施工措施的组织实施进行现场监督检查，并有权向建设主管部门反映情况。

工程总承包单位对建筑工程安全防护、文明施工措施费用的使用负总责。总承包单位应当按照《建筑工程安全防护、文明施工措施费用及使用管理规定》及合同约定及时向分包单位支付安全防护、文明施工措施费用。总承包单位不按《建筑工程安全防护、文明施工措施费用及使用管理规定》和合同约定支付费用，造成分包单位不能及时落实安全防护措施导致发生事故的，由总承包单位负主要责任。

（三）特种设备安全管理

2013年6月公布的《中华人民共和国特种设备安全法》(简称《特种设备安全法》）规定，本法所称特种设备，是指对人身和财产安全有较大危险性的锅炉、压力容器（含气瓶)、压力管道、电梯、起重机械、客运索道、大型游乐设施、场（厂）内专用机动车辆，以及法律、行政法规规定适用本法的其他特种设备。

1. 特种设备的安装、改造和修理

特种设备安装、改造、修理的施工单位应当在施工前将拟进行的特种设备安装、改造、修理情况书面告知直辖市或者设区的市级人民政府负责特种设备安全监督管理的部门。

特种设备安装、改造、修理竣工后，安装、改造、修理的施工单位应当在验收后30日内将相关技术资料和文件移交特种设备使用单位。特种设备使用单位应当将其存入该特种设备的安全技术档案。

锅炉、压力容器、压力管道元件等特种设备的制造过程和锅炉、压力容器、压力管道、电梯、起重机械、客运索道、大型游乐设施的安装、改造、重大修理过程，应当经特种设备检验机构按照安全技术规范的要求进行监督检验；未经监督检验或者监督检验不合格的，不得出厂或者交付使用。

2. 特种设备的使用

特种设备使用单位应当使用取得许可生产并经检验合格的特种设备。禁止使用国家明令淘汰和已经报废的特种设备。

特种设备使用单位应当在特种设备投入使用前或者投入使用后30日内，向负责特种设备安全监督管理的部门办理使用登记，取得使用登记证书。登记标志应当置于该特种设备的显著位置。特种设备使用单位应当建立岗位责任、隐患治理、应急救援等安全管理制度，制定操作规程，保证特种设备安全运行。

特种设备使用单位应当建立特种设备安全技术档案。安全技术档案应当包括以下内容：①特种设备的设计文件、产品质量合格证明、安装及使用维护保养说明、监督检验证明等相关技术资料和文件；②特种设备的定期检验和定期自行检查记录；③特种设备的日常使用状况记录；④特种设备及其附属仪器仪表的维护保养记录；⑤特种设备的运行故障和事故记录。

特种设备的使用应当具有规定的安全距离、安全防护措施。与特种设备安全相关的建筑物、附属设施，应当符合有关法律、行政法规的规定。特种设备使用单位应当对其使用的特种设备进行经常性维护保养和定期自行检查，并做出记录。特种设备使用单位应当对其使用的特种设备的安全附件、安全保护装置进行定期校验、检修，并做出记录。

特种设备使用单位应当按照安全技术规范的要求，在检验合格有效期届满前1个月向特种设备检验机构提出定期检验要求。特种设备检验机构接到定期检验要求后，应当按照安全技术规范的要求及时进行安全性能检验。特种设备使用单位应当将定期检验标志置于该特种设备的显著位置。未经定期检验或者检验不合格的特种设备，不得继续使用。

特种设备安全管理人员应当对特种设备使用状况进行经常性检查，发现问题应当立即处理；情况紧急时，可以决定停止使用特种设备并及时报告本单位有关负责人。特种设备作业人员在作业过程中发现事故隐患或者其他不安全因素，应当立即向特种设备安全管理人员和单位有关负责人报告；特种设备运行不正常时，特种设备作业人员应当按照操作规程采取有效措施保证安全。特种设备出现故障或者发生异常情况，特种设备使用单位应当对其进行全面检查，消除事故隐患，方可继续使用。

特种设备进行改造、修理，按照规定需要变更使用登记的，应当办理变更登记，方可继续使用。特种设备存在严重事故隐患，无改造、修理价值，或者达到安全技术规范规定的其他报废条件的，特种设备使用单位应当依法履行报废义务，采取必要措施消除该特种设备的

使用功能，并向原登记的负责特种设备安全监督管理的部门办理使用登记证书注销手续。以上规定报废条件以外的特种设备，达到设计使用年限可以继续使用的，应当按照安全技术规范的要求通过检验或者安全评估，并办理使用登记证书变更，方可继续使用。允许继续使用的，应当采取加强检验、检测和维护保养等措施，确保使用安全。

3. 施工起重机械的安拆和使用管理

《建设工程安全生产管理条例》规定，施工单位在使用施工起重机械和整体提升脚手架、模板等自升式架设设施前，应当组织有关单位进行验收，也可以委托具有相应资质的检验检测机构进行验收；使用承租的机械设备和施工机具及配件的，由施工总承包单位、分包单位、出租单位和安装单位共同进行验收。验收合格的方可使用。

三、施工现场消防安全职责和应采取的消防安全措施

（一）施工单位消防安全责任人和消防安全职责

《国务院关于加强和改进消防工作的意见》（国发〔2011〕46 号）规定，机关、团体、企业事业单位法定代表人是本单位消防安全第一责任人。各单位要依法履行职责，保障必要的消防投入，切实提高检查消除火灾隐患、组织扑救初起火灾、组织人员疏散逃生和消防宣传教育培训的能力。

《消防法》规定，机关、团体、企业、事业等单位应当履行下列消防安全职责：①落实消防安全责任制，制定本单位的消防安全制度、消防安全操作规程，制定灭火和应急疏散预案；②按照国家标准、行业标准配置消防设施、器材，设置消防安全标志，并定期组织检验、维修，确保完好有效；③对建筑消防设施每年至少进行一次全面检测，确保完好有效，检测记录应当完整准确，存档备查；④保障疏散通道、安全出口、消防车通道畅通，保证防火防烟分区、防火间距符合消防技术标准；⑤组织防火检查，及时消除火灾隐患；⑥组织进行有针对性的消防演练；⑦法律、法规规定的其他消防安全职责。单位的主要负责人是本单位的消防安全责任人。

重点工程的施工现场多定为消防安全重点单位，按照《消防法》的规定，除应当履行所有单位都应当履行的职责外，还应当履行下列消防安全职责：①确定消防安全管理人，组织实施本单位的消防安全管理工作；②建立消防档案，确定消防安全重点部位，设置防火标志，实行严格管理；③实行每日防火巡查，并建立巡查记录；④对职工进行岗前消防安全培训，定期组织消防安全培训和消防演练。

《建设工程安全生产管理条例》规定，施工单位应当在施工现场建立消防安全责任制度，确定消防安全责任人，制定用火、用电、使用易燃易爆材料等各项消防安全管理制度和操作规程，设置消防通道、消防水源，配备消防设施和灭火器材，并在施工现场入口处设置明显标志。

《消防安全责任制实施办法》（国办发〔2017〕87 号）进一步规定，机关、团体、企业、事业等单位应当落实消防安全主体责任，履行下列职责：

1）明确各级、各岗位消防安全责任人及其职责，制定本单位的消防安全制度、消防安全操作规程、灭火和应急疏散预案。定期组织开展灭火和应急疏散演练，进行消防工作检查考核，保证各项规章制度落实。

2）保证防火检查巡查、消防设施器材维护保养、建筑消防设施检测、火灾隐患整改、

专职或志愿消防队和微型消防站建设等消防工作所需资金的投入。生产经营单位安全费用应当保证适当比例用于消防工作。

3）按照相关标准配备消防设施、器材，设置消防安全标志，定期检验维修，对建筑消防设施每年至少进行一次全面检测，确保完好有效。设有消防控制室的，实行 24 小时值班制度，每班不少于 2 人，并持证上岗。

4）保障疏散通道、安全出口、消防车通道畅通，保证防火防烟分区、防火间距符合消防技术标准。人员密集场所的门窗不得设置影响逃生和灭火救援的障碍物。保证建筑构件、建筑材料和室内装修装饰材料等符合消防技术标准。

5）定期开展防火检查、巡查，及时消除火灾隐患。

6）根据需要建立专职或志愿消防队、微型消防站，加强队伍建设，定期组织训练演练，加强消防装备配备和灭火药剂储备，建立与公安消防队联勤联动机制，提高扑救初起火灾能力。

7）消防法律、法规、规章以及政策文件规定的其他职责。

（二）施工现场的消防安全要求

《国务院关于加强和改进消防工作的意见》（国发〔2011〕46 号）规定，公共建筑在营业、使用期间不得进行外保温材料施工作业，居住建筑进行节能改造作业期间应撤离居住人员，并设消防安全巡逻人员，严格分离用火用焊作业与保温施工作业，严禁在施工建筑内安排人员住宿。新建、改建、扩建工程的外保温材料一律不得使用易燃材料，严格限制使用可燃材料。建筑室内装饰装修材料必须符合国家、行业标准和消防安全要求。

公安部、住房和城乡建设部《关于进一步加强建设工程施工现场消防安全工作的通知》（公消〔2009〕131 号）规定，施工单位应当在施工组织设计中编制消防安全技术措施和专项施工方案，并由专职安全管理人员进行现场监督。

施工现场要设置消防通道并确保畅通。建筑工地要满足消防车通行、停靠和作业要求。在建建筑内应设置标明楼梯间和出入口的临时醒目标志，视实际情况安装楼梯间和出入口的临时照明，及时清理建筑垃圾和障碍物，规范材料堆放，保证发生火灾时，现场施工人员疏散和消防人员扑救快捷畅通。

施工现场要按有关规定设置消防水源。应当在建设工程平地阶段按照总平面设计设置室外消火栓系统，并保持充足的管网压力和流量。根据在建工程施工进度，同步安装室内消火栓系统或设置临时消火栓，配备水枪水带，消防干管设置水泵接合器，满足施工现场火灾扑救的消防供水要求。施工现场应当配备必要的消防设施和灭火器材。施工现场的重点防火部位和在建高层建筑的各个楼层，应在明显和方便取用的地方配置适当数量的手提式灭火器、消防沙袋等消防器材。

动用明火必须实行严格的消防安全管理，禁止在具有火灾、爆炸危险的场所使用明火；需要进行明火作业的，动火部门和人员应当按照用火管理制度办理审批手续，落实现场监护人，在确认无火灾、爆炸危险后方可动火施工；动火施工人员应当遵守消防安全规定，并落实相应的消防安全措施；易燃易爆危险物品和场所应有具体防火防爆措施；电焊、气焊、电工等特殊工种人员必须持证上岗；将容易发生火灾、一旦发生火灾后果严重的部位确定为重点防火部位，实行严格管理。

（三）施工单位消防安全自我评估和防火检查

《国务院关于加强和改进消防工作的意见》中指出，要建立消防安全自我评估机制，消防安全重点单位每季度、其他单位每半年自行或委托有资质的机构对本单位进行一次消防安全检查评估，做到安全自查、隐患自除、责任自负。

《关于进一步加强建设工程施工现场消防安全工作的通知》（公消〔2009〕131号）规定，施工单位应及时纠正违章操作行为，及时发现火灾隐患并采取防范、整改措施。国家、省级等重点工程的施工现场应当进行每日防火巡查，其他施工现场也应根据需要组织防火巡查。

施工单位防火检查的内容应当包括：火灾隐患的整改情况以及防范措施的落实情况，疏散通道、消防车通道、消防水源情况，灭火器材配置及有效情况，用火、用电有无违章情况，重点工种人员及其他施工人员消防知识掌握情况，消防安全重点部位管理情况，易燃易爆危险物品和场所防火防爆措施落实情况，防火巡查落实情况等。

（四）建设工程消防施工的质量和安全责任

《消防法》规定，建设工程的消防设计、施工必须符合国家工程建设消防技术标准。建设、设计、施工、工程监理等单位依法对建设工程的消防设计、施工质量负责。

特殊建设工程未经消防设计审查或者审查不合格的，建设单位、施工单位不得施工；其他建设工程，建设单位未提供满足施工需要的消防设计图纸及技术资料的，有关部门不得发放施工许可证或者批准开工报告。

因施工等特殊情况需要使用明火作业的，应当按照规定事先办理审批手续，采取相应的消防安全措施；作业人员应当遵守消防安全规定。进行电焊、气焊等具有火灾危险作业的人员和自动消防系统的操作人员，必须持证上岗，并遵守消防安全操作规程。

（五）施工单位的消防安全教育培训和消防演练

《国务院关于加强和改进消防工作的意见》（国发〔2011〕46号）指出，要加强对单位消防安全责任人、消防安全管理人、消防控制室操作人员和消防设计、施工、监理人员及保安、电（气）焊工、消防技术服务机构从业人员的消防安全培训。

2009年5月公安部、住房和城乡建设部等9部委发布的《社会消防安全教育培训规定》中规定，在建工程的施工单位应当开展下列消防安全教育工作：①建设工程施工前应当对施工人员进行消防安全教育；②在建设工地醒目位置、施工人员集中住宿场所设置消防安全宣传栏，悬挂消防安全挂图和消防安全警示标识；③对明火作业人员进行经常性的消防安全教育；④组织灭火和应急疏散演练。

《关于进一步加强建设工程施工现场消防安全工作的通知》规定，施工人员上岗前的安全培训应当包括以下消防内容：有关消防法规、消防安全制度和保障消防安全的操作规程，本岗位的火灾危险性和防火措施，有关消防设施的性能、灭火器材的使用方法，报火警、扑救初起火灾以及自救逃生的知识和技能等，保障施工现场人员具有相应的消防常识和逃生自救能力。

施工单位应当根据国家有关消防法规和建设工程安全生产法规的规定，建立施工现场消防组织，制定灭火和应急疏散预案，并至少每半年组织一次演练，提高施工人员及时报警、扑灭初期火灾和自救逃生能力。

四、违法行为应承担的法律责任

（一）施工现场安全防护违法行为应承担的法律责任

《建筑法》规定，建筑施工企业违反本法规定，对建筑安全事故隐患不采取措施予以消除的，责令改正，可以处以罚款；情节严重的，责令停业整顿，降低资质等级或者吊销资质证书；构成犯罪的，依法追究刑事责任。

《安全生产法》规定，“生产经营单位有下列行为之一的，责令限期改正，可以处5万元以下的罚款；逾期未改正的，处5万元以上20万元以下的罚款，对其直接负责的主管人员和其他直接责任人员处1万元以上2万元以下的罚款；情节严重的，责令停产停业整顿；构成犯罪的，依照刑法有关规定追究刑事责任：（一）未在有较大危险因素的生产经营场所和有关设施、设备上设置明显的安全警示标志的；（二）安全设备的安装、使用、检测、改造和报废不符合国家标准或者行业标准的；（三）未对安全设备进行经常性维护、保养和定期检测的……（五）未为从业人员提供符合国家标准或者行业标准的劳动防护用品的……（七）使用应当淘汰的危及生产安全的工艺、设备的……”。

生产经营单位有下列行为之一的，责令限期改正，可以处10万元以下的罚款；逾期未改正的，责令停产停业整顿，并处10万元以上20万元以下的罚款，对其直接负责的主管人员和其他直接责任人员处2万元以上5万元以下的罚款；构成犯罪的，依照刑法有关规定追究刑事责任：……（三）进行爆破、吊装、动火、临时用电以及国务院应急管理部门会同国务院有关部门规定的其他危险作业，未安排专门人员进行现场安全管理的……”。

《建设工程安全生产管理条例》规定，施工单位有下列行为之一的，责令限期改正；逾期未改正的，责令停业整顿，并处5万元以上10万元以下的罚款；造成重大安全事故，构成犯罪的，对直接责任人员，依照《刑法》有关规定追究刑事责任。①施工前未对有关安全施工的技术要求做出详细说明的；②未根据不同施工阶段和周围环境及季节、气候的变化，在施工现场采取相应的安全施工措施，或者在城市市区内的建设工程的施工现场未实行封闭围挡的；③在尚未竣工的建筑物内设置员工集体宿舍的；④施工现场临时搭建的建筑物不符合安全使用要求的；⑤未对因建设工程施工可能造成损害的毗邻建筑物、构筑物和地下管线等采取专项防护措施的。施工单位有以上规定第④项、第⑤项行为，造成损失的，依法承担赔偿责任。

施工单位有下列行为之一的，责令限期改正；逾期未改正的，责令停业整顿，并处10万元以上30万元以下的罚款；情节严重的，降低资质等级，直至吊销资质证书；造成重大安全事故，构成犯罪的，对直接责任人员，依照《刑法》有关规定追究刑事责任；造成损失的，依法承担赔偿责任。①安全防护用具、机械设备、施工机具及配件在进入施工现场前未经查验或者查验不合格即投入使用的；②使用未经验收或者验收不合格的施工起重机械和整体提升脚手架、模板等自升式架设设施的；③委托不具有相应资质的单位承担施工现场安装、拆卸施工起重机械和整体提升脚手架、模板等自升式架设设施的；④在施工组织设计中未编制安全技术措施、施工现场临时用电方案或者专项施工方案的。

《危险化学品安全管理条例》规定，“有下列情形之一的，由安全生产监督管理部门责令改正，可以处5万元以下的罚款；拒不改正的，处5万元以上10万元以下的罚款；情节严重的，责令停产停业整顿：……（二）进行可能危及危险化学品管道安全的施工作业，施工单位未按照规定书面通知管道所属单位，或者未与管道所属单位共同制定应急预案、采取相应的安全防护措施，或者管道所属单位未指派专门人员到现场进行管道安全保护指导的……”。

《最高人民法院关于依法妥善审理高空抛物、坠物案件的意见》（法发〔2019〕25号）

规定，在生产、作业中违反有关安全管理规定，从高空坠落物品，发生重大伤亡事故或者造成其他严重后果的，依照《刑法》第一百三十四条第一款的规定，以重大责任事故罪定罪处罚。

（二）施工单位安全生产费用违法行为应承担的法律责任

《安全生产法》规定，生产经营单位的决策机构、主要负责人或者个人经营的投资人不依照本法规定保证安全生产所必需的资金投入，致使生产经营单位不具备安全生产条件的，责令限期改正，提供必需的资金；逾期未改正的，责令生产经营单位停产停业整顿。有前款违法行为，导致发生生产安全事故的，对生产经营单位的主要负责人给予撤职处分，对个人经营的投资人处 2 万元以上 20 万元以下的罚款；构成犯罪的，依照《刑法》有关规定追究刑事责任。

《建设工程安全生产管理条例》规定，施工单位挪用列入建设工程概算的安全生产作业环境及安全施工措施所需费用的，责令限期改正，处挪用费用 20% 以上 50% 以下的罚款；造成损失的，依法承担赔偿责任。

《企业安全生产费用提取和使用管理办法》（财企〔2012〕16 号）中规定，企业未按本办法提取和使用安全生产费用的，安全生产监督管理部门、煤矿安全监察机构和行业主管部门会同财政部门责令其限期改正，并依照相关法律法规进行处理、处罚。建设工程施工总承包单位未向分包单位支付必要的安全生产费用以及承包单位挪用安全生产费用的，由建设、交通运输、铁路、水利、安全生产监督管理、煤矿安全监察等主管部门依照相关法规、规章进行处理、处罚。

《建筑工程安全防护、文明施工措施费用及使用管理规定》（建办〔2005〕89 号）中规定，建设单位未按本规定支付安全防护、文明施工措施费用的，由县级以上建设行政主管部门依据《建设工程安全生产管理条例》第五十四条规定，责令限期整改；逾期未改正的，责令该建设工程停止施工。

施工单位挪用安全防护、文明施工措施费用的，由县级以上建设主管部门依据《建设工程安全生产管理条例》第六十三条规定，责令限期整改，处挪用费用 20% 以上 50% 以下的罚款；造成损失的，依法承担赔偿责任。

（三）特种设备安全违法行为应承担的法律责任

《特种设备安全法》规定，特种设备安装、改造、修理的施工单位在施工前未书面告知负责特种设备安全监督管理的部门即行施工的，或者在验收后 30 日内未将相关技术资料和文件移交特种设备使用单位的，责令限期改正；逾期未改正的，处 1 万元以上 10 万元以下罚款。

特种设备的制造、安装、改造、重大修理以及锅炉清洗过程，未经监督检验的，责令限期改正；逾期未改正的，处 5 万元以上 20 万元以下罚款；有违法所得的，没收违法所得；情节严重的，吊销生产许可证。

特种设备使用单位有下列行为之一的，责令限期改正；逾期未改正的，责令停止使用有关特种设备，处 1 万元以上 10 万元以下罚款。①使用特种设备未按照规定办理使用登记的；②未建立特种设备安全技术档案或者安全技术档案不符合规定要求，或者未依法设置使用登记标志、定期检验标志的；③未对其使用的特种设备进行经常性维护保养和定期自行检查，或者未对其使用的特种设备的安全附件、安全保护装置进行定期校验、检修，并做出记录的；④未按照安全技术规范的要求及时申报并接受检验的；⑤未按照安全技术规范的要求进行锅炉水（介）质处理的；⑥未制定特种设备事故应急专项预案的。

特种设备使用单位有下列行为之一的，责令停止使用有关特种设备，处3万元以上30万元以下罚款：①使用未取得许可生产，未经检验或者检验不合格的特种设备，或者国家明令淘汰、已经报废的特种设备的；②特种设备出现故障或者发生异常情况，未对其进行全面检查、消除事故隐患，继续使用的；③特种设备存在严重事故隐患，无改造、修理价值，或者达到安全技术规范规定的其他报废条件，未依法履行报废义务，并办理使用登记证书注销手续的。

特种设备生产、经营、使用单位有下列情形之一的，责令限期改正；逾期未改正的，责令停止使用有关特种设备或者停产停业整顿，处1万元以上5万元以下罚款。①未配备具有相应资格的特种设备安全管理人员、检测人员和作业人员的；②使用未取得相应资格的人员从事特种设备安全管理、检测和作业的；③未对特种设备安全管理人员、检测人员和作业人员进行安全教育和技能培训的。

特种设备生产、经营、使用单位或者检验、检测机构拒不接受负责特种设备安全监督管理的部门依法实施的监督检查的，责令限期改正；逾期未改正的，责令停产停业整顿，处2万元以上20万元以下罚款。

特种设备生产、经营、使用单位擅自动用、调换、转移、损毁被查封、扣押的特种设备或者其主要部件的，责令改正，处5万元以上20万元以下罚款；情节严重的，吊销生产许可证，注销特种设备使用登记证书。

（四）施工现场消防安全违法行为应承担的法律责任

《消防法》规定，“违反本法规定，有下列行为之一的，由住房和城乡建设主管部门责令改正或者停止施工，并处一万元以上十万元以下罚款：……（三）建筑施工企业不按照消防设计文件和消防技术标准施工，降低消防施工质量的……”。

单位违反本法规定，有下列行为之一的，责令改正，处5000元以上5万元以下罚款：①消防设施、器材或者消防安全标志的配置、设置不符合国家标准、行业标准，或者未保持完好有效的；②损坏、挪用或者擅自拆除、停用消防设施、器材的；③占用、堵塞、封闭疏散通道、安全出口或者有其他妨碍安全疏散行为的；④埋压、圈占、遮挡消火栓或者占用防火间距的；⑤占用、堵塞、封闭消防车通道，妨碍消防车通行的；⑥人员密集场所在门窗上设置影响逃生和灭火救援的障碍物的；⑦对火灾隐患经消防救援机构通知后不及时采取措施消除的。

有下列行为之一，尚不构成犯罪的，处10日以上15日以下拘留，可以并处500元以下罚款；情节较轻的，处警告或者500元以下罚款。①指使或者强令他人违反消防安全规定，冒险作业的；②过失引起火灾的；③在火灾发生后阻拦报警，或者负有报告职责的人员不及时报警的；④扰乱火灾现场秩序，或者拒不执行火灾现场指挥员指挥，影响灭火救援的；⑤故意破坏或者伪造火灾现场的；⑥擅自拆封或者使用被消防救援机构查封的场所、部位的。

当事人逾期不执行停产停业、停止使用、停止施工决定的，由做出决定的部门或者机构强制执行。

《国务院关于加强和改进消防工作的意见》（国发〔2011〕46号）指出，各单位因消防安全责任不落实、火灾防控措施不到位，发生人员伤亡火灾事故的，要依法依纪追究有关人员的责任；发生重大火灾事故的，要依法依纪追究单位负责人、实际控制人、上级单位主要负责人和当地政府及有关部门负责人的责任。

（五）施工现场食品安全违法行为应承担的法律责任

《食品安全法》规定，“违反本法规定，有下列情形之一的，由县级以上人民政府食品安全监督管理部门责令改正，给予警告；拒不改正的，处5000元以上5万元以下罚款；情节严重的，责令停产停业，直至吊销许可证：……（十二）学校、托幼机构、养老机构、建筑工地等集中用餐单位未按规定履行食品安全管理责任……”。

第四节　施工安全事故的应急救援与调查处理

一、生产安全事故的等级划分标准

《安全生产法》规定，生产安全一般事故、较大事故、重大事故、特别重大事故的划分标准由国务院规定。

2007年4月国务院颁布的《生产安全事故报告和调查处理条例》规定，根据生产安全事故（以下简称事故）造成的人员伤亡或者直接经济损失，事故一般分为以下等级：①特别重大事故，是指造成30人以上死亡，或者100人以上重伤（包括急性工业中毒，下同），或者1亿元以上直接经济损失的事故；②重大事故，是指造成10人以上30人以下死亡，或者50人以上100人以下重伤，或者5000万元以上1亿元以下直接经济损失的事故；③较大事故，是指造成3人以上10人以下死亡，或者10人以上50人以下重伤，或者1000万元以上5000万元以下直接经济损失的事故；④一般事故，是指造成3人以下死亡，或者10人以下重伤，或者1000万元以下直接经济损失的事故。所称的“以上”包括本数，所称的“以下”不包括本数。

《生产安全事故报告和调查处理条例》还规定，没有造成人员伤亡，但是社会影响恶劣的事故，国务院或者有关地方人民政府认为需要调查处理的，依照本条例的有关规定执行。

二、施工生产安全事故应急救援预案的规定

《建设工程安全生产管理条例》规定，施工单位应当制定本单位生产安全事故应急救援预案，建立应急救援组织或者配备应急救援人员，配备必要的应急救援器材、设备，并定期组织演练。

2019年2月公布的《生产安全事故应急条例》规定，生产经营单位应当加强生产安全事故应急工作，建立、健全生产安全事故应急工作责任制，其主要负责人对本单位的生产安全事故应急工作全面负责。

（一）施工生产安全事故应急救援预案的编制

《安全生产法》规定，生产经营单位对重大危险源应当登记建档，进行定期检测、评估、监控，并制定应急预案，告知从业人员和相关人员在紧急情况下应当采取的应急措施。生产经营单位应当按照国家有关规定将本单位重大危险源及有关安全措施、应急措施报有关地方人民政府安全生产监督管理部门和有关部门备案。

《建设工程安全生产管理条例》规定，施工单位应当根据建设工程施工的特点、范围，对施工现场易发生重大事故的部位、环节进行监控，制定施工现场生产安全事故应急救援预案。

《生产安全事故应急条例》规定，生产经营单位应当针对本单位可能发生的生产安全事故的特点和危害，进行风险辨识和评估，制定相应的生产安全事故应急救援预案，并向本单位从业人员公布。

生产安全事故应急救援预案应当符合有关法律、法规、规章和标准的规定，具有科学性、针对性和可操作性，明确规定应急组织体系、职责分工以及应急救援程序和措施。

2019年7月应急管理部经修改后发布的《生产安全事故应急预案管理办法》规定，生产经营单位应急预案分为综合应急预案、专项应急预案和现场处置方案。

综合应急预案应当规定应急组织机构及其职责、应急预案体系、事故风险描述、预警及信息报告、应急响应、保障措施、应急预案管理等内容。专项应急预案应当规定应急指挥机构与职责、处置程序和措施等内容。现场处置方案应当规定应急工作职责、应急处置措施和注意事项等内容。

生产经营单位应当在编制应急预案的基础上，针对工作场所、岗位的特点，编制简明、实用、有效的应急处置卡。应急处置卡应当规定重点岗位、人员的应急处置程序和措施，以及相关联络人员和联系方式，便于从业人员携带。

2018年12月经修改后公布的《中华人民共和国职业病防治法》(简称《职业病防治法》)规定，“用人单位应当采取下列职业病防治管理措施：……（六）建立、健全职业病危害事故应急救援预案”。《特种设备安全法》规定，特种设备使用单位应当制定特种设备事故应急专项预案，并定期进行应急演练。

（二）施工生产安全事故应急预案的修订、教育培训和演练

《生产安全事故应急条例》规定，有下列情形之一的，生产安全事故应急救援预案制定单位应当及时修订相关预案：①制定预案所依据的法律、法规、规章、标准发生重大变化；②应急指挥机构及其职责发生调整；③安全生产面临的风险发生重大变化；④重要应急资源发生重大变化；⑤在预案演练或者应急救援中发现需要修订预案的重大问题；⑥其他应当修订的情形。

生产经营单位应当对从业人员进行应急教育和培训，保证从业人员具备必要的应急知识，掌握风险防范技能和事故应急措施。

建筑施工单位应当至少每半年组织1次生产安全事故应急救援预案演练，并将演练情况报送所在地县级以上地方人民政府负有安全生产监督管理职责的部门。县级以上地方人民政府负有安全生产监督管理职责的部门应当对本行政区域内相关规定的重点生产经营单位的生产安全事故应急救援预案演练进行抽查；发现演练不符合要求的，应当责令限期改正。

（三）应急救援队伍与应急值班制度

建筑施工单位应当建立应急救援队伍；其中，小型企业或者微型企业等规模较小的生产经营单位，可以不建立应急救援队伍，但应当指定兼职的应急救援人员，并且可以与邻近的应急救援队伍签订应急救援协议。

应急救援队伍的应急救援人员应当具备必要的专业知识、技能、身体素质和心理素质。应急救援队伍建立单位或者兼职应急救援人员所在单位应当按照国家有关规定对应急救援人

员进行培训；应急救援人员经培训合格后，方可参加应急救援工作。应急救援队伍应当配备必要的应急救援装备和物资，并定期组织训练。

建筑施工单位应当根据本单位可能发生的生产安全事故的特点和危害，配备必要的灭火、排水、通风以及危险物品稀释、掩埋、收集等应急救援器材、设备和物资，并进行经常性维护、保养，保证正常运转。

建筑施工单位、应急救援队伍应当建立应急值班制度，配备应急值班人员。

（四）应急救援的组织实施

发生生产安全事故后，生产经营单位应当立即启动生产安全事故应急救援预案，采取下列一项或者多项应急救援措施，并按照国家有关规定报告事故情况：①迅速控制危险源，组织抢救遇险人员；②根据事故危害程度，组织现场人员撤离或者采取可能的应急措施后撤离；③及时通知可能受到事故影响的单位和人员；④采取必要措施，防止事故危害扩大和次生、衍生灾害发生；⑤根据需要请求邻近的应急救援队伍参加救援，并向参加救援的应急救援队伍提供相关技术资料、信息和处置方法；⑥维护事故现场秩序，保护事故现场和相关证据；⑦法律、法规规定的其他应急救援措施。

应急救援队伍接到有关人民政府及其部门的救援命令或者签有应急救援协议的生产经营单位的救援请求后，应当立即参加生产安全事故应急救援。应急救援队伍根据救援命令参加生产安全事故应急救援所耗费用，由事故责任单位承担；事故责任单位无力承担的，由有关人民政府协调解决。

参加生产安全事故现场应急救援的单位和个人应当服从现场指挥部的统一指挥。在生产安全事故应急救援过程中，发现可能直接危及应急救援人员生命安全的紧急情况时，现场指挥部或者统一指挥应急救援的人民政府应当立即采取相应措施消除隐患，降低或者化解风险，必要时可以暂时撤离应急救援人员。

有关人民政府及其部门根据生产安全事故应急救援需要依法调用和征用的财产，在使用完毕或者应急救援结束后，应当及时归还。财产被调用、征用或者调用、征用后毁损、灭失的，有关人民政府及其部门应当按照国家有关规定给予补偿。

县级以上地方人民政府应当按照国家有关规定，对在生产安全事故应急救援中伤亡的人员及时给予救治和抚恤；符合烈士评定条件的，按照国家有关规定评定为烈士。

（五）施工总分包单位的职责分工

《建设工程安全生产管理条例》规定，实行施工总承包的，由总承包单位统一组织编制建设工程生产安全事故应急救援预案，工程总承包单位和分包单位按照应急救援预案，各自建立应急救援组织或者配备应急救援人员，配备救援器材、设备，并定期组织演练。

三、施工生产安全事故报告及采取相应措施的规定

（一）施工生产安全事故报告

1. 施工生产安全事故报告的基本要求

《安全生产法》规定，生产经营单位发生生产安全事故后，事故现场有关人员应当立即报告本单位负责人。单位负责人接到事故报告后，应当迅速采取有效措施，组织抢救，防止事故扩大，减少人员伤亡和财产损失，并按照国家有关规定立即如实报告当地负有安全生产监督管理职责的部门，不得隐瞒不报、谎报或者迟报，不得故意破坏事故现场、毁灭有关

证据。

《特种设备安全法》进一步规定，特种设备发生事故后，事故发生单位应当按照应急预案采取措施，组织抢救，防止事故扩大，减少人员伤亡和财产损失，保护事故现场和有关证据，并及时向事故发生地县级以上人民政府负责特种设备安全监督管理的部门和有关部门报告。与事故相关的单位和人员不得迟报、谎报或者瞒报事故情况，不得隐匿、毁灭有关证据或者故意破坏事故现场。

2. 事故报告的时间要求

《生产安全事故报告和调查处理条例》规定，事故发生后，事故现场有关人员应当立即向本单位负责人报告；单位负责人接到报告后，应当于1小时内向事故发生地县级以上人民政府安全生产监督管理部门和负有安全生产监督管理职责的有关部门报告。情况紧急时，事故现场有关人员可以直接向事故发生地县级以上人民政府安全生产监督管理部门和负有安全生产监督管理职责的有关部门报告。

3. 事故报告的内容要求

《生产安全事故报告和调查处理条例》规定，报告事故应当包括下列内容：①事故发生单位概况；②事故发生的时间、地点以及事故现场情况；③事故的简要经过；④事故已经造成或者可能造成的伤亡人数（包括下落不明的人数）和初步估计的直接经济损失；⑤已经采取的措施；⑥其他应当报告的情况。

报告事故发生的时间应当具体；报告事故发生的地点要准确，除事故发生的中心地点外，还应当报告事故所波及的区域；报告事故现场的情况应当全面，包括现场的总体情况、人员伤亡情况和设备设施的毁损情况，以及事故发生前后的现场情况，便于比较分析事故原因。

对于人员伤亡情况的报告，应当遵守实事求是的原则，不作无根据的猜测，更不能隐瞒实际伤亡人数。对直接经济损失的初步估算，主要指事故所导致的建筑物毁损、生产设备设施和仪器仪表损坏等。

已经采取的措施，主要是指事故现场有关人员、事故单位负责人以及已经接到事故报告的安全生产管理部门等，为减少损失、防止事故扩大和便于事故调查所采取的应急救援和现场保护等具体措施。

其他应当报告的情况，则应根据实际情况而定。如较大以上事故，还应当报告事故所造成的社会影响、政府有关领导和部门现场指挥等有关情况。

4. 事故补报的要求

《生产安全事故报告和调查处理条例》规定，事故报告后出现新情况的，应当及时补报。自事故发生之日起30日内，事故造成的伤亡人数发生变化的，应当及时补报。道路交通事故、火灾事故自发生之日起7日内，事故造成的伤亡人数发生变化的，应当及时补报。

（二）发生施工生产安全事故后应采取的相应措施

1. 组织应急抢救工作

《生产安全事故报告和调查处理条例》规定，事故发生单位负责人接到事故报告后，应当立即启动事故相应应急预案，或者采取有效措施，组织抢救，防止事故扩大，减少人员伤亡和财产损失。

2. 妥善保护事故现场

《生产安全事故报告和调查处理条例》规定，事故发生后，有关单位和人员应当妥善保护事故现场以及相关证据，任何单位和个人不得破坏事故现场、毁灭相关证据。因抢救人员、防止事故扩大以及疏通交通等原因，需要移动事故现场物件的，应当做出标志，绘制现场简图并做出书面记录，妥善保存现场重要痕迹、物证。

确因特殊情况需要移动事故现场物件的，须同时满足以下条件：①抢救人员、防止事故扩大以及疏通交通的需要；②经事故单位负责人或者组织事故调查的安全生产监督管理部门和负有安全生产监督管理职责的有关部门同意；③做出标志，绘制现场简图，拍摄现场照片，对被移动物件贴上标签，并做出书面记录；④尽量使现场少受破坏。

（三）施工生产安全事故的调查

1. 事故调查的管辖

《生产安全事故报告和调查处理条例》规定，特别重大事故由国务院或者国务院授权有关部门组织事故调查组进行调查。

重大事故、较大事故、一般事故分别由事故发生地省级人民政府、设区的市级人民政府、县级人民政府负责调查。省级人民政府、设区的市级人民政府、县级人民政府可以直接组织事故调查组进行调查，也可以授权或者委托有关部门组织事故调查组进行调查。未造成人员伤亡的一般事故，县级人民政府也可以委托事故发生单位组织事故调查组进行调查。上级人民政府认为必要时，可以调查由下级人民政府负责调查的事故。

自事故发生之日起 30 日内（道路交通事故、火灾事故自发生之日起 7 日内），因事故伤亡人数变化导致事故等级发生变化，依照《生产安全事故报告和调查处理条例》规定应当由上级人民政府负责调查的，上级人民政府可以另行组织事故调查组进行调查。

特别重大事故以下等级事故，事故发生地与事故发生单位不在同一个县级以上行政区域的，由事故发生地人民政府负责调查，事故发生单位所在地人民政府应当派人参加。

2. 事故调查组的组成与职责

事故调查组的组成应当遵循精简、高效的原则。根据事故的具体情况，事故调查组由有关人民政府、安全生产监督管理部门、负有安全生产监督管理职责的有关部门、监察机关、公安机关以及工会派人组成，并应当邀请人民检察院派人参加。事故调查组可以聘请有关专家参与调查。

事故调查组成员应当具有事故调查所需要的知识和专长，并与所调查的事故没有直接利害关系。事故调查组组长由负责事故调查的人民政府指定。事故调查组组长主持事故调查组的工作。

事故调查组履行下列职责：①查明事故发生的经过、原因、人员伤亡情况及直接经济损失；②认定事故的性质和事故责任；③提出对事故责任者的处理建议；④总结事故教训，提出防范和整改措施；⑤提交事故调查报告。

3. 事故调查组的权利与纪律

事故调查组有权向有关单位和个人了解与事故有关的情况，并要求其提供相关文件、资料，有关单位和个人不得拒绝。事故发生单位的负责人和有关人员在事故调查期间不得擅离职守，并应当随时接受事故调查组的询问，如实提供有关情况。事故调查中发现涉嫌犯罪的，事故调查组应当及时将有关材料或者其复印件移交司法机关处理。

事故调查中需要进行技术鉴定的，事故调查组应当委托具有国家规定资质的单位进行技术鉴定。必要时，事故调查组可以直接组织专家进行技术鉴定。技术鉴定所需时间不计入事故调查期限。

事故调查组成员在事故调查工作中应当诚信公正、恪尽职守，遵守事故调查组的纪律，保守事故调查的秘密。未经事故调查组组长允许，事故调查组成员不得擅自发布有关事故的信息。

4. 事故调查报告的期限与内容

事故调查组应当自事故发生之日起60日内提交事故调查报告；特殊情况下，经负责事故调查的人民政府批准，提交事故调查报告的期限可以适当延长，但延长的期限最长不超过60日。

事故调查报告应当包括下列内容：①事故发生单位概况；②事故发生经过和事故救援情况；③事故造成的人员伤亡和直接经济损失；④事故发生的原因和事故性质；⑤事故责任的认定以及对事故责任者的处理建议；⑥事故防范和整改措施。事故调查报告应当附具有关证据材料。事故调查组成员应当在事故调查报告上签名。

（四）施工生产安全事故的处理

1. 事故处理时限和落实批复

《生产安全事故报告和调查处理条例》规定，重大事故、较大事故、一般事故，负责事故调查的人民政府应当自收到事故调查报告之日起15日内做出批复；特别重大事故，30日内做出批复，特殊情况下，批复时间可以适当延长，但延长的时间最长不超过30日。

有关机关应当按照人民政府的批复，依照法律、行政法规规定的权限和程序，对事故发生单位和有关人员进行行政处罚，对负有事故责任的国家工作人员进行处分。事故发生单位应当按照负责事故调查的人民政府的批复，对本单位负有事故责任的人员进行处理。

负有事故责任的人员涉嫌犯罪的，依法追究刑事责任。

2. 事故发生单位的防范和整改措施

事故发生单位应当认真吸取事故教训，落实防范和整改措施，防止事故再次发生。防范和整改措施的落实情况应当接受工会和职工的监督。

安全生产监督管理部门和负有安全生产监督管理职责的有关部门应当对事故发生单位落实防范和整改措施的情况进行监督检查。

3. 处理结果的公布

事故处理的情况由负责事故调查的人民政府或者其授权的有关部门、机构向社会公布，依法应当保密的除外。

四、违法行为应承担的法律责任

（一）生产安全事故应急违法行为应承担的法律责任

《安全生产法》规定，未按照规定制定生产安全事故应急救援预案或者未定期组织演练的，责令限期改正，处10万元以下的罚款；逾期未改正的，责令停产停业整顿，并处10万元以上20万元以下的罚款，对其直接负责的主管人员和其他直接责任人员处2万元以上5万元以下的罚款。

《生产安全事故应急条例》规定，生产经营单位未制定生产安全事故应急救援预案、未定期组织应急救援预案演练、未对从业人员进行应急教育和培训，生产经营单位的主要负责人在本单位发生生产安全事故时不立即组织抢救的，由县级以上人民政府负有安全生产监督管理职责的部门依照《中华人民共和国安全生产法》有关规定追究法律责任。

生产经营单位未对应急救援器材、设备和物资进行经常性维护、保养，导致发生严重生产安全事故或者生产安全事故危害扩大，或者在本单位发生生产安全事故后未立即采取相应的应急救援措施，造成严重后果的，由县级以上人民政府负有安全生产监督管理职责的部门依照《中华人民共和国突发事件应对法》有关规定追究法律责任。《中华人民共和国突发事件应对法》规定，由所在地履行统一领导职责的人民政府责令停业停产，暂扣或者吊销许可证或者营业执照，并处 5 万元以上 20 万元以下的罚款；构成违反治安管理行为的，由公安机关依法给予处罚。

生产经营单位未将生产安全事故应急救援预案报送备案、未建立应急值班制度或者配备应急值班人员的，由县级以上人民政府负有安全生产监督管理职责的部门责令限期改正；逾期未改正的，处 3 万元以上 5 万元以下的罚款，对直接负责的主管人员和其他直接责任人员处 1 万元以上 2 万元以下的罚款。

（二）事故报告及采取相应措施违法行为应承担的法律责任

《安全生产法》规定，生产经营单位的主要负责人在本单位发生生产安全事故时，不立即组织抢救或者在事故调查处理期间擅离职守或者逃匿的，给予降级、撤职的处分，并由应急管理部门处上一年年收入 60% 至 100% 的罚款；对逃匿的处 15 日以下拘留；构成犯罪的，依照《刑法》有关规定追究刑事责任。生产经营单位的主要负责人对生产安全事故隐瞒不报、谎报或者迟报的，依照前款规定处罚。

《特种设备安全法》规定，发生特种设备事故，有下列情形之一的，对单位处 5 万元以上 20 万元以下罚款；对主要负责人处 1 万元以上 5 万元以下罚款；主要负责人属于国家工作人员的，并依法给予处分：①发生特种设备事故时，不立即组织抢救或者在事故调查处理期间擅离职守或者逃匿的；②对特种设备事故迟报、谎报或者瞒报的。

《生产安全事故报告和调查处理条例》规定，事故发生单位主要负责人有下列行为之一的，处上一年年收入 40%~80% 的罚款；属于国家工作人员的，并依法给予处分；构成犯罪的，依法追究刑事责任。①不立即组织事故抢救的；②迟报或者漏报事故的；③在事故调查处理期间擅离职守的。

事故发生单位及其有关人员有下列行为之一的，对事故发生单位处 100 万元以上 500 万元以下的罚款；对主要负责人、直接负责的主管人员和其他直接责任人员处上一年年收入 60%~100% 的罚款；属于国家工作人员的，并依法给予处分；构成违反治安管理行为的，由公安机关依法给予治安管理处罚；构成犯罪的，依法追究刑事责任。①谎报或者瞒报事故的；②伪造或者故意破坏事故现场的；③转移、隐匿资金、财产，或者销毁有关证据、资料的；④拒绝接受调查或者拒绝提供有关情况和资料的；⑤在事故调查中作伪证或者指使他人作伪证的；⑥事故发生后逃匿的。

《职业病防治法》规定，“用人单位违反本法规定，有下列行为之一的，由卫生行政部门给予警告，责令限期改正，逾期不改正的，处 5 万元以上 20 万元以下的罚款；情节严重的，责令停止产生职业病危害的作业，或者提请有关人民政府按照国务院规定的权限责令关闭：……（七）发生或者可能发生急性职业病危害事故时，未立即采取应急救援和控制措施或者未按照规定及时报告的……”。

《刑法》第一百三十九条之一规定，在安全事故发生后，负有报告职责的人员不报或者谎报事故情况，贻误事故抢救，情节严重的，处3年以下有期徒刑或者拘役；情节特别严重的，处3年以上7年以下有期徒刑。

《最高人民法院、最高人民检察院关于办理危害生产安全刑事案件适用法律若干问题的解释》（法释〔2015〕22号）规定，刑法第一百三十九条之一规定的“负有报告职责的人员”，是指负有组织、指挥或者管理职责的负责人、管理人员、实际控制人、投资人，以及其他负有报告职责的人员。

在安全事故发生后，负有报告职责的人员不报或者谎报事故情况，贻误事故抢救，具有下列情形之一的，应当认定为《刑法》第一百三十九条之一规定的“情节严重”：

1）导致事故后果扩大，增加死亡1人以上，或者增加重伤3人以上，或者增加直接经济损失100万元以上的。

2）实施下列行为之一，致使不能及时有效开展事故抢救的：决定不报、迟报、谎报事故情况或者指使、串通有关人员不报、迟报、谎报事故情况的；在事故抢救期间擅离职守或者逃匿的；伪造、破坏事故现场，或者转移、藏匿、毁灭遇难人员尸体，或者转移、藏匿受伤人员的；毁灭、伪造、隐匿与事故有关的图纸、记录、计算机数据等资料以及其他证据的。

3）其他情节严重的情形。

具有下列情形之一的，应当认定为《刑法》第一百三十九条之一规定的“情节特别严重”：①导致事故后果扩大，增加死亡3人以上，或者增加重伤10人以上，或者增加直接经济损失500万元以上的；②采用暴力、胁迫、命令等方式阻止他人报告事故情况，导致事故后果扩大的；③其他情节特别严重的情形。

在安全事故发生后，与负有报告职责的人员串通，不报或者谎报事故情况，贻误事故抢救，情节严重的，依照《刑法》第一百三十九条之一的规定，以共犯论处。在安全事故发生后，直接负责的主管人员和其他直接责任人员故意阻挠开展抢救，导致人员死亡或者重伤，或者为了逃避法律追究，对被害人进行隐藏、遗弃，致使被害人因无法得到救助而死亡或者重度残疾的，分别依照《刑法》第二百三十二条、第二百三十四条的规定，以故意杀人罪或者故意伤害罪定罪处罚。

实施《刑法》第一百三十二条、第一百三十四条至第一百三十九条之一规定的犯罪行为，在安全事故发生后积极组织、参与事故抢救，或者积极配合调查、主动赔偿损失的，可以酌情从轻处罚。

（三）事故调查违法行为应承担的法律责任

《生产安全事故报告和调查处理条例》规定，参与事故调查的人员在事故调查中有下列行为之一的，依法给予处分；构成犯罪的，依法追究刑事责任：①对事故调查工作不负责任，致使事故调查工作有重大疏漏的；②包庇、袒护负有事故责任的人员或者借机打击报复的。

（四）事故责任单位及主要负责人应承担的法律责任

《安全生产法》规定，生产经营单位与从业人员订立协议，免除或者减轻其对从业人员因生产安全事故伤亡依法应承担的责任的，该协议无效；对生产经营单位的主要负责人、个人经营的投资人处2万元以上10万元以下的罚款。

发生生产安全事故，对负有责任的生产经营单位除要求其依法承担相应的赔偿等责任外，由应急管理部门依照下列规定处以罚款：①发生一般事故的，处30万元以上100万元以下的罚款；②发生较大事故的，处100万元以上200万元以下的罚款；③发生重大事故的，处200万元以上1000万元以下的罚款；④发生特别重大事故的，处1000万元以上2000万元以下的罚款。

生产经营单位发生生产安全事故造成人员伤亡、他人财产损失的，应当依法承担赔偿责任；拒不承担或者其负责人逃匿的，由人民法院依法强制执行。生产安全事故的责任人未依法承担赔偿责任，经人民法院依法采取执行措施后，仍不能对受害人给予足额赔偿的，应当继续履行赔偿义务；受害人发现责任人有其他财产的，可以随时请求人民法院执行。

《特种设备安全法》规定，造成人身、财产损害的，依法承担民事责任。应当承担民事赔偿责任和缴纳罚款、罚金，其财产不足以同时支付时，先承担民事赔偿责任。构成违反治安管理行为的，依法给予治安管理处罚；构成犯罪的，依法追究刑事责任。

特种设备安全管理人员、检测人员和作业人员不履行岗位职责，违反操作规程和有关安全规章制度，造成事故的，吊销相关人员的资格。

《生产安全事故报告和调查处理条例》规定，事故发生单位对事故发生负有责任的，依照下列规定处以罚款：①发生一般事故的，处10万元以上20万元以下的罚款；②发生较大事故的，处20万元以上50万元以下的罚款；③发生重大事故的，处50万元以上200万元以下的罚款；④发生特别重大事故的，处200万元以上500万元以下的罚款。

事故发生单位主要负责人未依法履行安全生产管理职责，导致事故发生的，依照下列规定处以罚款；属于国家工作人员的，并依法给予处分；构成犯罪的，依法追究刑事责任。①发生一般事故的，处上一年年收入30%的罚款；②发生较大事故的，处上一年年收入40%的罚款；③发生重大事故的，处上一年年收入60%的罚款；④发生特别重大事故的，处上一年年收入80%的罚款。

事故发生单位对事故发生负有责任的，由有关部门依法暂扣或者吊销其有关证照；对事故发生单位负有事故责任的有关人员，依法暂停或者撤销其与安全生产有关的执业资格、岗位证书；事故发生单位主要负责人受到刑事处罚或者撤职处分的，自刑罚执行完毕或者受处分之日起，5年内不得担任任何生产经营单位的主要负责人。

思　考　题

1. 简述建筑施工企业取得安全生产许可证应具备的生产条件。
2. 简述施工单位主要负责人对本单位安全生产工作应负有的职责。
3. 简述建筑施工企业安全生产管理机构应具有的职责。
4. 简述施工企业项目专职安全生产管理人员应具有的主要职责。
5. 如何理解施工单位负责人施工现场带班制度？
6. 简述总承包单位应当承担的法定安全生产责任。
7. 简述施工作业人员安全生产的权利和义务。
8. 列举编制专项施工方案，并附具安全验算结果，经施工单位技术负责人、总监理工程师签字后实施的危险性较大的分部分项工程。

9. 简述施工现场安全防范措施。

10. 根据《企业安全生产费用提取和使用管理办法》的规定，简述建设工程施工企业安全生产费用的使用范围。

11. 简述施工生产安全事故报告的基本要求。

12. 简述施工生产安全事故报告的内容要求。

13. 案例背景：某建筑安装公司承担一住宅工程施工。该公司原已依法取得安全生产许可证，但在开工5个月后有效期满。因当时正值施工高峰期，该公司忙于组织施工，未能按规定办理延期手续。当地政府监管机构发现后，立即责令其停止施工，限期补办延期手续。但该公司为了赶工期，既没有停止施工，到期后也未办理延期手续。

问题：(1) 本案中的建筑安装公司有哪些违法行为？

(2) 违法者应当承担哪些法律责任？

14. 案例背景：在某高层建筑的外墙装饰施工工地，某施工单位为赶在雨季前完成施工，又从其他工地调配来一批工人，但未经安全培训教育就安排到有关岗位开始作业。2名工人被安排上高处作业吊篮到6层处从事外墙装饰作业。他们在作业完成后为图省事，直接从高处作业吊篮的悬吊平台向6层窗口爬去，结果失足从10多m高处坠落在地，造成1死1重伤。

问题：(1) 本案中，施工单位有何违法行为？

(2) 该违法行为应当承担哪些法律责任？

15. 案例背景：某建筑公司在城市市区承担一商厦工程施工，在施工现场周边设置了2m高的围挡，但因施工日久失管，有几处已破损成洞。某日，有2个男孩淘气从洞处钻入工地现场玩耍，不小心被堆放的钢筋等材料滑落碰伤，引起了孩子家长与该建筑公司的赔偿纠纷。

问题：(1) 本案中的建筑公司是否存在违法行为？

(2) 该违法行为应当承担哪些法律责任？

16. 案例背景：某住宅小区工地上，一载满作业工人的施工升降机在上升过程中突然失控冲顶，从100m高处坠落，造成施工升降机上的9名施工人员全部随机坠落而遇难的惨剧。

问题：(1) 本案中的事故应当定为何等级？

(2) 在事故发生后，施工单位应当依法采取哪些措施？

第九章 建设工程环境保护与节能法律制度

本章重点内容： 施工现场环境噪声污染的防治、建设项目环境噪声污染的防治；施工现场水污染的防治；施工现场环境噪声污染防治、大气污染防治、水污染防治、固体废物污染环境防治违法行为应承担的法律责任，施工节能的规定，建设控制地带内进行建设工程违法行为应承担的法律责任。

本章学习目标： 掌握施工现场环境保护制度相关规定，熟悉施工节约能源制度相关规定。通过本章学习，使学生意识到生态环境保护的重要性，建立绿水青山就是金山银山的环境生态保护理念，培养学生在未来工作中具备绿色、环保、低碳、节能的行为习惯。

第一节 施工现场环境保护制度

《建筑法》规定，建筑施工企业应当遵守有关环境保护和安全生产的法律、法规的规定，采取控制和处理施工现场的各种粉尘、废气、废水、固体废物以及噪声、振动对环境的污染和危害的措施。

一、施工现场环境噪声污染防治的规定

（一）施工现场环境噪声污染的防治

1. 排放建筑施工噪声应当符合建筑施工场界环境噪声排放标准

2018 年 12 月经修改后公布的《中华人民共和国环境噪声污染防治法》（简称《环境噪声污染防治法》）规定，在城市市区范围内向周围生活环境排放建筑施工噪声的，应当符合国家规定的建筑施工场界环境噪声排放标准。

《建筑施工场界环境噪声排放标准》（GB 12523—2011）规定，建筑施工过程中场界环境噪声不得超过规定的排放限值。建筑施工场界环境噪声排放限值，昼间 70dB（A），夜间 55dB（A）。夜间噪声最大声级超过限值的幅度不得高于 15 dB（A）。“昼间”是指 6：00 至 22：00 之间的时段；“夜间”是指 22：00 至次日 6：00 之间的时段。县级以上人民政府为环境噪声污染防治的需要（如考虑时差、作息习惯差异等）而对昼间、夜间的划分另有规定的，应按其规定执行。

2. 使用机械设备可能产生环境噪声污染须申报的规定

《环境噪声污染防治法》规定，在城市市区范围内，建筑施工过程中使用机械设备，可能产生环境噪声污染的，施工单位必须在工程开工 15 日以前向工程所在地县级以上地方人

民政府生态环境主管部门申报该工程的项目名称、施工场所和期限、可能产生的环境噪声值以及所采取的环境噪声污染防治措施的情况。

3. 禁止夜间进行产生环境噪声污染施工作业的规定

在城市市区噪声敏感建筑物集中区域内，禁止夜间进行产生环境噪声污染的建筑施工作业，但抢修、抢险作业和因生产工艺上要求或者特殊需要必须连续作业的除外。因特殊需要必须连续作业的，必须有县级以上人民政府或者其有关主管部门的证明。以上规定的夜间作业，必须公告附近居民。

4. 政府监管部门的现场检查

《环境噪声污染防治法》规定，县级以上人民政府生态环境主管部门和其他环境噪声污染防治工作的监督管理部门、机构，有权依据各自的职责对管辖范围内排放环境噪声的单位进行现场检查。

被检查的单位必须如实反映情况，并提供必要的资料。检查部门、机构应当为被检查的单位保守技术秘密和业务秘密。检查人员进行现场检查，应当出示证件。

（二）建设项目环境噪声污染的防治

《环境噪声污染防治法》规定，新建、改建、扩建的建设项目，必须遵守国家有关建设项目环境保护管理的规定。

建设项目可能产生环境噪声污染的，建设单位必须提出环境影响报告书，规定环境噪声污染的防治措施，并按照国家规定的程序报生态环境主管部门批准。环境影响报告书中，应当有该建设项目所在地单位和居民的意见。

建设项目的环境噪声污染防治设施必须与主体工程同时设计、同时施工、同时投产使用。例如，建设经过已有的噪声敏感建筑物集中区域的高速公路和城市高架、轻轨道路，有可能造成环境噪声污染的，应当设置声屏障或者采取其他有效的控制环境噪声污染的措施；在已有的城市交通干线的两侧建设噪声敏感建筑物的，建设单位应当按照国家规定间隔一定距离，并采取减轻、避免交通噪声影响的措施等。

建设项目在投入生产或者使用之前，其环境噪声污染防治设施必须按照国家规定的标准和程序进行验收；达不到国家规定要求的，该建设项目不得投入生产或者使用。

（三）交通运输噪声污染的防治

《环境噪声污染防治法》规定，在城市市区范围内行驶的机动车辆的消声器和喇叭必须符合国家规定的要求。机动车辆必须加强维修和保养，保持技术性能良好，防治环境噪声污染。

警车、消防车、工程抢险车、救护车等机动车辆安装、使用警报器，必须符合国务院公安部门的规定；在执行非紧急任务时，禁止使用警报器。

（四）对产生环境噪声污染企业事业单位的规定

《环境噪声污染防治法》规定，产生环境噪声污染的企业事业单位，必须保持防治环境噪声污染的设施的正常使用；拆除或者闲置环境噪声污染防治设施的，必须事先报经所在地的县级以上地方人民政府生态环境主管部门批准。

产生环境噪声污染的单位，应当采取措施进行治理，并按照国家规定缴纳超标准排污费。征收的超标准排污费必须用于污染的防治，不得挪作他用。

对于在噪声敏感建筑物集中区域内造成严重环境噪声污染的企业事业单位，限期治理。

被限期治理的单位必须按期完成治理任务。

二、施工现场大气污染防治的规定

（一）施工现场大气污染的防治

2018年10月经修改后公布的《中华人民共和国大气污染防治法》（简称《大气污染防治法》）规定，企业事业单位和其他生产经营者应当采取有效措施，防止、减少大气污染，对所造成的损害依法承担责任。

建设单位应当将防治扬尘污染的费用列入工程造价，并在施工承包合同中明确施工单位扬尘污染防治责任。施工单位应当制定具体的施工扬尘污染防治实施方案。施工单位应当在施工工地设置硬质围挡，并采取覆盖、分段作业、择时施工、洒水抑尘、冲洗地面和车辆等有效防尘降尘措施。建筑土方、工程渣土、建筑垃圾应当及时清运；在场地内堆存的，应当采用密闭式防尘网遮盖。工程渣土、建筑垃圾应当进行资源化处理。

施工单位应当在施工工地公示扬尘污染防治措施、负责人、扬尘监督管理主管部门等信息。暂时不能开工的建设用地，建设单位应当对裸露地面进行覆盖；超过3个月的，应当进行绿化、铺装或者遮盖。禁止在人口集中地区和其他依法需要特殊保护的区域内焚烧沥青、油毡、橡胶、塑料、皮革、垃圾以及其他产生有毒有害烟尘和恶臭气体的物质。

运输煤炭、垃圾、渣土、砂石、土方、灰浆等散装、流体物料的车辆应当采取密闭或者其他措施防止物料遗撒造成扬尘污染，并按照规定路线行驶。装卸物料应当采取密闭或者喷淋等方式防治扬尘污染。

贮存煤炭、煤矸石、煤渣、煤灰、水泥、石灰、石膏、砂土等易产生扬尘的物料应当密闭；不能密闭的，应当设置不低于堆放物高度的严密围挡，并采取有效覆盖措施防治扬尘污染。码头、矿山、填埋场和消纳场应当实施分区作业，并采取有效措施防治扬尘污染。

《住房和城乡建设部办公厅关于进一步加强施工工地和道路扬尘管控工作的通知》（建办质〔2019〕23号）规定，建设单位应将防治扬尘污染的费用列入工程造价，并在施工承包合同中明确施工单位扬尘污染防治责任。暂时不能开工的施工工地，建设单位应当对裸露地面进行覆盖；超过3个月的，应当进行绿化、铺装或者遮盖。

施工单位应制定具体的施工扬尘污染防治实施方案，在施工工地公示扬尘污染防治措施、负责人、扬尘监督管理主管部门等信息。施工单位应当采取有效防尘降尘措施，减少施工作业过程扬尘污染，并做好扬尘污染防治工作。

城市范围内主要路段的施工工地应设置高度不小于2.5m的封闭围挡，一般路段的施工工地应设置高度不小于1.8m的封闭围挡。施工工地的封闭围挡应坚固、稳定、整洁、美观。

施工现场的建筑材料、构件、料具应按总平面布局进行码放。在规定区域内的施工现场应使用预拌混凝土及预拌砂浆；采用现场搅拌混凝土或砂浆的场所应采取封闭、降尘、降噪措施；水泥和其他易飞扬的细颗粒建筑材料应密闭存放或采取覆盖等措施。

施工现场土方作业应采取防止扬尘措施，主要道路应定期清扫、洒水。拆除建筑物或构筑物时，应采用隔离、洒水等降噪、降尘措施，并应及时清理废弃物。施工进行铣刨、切割等作业时，应采取有效防扬尘措施；灰土和无机料应采用预拌进场，碾压过程中应洒水降尘。

施工现场的主要道路及材料加工区地面应进行硬化处理，道路应畅通，路面应平整坚实。裸露的场地和堆放的土方应采取覆盖、固化或绿化等措施。施工现场出入口应设置车辆冲洗设施，并对驶出车辆进行清洗。

土方和建筑垃圾的运输应采用封闭式运输车辆或采取覆盖措施。建筑物内施工垃圾的清运，应采用器具或管道运输，严禁随意抛掷。施工现场严禁焚烧各类废弃物。

（二）对向大气排放污染物单位的监管

《大气污染防治法》规定，地方各级人民政府应当加强对建设施工和运输的管理，保持道路清洁，控制料堆和渣土堆放，扩大绿地、水面、湿地和地面铺装面积，防治扬尘污染。

从事房屋建筑、市政基础设施建设、河道整治以及建筑物拆除等的施工单位，应当向负责监督管理扬尘污染防治的主管部门备案。

企业事业单位和其他生产经营者在生产经营活动中产生恶臭气体的，应当科学选址，设置合理的防护距离，并安装净化装置或者采取其他措施，防止排放恶臭气体。

企业事业单位和其他生产经营者违反法律法规规定排放大气污染物，造成或者可能造成严重大气污染，或者有关证据可能灭失或者被隐匿的，县级以上人民政府生态环境主管部门和其他负有大气环境保护监督管理职责的部门，可以对有关设施、设备、物品采取查封、扣押等行政强制措施。

三、施工现场水污染防治的规定

2017年6月经修改后公布的《中华人民共和国水污染防治法》（简称《水污染防治法》）规定，水污染防治应当坚持预防为主、防治结合、综合治理的原则，优先保护饮用水水源，严格控制工业污染、城镇生活污染，防治农业面源污染，积极推进生态治理工程建设，预防、控制和减少水环境污染和生态破坏。

（一）施工现场水污染的防治

《水污染防治法》规定，排放水污染物，不得超过国家或者地方规定的水污染物排放标准和重点水污染物排放总量控制指标。

1）禁止向水体排放油类、酸液、碱液或者剧毒废液。禁止在水体清洗装贮过油类或者有毒污染物的车辆和容器。禁止向水体排放、倾倒放射性固体废物或者含有高放射性和中放射性物质的废水。向水体排放含低放射性物质的废水，应当符合国家有关放射性污染防治的规定和标准。

2）禁止向水体排放、倾倒工业废渣、城镇垃圾和其他废弃物。禁止将含有汞、镉、砷、铬、铅、氰化物、黄磷等的可溶性剧毒废渣向水体排放、倾倒或者直接埋入地下。存放可溶性剧毒废渣的场所，应当采取防水、防渗漏、防流失的措施。禁止在江河、湖泊、运河、渠道、水库最高水位线以下的滩地和岸坡堆放、存贮固体废弃物和其他污染物。

3）禁止利用渗井、渗坑、裂隙、溶洞，私设暗管，篡改、伪造监测数据，或者不正常运行水污染防治设施等逃避监管的方式排放水污染物。禁止利用无防渗漏措施的沟渠、坑塘等输送或者存贮含有毒污染物的废水、含病原体的污水和其他废弃物。

4）在饮用水水源保护区内，禁止设置排污口。在风景名胜区水体、重要渔业水体和其他具有特殊经济文化价值的水体的保护区内，不得新建排污口。在保护区附近新建排污口，应当保证保护区水体不受污染。

5）兴建地下工程设施或者进行地下勘探、采矿等活动，应当采取防护性措施，防止地下水污染。人工回灌补给地下水，不得恶化地下水质。

建设工程开工前，建设单位应当查明工程建设范围内地下城镇排水与污水处理设施的相关情况。城镇排水主管部门及其他相关部门和单位应当及时提供相关资料。建设工程施工范围内有排水管网等城镇排水与污水处理设施的，建设单位应当与施工单位、设施维护运营单位共同制定设施保护方案，并采取相应的安全保护措施。因工程建设需要拆除、改动城镇排水与污水处理设施的，建设单位应当制定拆除、改动方案，报城镇排水主管部门审核，并承担重建、改建和采取临时措施的费用。

2015 年 1 月住房和城乡建设部发布的《城镇污水排入排水管网许可管理办法》进一步规定，未取得排水许可证，排水户不得向城镇排水设施排放污水。各类施工作业需要排水的，由建设单位申请领取排水许可证。因施工作业需要向城镇排水设施排水的，排水许可证的有效期，由城镇排水主管部门根据排水状况确定，但不得超过施工期限。排水户应当按照排水许可证确定的排水类别、总量、时限、排放口位置和数量、排放的污染物项目和浓度等要求排放污水。

排水户不得有下列危及城镇排水设施安全的行为：①向城镇排水设施排放、倾倒剧毒、易燃易爆物质、腐蚀性废液和废渣、有害气体和烹饪油烟等；②堵塞城镇排水设施或者向城镇排水设施内排放、倾倒垃圾、渣土、施工泥浆、油脂、污泥等易堵塞物；③擅自拆卸、移动和穿凿城镇排水设施；④擅自向城镇排水设施加压排放污水。

排水户因发生事故或者其他突发事件，排放的污水可能危及城镇排水与污水处理设施安全运行的，应当立即停止排放，采取措施消除危害，并按规定及时向城镇排水主管部门等有关部门报告。

城镇排水主管部门实施监督检查时，有权采取下列措施：①进入现场开展检查、监测；②要求被监督检查的排水户出示排水许可证；③查阅、复制有关文件和材料；④要求被监督检查的单位和个人就有关问题做出说明；⑤依法采取禁止排水户向城镇排水设施排放污水等措施，纠正违反有关法律、法规和《城镇污水排入排水管网许可管理办法》规定的行为。被监督检查的单位和个人应当予以配合，不得妨碍和阻挠依法进行的监督检查活动。城镇排水主管部门委托的专门机构，可以开展排水许可审查、档案管理、监督指导排水户排水行为等工作，并协助城镇排水主管部门对排水许可实施监督管理。

城镇排水主管部门实施排水许可不得收费。

（二）发生事故或者其他突发性事件的规定

《水污染防治法》规定，企业事业单位发生事故或者其他突发性事件，造成或者可能造成水污染事故的，应当立即启动本单位的应急方案，采取隔离等应急措施，防止水污染物进入水体，并向事故发生地的县级以上地方人民政府或者生态环境主管部门报告。

【案例】

背景：南方某市突降大雨，生态环境局执法人员巡查发现市区某路段有大面积的积水，便及时上报该局。不久，市政部门派人来疏通管道，从管道中清出大量的泥沙、水泥块，还发现井口内有一个非市政部门设置的排水口，其方向紧靠某工地一侧。经执法人员调查确认，该工地的排水管道是工地施工打桩时铺设，工地内没有任何污水处理设施，其施工废水直接排放到工地外。工地的排污口通向该路段一侧的雨水井。

问题：(1) 本案中，施工单位向道路雨水井排放施工废水的行为是否构成水污染违法行为？

(2) 施工单位向道路雨水井排放施工废水的行为应受到何种处罚？

分析：

(1) 施工单位向道路雨水井排放施工废水的行为构成了水污染违法行为。《水污染防治法》第三十七条规定，“禁止向水体排放、倾倒工业废渣、城镇垃圾和其他废弃物”。本案中的施工单位向雨水井中排放的施工废水中含有大量的泥沙、水泥块等废弃物。

(2) 根据《水污染防治法》第八十四条第二款的规定，市生态环境局应当责令该施工单位限期改正，限期拆除私自设置的排污口，并可对该施工单位处2万元以上10万元以下的罚款；逾期不拆除的，强制拆除，所需费用由违法者承担，处10万元以上50万元以下的罚款；情节严重的，可以责令停产整治。

四、施工现场固体废物污染环境防治的规定

2020年4月经修改后公布的《中华人民共和国固体废物污染环境防治法》（简称《固体废物污染环境防治法》）规定，国家推行绿色发展方式，促进清洁生产和循环经济发展。国家倡导简约适度、绿色低碳的生活方式，引导公众积极参与固体废物污染环境防治。

（一）施工现场固体废物污染环境的防治

1. 一般固体废物污染环境的防治

《固体废物污染环境防治法》规定，任何单位和个人都应当采取措施，减少固体废物的产生量，促进固体废物的综合利用，降低固体废物的危害性。

产生、收集、贮存、运输、利用、处置固体废物的单位和其他生产经营者，应当采取防扬散、防流失、防渗漏或者其他防止污染环境的措施，不得擅自倾倒、堆放、丢弃、遗撒固体废物。禁止任何单位或者个人向江河、湖泊、运河、渠道、水库及其最高水位线以下的滩地和岸坡以及法律法规规定的其他地点倾倒、堆放、贮存固体废物。

转移固体废物出省、自治区、直辖市行政区域贮存、处置的，应当向固体废物移出地的省、自治区、直辖市人民政府生态环境主管部门提出申请。移出地的省、自治区、直辖市人民政府生态环境主管部门应当经接受地的省、自治区、直辖市人民政府生态环境主管部门同意后，在规定期限内批准转移该固体废物出省、自治区、直辖市行政区域。未经批准的，不得转移。

2005年3月建设部发布的《城市建筑垃圾管理规定》进一步规定，施工单位不得将建筑垃圾交给个人或者未经核准从事建筑垃圾运输的单位运输。处置建筑垃圾的单位在运输建筑垃圾时，应当随车携带建筑垃圾处置核准文件，按照城市人民政府有关部门规定的运输路线、时间运行，不得丢弃、遗撒建筑垃圾，不得超出核准范围承运建筑垃圾。

2. 危险废物污染环境防治的特别规定

对危险废物的容器和包装物以及收集、贮存、运输、利用、处置危险废物的设施、场所，应当按照规定设置危险废物识别标志。从事收集、贮存、利用、处置危险废物经营活动的单位，应当按照国家有关规定申请取得许可证。

禁止将危险废物提供或者委托给无许可证的单位或者其他生产经营者从事收集、贮存、利用、处置活动。运输危险废物，应当采取防止污染环境的措施，并遵守国家有关危险货物运输管理的规定。禁止将危险废物与旅客在同一运输工具上载运。

收集、贮存、运输、利用、处置危险废物的场所、设施、设备和容器、包装物及其他物品转作他用时，应当按照国家有关规定经过消除污染处理，方可使用。

产生、收集、贮存、运输、利用、处置危险废物的单位，应当依法制定意外事故的防范措施和应急预案，并向所在地生态环境主管部门和其他负有固体废物污染环境防治监督管理职责的部门备案。生态环境主管部门和其他负有固体废物污染环境防治监督管理职责的部门应当进行检查。

因发生事故或者其他突发性事件，造成危险废物严重污染环境的单位，应当立即采取有效措施消除或者减轻对环境的污染危害，及时通报可能受到污染危害的单位和居民，并向所在地生态环境主管部门和有关部门报告，接受调查处理。

3. 施工现场固体废物的减量化和回收再利用

《住房和城乡建设部关于推进建筑垃圾减量化的指导意见》（建质〔2020〕46号）规定，施工单位应建立建筑垃圾分类收集与存放管理制度，实行分类收集、分类存放、分类处置。鼓励以末端处置为导向对建筑垃圾进行细化分类。严禁将危险废物和生活垃圾混入建筑垃圾。

施工单位应实时统计并监控建筑垃圾产生量，及时采取针对性措施降低建筑垃圾排放量。鼓励采用现场泥沙分离、泥浆脱水预处理等工艺，减少工程渣土和工程泥浆排放。

施工单位应充分利用混凝土、钢筋、模板、珍珠岩保温材料等余料，在满足质量要求的前提下，根据实际需求加工制作成各类工程材料，实行循环利用。施工现场不具备就地利用条件的，应按规定及时转运到建筑垃圾处置场所进行资源化处置和再利用。

2007年9月建设部颁布的《绿色施工导则》规定，加强建筑垃圾的回收再利用，力争建筑垃圾的再利用和回收率达到30%，建筑物拆除产生的废弃物的再利用和回收率大于40%。对于碎石类、土石方类建筑垃圾，可采用地基填埋、铺路等方式提高再利用率，力争再利用率大于50%。

（二）建设项目固体废物污染环境的防治

《固体废物污染环境防治法》规定，建设产生、贮存、利用、处置固体废物的项目，应当依法进行环境影响评价，并遵守国家有关建设项目环境保护管理的规定。

建设项目的环境影响评价文件确定需要配套建设的固体废物污染环境防治设施，应当与主体工程同时设计、同时施工、同时投入使用。

五、违法行为应承担的法律责任

（一）施工现场环境噪声污染防治违法行为应承担的法律责任

《环境噪声污染防治法》规定，未经生态环境主管部门批准，擅自拆除或者闲置环境噪声污染防治设施，致使环境噪声排放超过规定标准的，由县级以上地方人民政府生态环境主管部门责令改正，并处罚款。

排放环境噪声的单位违反规定，拒绝生态环境主管部门或者其他依照《环境噪声污染防治法》规定行使环境噪声监督管理权的部门、机构现场检查或者在被检查时弄虚作假的，生态环境主管部门或者其他依照《环境噪声污染防治法》规定行使环境噪声监督管理权的监督管理部门、机构可以根据不同情节，给予警告或者处以罚款。

建筑施工单位违反规定，在城市市区噪声敏感建筑物集中区域内，夜间进行禁止进行的产生环境噪声污染的建筑施工作业的，由工程所在地县级以上地方人民政府生态环境主管部门责令改正，可以并处罚款。

机动车辆不按照规定使用声响装置的，由当地公安机关根据不同情节给予警告或者处以罚款。

受到环境噪声污染危害的单位和个人，有权要求加害人排除危害；造成损失的，依法赔偿损失。赔偿责任和赔偿金额的纠纷，可以根据当事人的请求，由生态环境主管部门或者其他环境噪声污染防治工作的监督管理部门、机构调解处理；调解不成的，当事人可以向人民法院起诉。当事人也可以直接向人民法院起诉。

（二）施工现场大气污染防治违法行为应承担的法律责任

《大气污染防治法》规定，违反本法规定，以拒绝进入现场等方式拒不接受生态环境主管部门及其环境监察机构或者其他负有大气环境保护监督管理职责的部门的监督检查，或者在接受监督检查时弄虚作假的，由县级以上人民政府生态环境主管部门或者其他负有大气环境保护监督管理职责的部门责令改正，处2万元以上20万元以下的罚款；构成违反治安管理行为的，由公安机关依法予以处罚。

在人口集中地区和其他依法需要特殊保护的区域内，焚烧沥青、油毡、橡胶、塑料、皮革、垃圾以及其他产生有毒有害烟尘和恶臭气体的物质的，由县级人民政府确定的监督管理部门责令改正，对单位处1万元以上10万元以下的罚款，对个人处500元以上2000元以下的罚款。

拒不执行停止工地土石方作业或者建筑物拆除施工等重污染天气应急措施的，由县级以上地方人民政府确定的监督管理部门处1万元以上10万元以下的罚款。

施工单位有下列行为之一的，由县级以上人民政府住房城乡建设等主管部门按照职责责令改正，处1万元以上10万元以下的罚款；拒不改正的，责令停工整治。①施工工地未设置硬质密闭围挡，或者未采取覆盖、分段作业、择时施工、洒水抑尘、冲洗地面和车辆等有效防尘降尘措施的；②建筑土方、工程渣土、建筑垃圾未及时清运，或者未采用密闭式防尘网遮盖的。

运输煤炭、垃圾、渣土、砂石、土方、灰浆等散装、流体物料的车辆，未采取密闭或者其他措施防止物料遗撒的，由县级以上地方人民政府确定的监督管理部门责令改正，处2000元以上2万元以下的罚款；拒不改正的，车辆不得上道路行驶。

有下列行为之一的，由县级以上人民政府生态环境等主管部门按照职责责令改正，处1万元以上10万元以下的罚款；拒不改正的，责令停工整治或者停业整治。①未密闭煤炭、煤矸石、煤渣、煤灰、水泥、石灰、石膏、砂土等易产生扬尘的物料的；②对不能密闭的易产生扬尘的物料，未设置不低于堆放物高度的严密围挡，或者未采取有效覆盖措施防治扬尘污染的；③装卸物料未采取密闭或者喷淋等方式控制扬尘排放的；④存放煤炭、煤矸石、煤渣、煤灰等物料，未采取防燃措施的；⑤码头、矿山、填埋场和消纳场未采取有效措施防治扬尘污染的；⑥排放有毒有害大气污染物名录中所列有毒有害大气污染物的企业事业单位，未按照规定建设环境风险预警体系或者对排放口和周边环境进行定期监测、排查环境安全隐患并采取有效措施防范环境风险的；⑦向大气排放持久性有机污染物的企业事业单位和其他生产经营者以及废弃物焚烧设施的运营单位，未按照国家有关规定采取有利于减少持久性有机污染物排放的技术方法和工艺，配备净化装置的；⑧未采取措施防止排放恶臭气体的。

企业事业单位和其他生产经营者有下列行为之一，受到罚款处罚，被责令改正，拒不改正的，依法做出处罚决定的行政机关可以自责令改正之日的次日起，按照原处罚数额按日连续处罚：①未依法取得排污许可证排放大气污染物的；②超过大气污染物排放标准或者超过重点大气污染物排放总量控制指标排放大气污染物的；③通过逃避监管的方式排放大气污染物的；④建筑施工或者贮存易产生扬尘的物料未采取有效措施防治扬尘污染的。

（三）施工现场水污染防治违法行为应承担的法律责任

《水污染防治法》规定，违反本法规定，有下列行为之一的，由县级以上人民政府生态环境主管部门责令改正或者责令限制生产、停产整治，并处10万元以上100万元以下的罚款；情节严重的，报经有批准权的人民政府批准，责令停业、关闭。①未依法取得排污许可证排放水污染物的；②超过水污染物排放标准或者超过重点水污染物排放总量控制指标排放水污染物的；③利用渗井、渗坑、裂隙、溶洞，私设暗管，篡改、伪造监测数据，或者不正常运行水污染防治设施等逃避监管的方式排放水污染物的；④未按照规定进行预处理，向污水集中处理设施排放不符合处理工艺要求的工业废水的。

在饮用水水源保护区内设置排污口的，由县级以上地方人民政府责令限期拆除，处10万元以上50万元以下的罚款；逾期不拆除的，强制拆除，所需费用由违法者承担，处50万元以上100万元以下的罚款，并可以责令停产整治。

除前款规定外，违反法律、行政法规和国务院生态环境主管部门的规定设置排污口的，由县级以上地方人民政府生态环境主管部门责令限期拆除，处2万元以上10万元以下的罚款；逾期不拆除的，强制拆除，所需费用由违法者承担，处10万元以上50万元以下的罚款；情节严重的，可以责令停产整治。

有下列行为之一的，由县级以上地方人民政府生态环境主管部门责令停止违法行为，限期采取治理措施，消除污染，处以罚款；逾期不采取治理措施的，生态环境主管部门可以指定有治理能力的单位代为治理，所需费用由违法者承担：①向水体排放油类、酸液、碱液的；②向水体排放剧毒废液，或者将含有汞、镉、砷、铬、铅、氰化物、黄磷等的可溶性剧毒废渣向水体排放、倾倒或者直接埋入地下的；③在水体清洗装贮过油类、有毒污染物的车辆或者容器的；④向水体排放、倾倒工业废渣、城镇垃圾或者其他废弃物，或者在江河、湖泊、运河、渠道、水库最高水位线以下的滩地、岸坡堆放、存贮固体废弃物或者其他污染物的；⑤向水体排放、倾倒放射性固体废物或者含有高放射性、中放射性物质的废水的；⑥违反国家有关规定或者标准，向水体排放含低放射性物质的废水、热废水或者含病原体的污水的；⑦未采取防渗漏等措施，或者未建设地下水水质监测井进行监测的；⑧加油站等的地下油罐未使用双层罐或者采取建造防渗池等其他有效措施，或者未进行防渗漏监测的；⑨未按照规定采取防护性措施，或者利用无防渗漏措施的沟渠、坑塘等输送或者存贮含有毒污染物的废水、含病原体的污水或者其他废弃物的。

有前款第③项、第④项、第⑥项、第⑦项、第⑧项行为之一的，处2万元以上20万元以下的罚款。有前款第①项、第②项、第⑤项、第⑨项行为之一的，处10万元以上100万元以下的罚款；情节严重的，报经有批准权的人民政府批准，责令停业、关闭。

企业事业单位有下列行为之一的，由县级以上人民政府生态环境主管部门责令改正；情节严重的，处2万元以上10万元以下的罚款：①不按照规定制定水污染事故的应急方案的；②水污染事故发生后，未及时启动水污染事故的应急方案，采取有关应急措施的。

（四）施工现场固体废物污染环境防治违法行为应承担的法律责任

《固体废物污染环境防治法》规定，“违反本法规定，有下列行为之一，由县级以上地方人民政府环境卫生主管部门责令改正，处以罚款，没收违法所得：（一）随意倾倒、抛撒、堆放或者焚烧生活垃圾的；（二）擅自关闭、闲置或者拆除生活垃圾处理设施、场所的；（三）工程施工单位未编制建筑垃圾处理方案报备案，或者未及时清运施工过程中产生的固体废物的；（四）工程施工单位擅自倾倒、抛撒或者堆放工程施工过程中产生的建筑垃圾，或者未按照规定对施工过程中产生的固体废物进行利用或者处置的……（七）在运输过程中沿途丢弃、遗撒生活垃圾的。单位有前款第一项、第七项行为之一，处5万元以上50万元以下的罚款；单位有前款第二项、第三项、第四项、第五项、第六项行为之一，处10万元以上100万元以下的罚款；个人有前款第一项、第五项、第七项行为之一，处100元以上500百元以下的罚款”。

违反《固体废物污染环境防治法》规定，未在指定的地点分类投放生活垃圾的，由县级以上地方人民政府环境卫生主管部门责令改正；情节严重的，对单位处5万元以上50万元以下的罚款，对个人依法处以罚款。

违反《固体废物污染环境防治法》规定，有下列行为之一，由生态环境主管部门责令改正，处以罚款，没收违法所得；情节严重的，报经有批准权的人民政府批准，可以责令停业或者关闭。①未按照规定设置危险废物识别标志的；②未按照国家有关规定制订危险废物管理计划或者申报危险废物有关资料的；③擅自倾倒、堆放危险废物的；④将危险废物提供或者委托给无许可证的单位或者其他生产经营者从事经营活动的；⑤未按照国家有关规定填写、运行危险废物转移联单或者未经批准擅自转移危险废物的；⑥未按照国家环境保护标准贮存、利用、处置危险废物或者将危险废物混入非危险废物中贮存的；⑦未经安全性处置，混合收集、贮存、运输、处置具有不相容性质的危险废物的；⑧将危险废物与旅客在同一运输工具上载运的；⑨未经消除污染处理，将收集、贮存、运输、处置危险废物的场所、设施、设备和容器、包装物及其他物品转作他用的；⑩未采取相应防范措施，造成危险废物扬散、流失、渗漏或者其他环境污染的；⑪在运输过程中沿途丢弃、遗撒危险废物的；⑫未制定危险废物意外事故防范措施和应急预案的；⑬未按照国家有关规定建立危险废物管理台账并如实记录的。有前款第①项、第②项、第⑤项、第⑥项、第⑦项、第⑧项、第⑨项、第⑫项、第⑬项行为之一，处10万元以上100万元以下的罚款；有以上第③项、第④项、第⑩项、第⑪项行为之一，处所需处置费用3倍以上5倍以下的罚款，所需处置费用不足20万元的，按20万元计算。

危险废物产生者未按照规定处置其产生的危险废物被责令改正后拒不改正的，由生态环境主管部门组织代为处置，处置费用由危险废物产生者承担；拒不承担代为处置费用的，处代为处置费用1倍以上3倍以下的罚款。

违反《固体废物污染环境防治法》规定，有下列行为之一，尚不构成犯罪的，由公安机关对法定代表人、主要负责人、直接负责的主管人员和其他责任人员处10日以上15日以下的拘留；情节较轻的，处5日以上10日以下的拘留。①擅自倾倒、堆放、丢弃、遗撒固体废物，造成严重后果的；②在生态保护红线区域、永久基本农田集中区域和其他需要特别保护的区域内，建设工业固体废物、危险废物集中贮存、利用、处置的设施、场所和生活垃圾填埋场的；③将危险废物提供或者委托给无许可证的单位或者其他生产经营者堆放、利用、处置的；④无许可证或者未按照许可证规定从事收集、贮存、利用、处置危险废物经营活动的；⑤未经批准擅自转移危险废物的；⑥未采取防范措施，造成危险废物扬散、流失、渗漏或者其他严重后果的。

（五）施工现场土壤污染防治违法行为应承担的法律责任

2018 年 8 月公布的《中华人民共和国土壤污染防治法》规定，“有下列行为之一的，由地方人民政府生态环境主管部门或者其他负有土壤污染防治监督管理职责的部门责令改正，处以罚款；拒不改正的，责令停产整治：……（四）拆除设施、设备或者建筑物、构筑物，企业事业单位未采取相应的土壤污染防治措施或者土壤污染重点监管单位未制定、实施土壤污染防治工作方案的……（七）建设和运行污水集中处理设施、固体废物处置设施，未依照法律法规和相关标准的要求采取措施防止土壤污染的。有前款规定行为之一的，处 2 万元以上 20 万元以下的罚款；有以上……第（四）项……第（七）项规定行为之一，造成严重后果的，处 20 万元以上 200 万元以下的罚款”。

（六）按日连续处罚的法律规定

《环境保护法》规定，企业事业单位和其他生产经营者违法排放污染物，受到罚款处罚，被责令改正，拒不改正的，依法做出处罚决定的行政机关可以自责令改正之日的次日起，按照原处罚数额按日连续处罚。前款规定的罚款处罚，依照有关法律法规按照防治污染设施的运行成本、违法行为造成的直接损失或者违法所得等因素确定的规定执行。

第二节　施工节约能源制度

一、施工合理使用与节约能源的规定

（一）合理使用与节约能源的一般规定

1. 节能的产业政策

2018 年 10 月经修改后公布的《中华人民共和国节约能源法》（简称《节约能源法》）规定，国家实行有利于节能和环境保护的产业政策，限制发展高耗能、高污染行业，发展节能环保型产业。

国家对落后的耗能过高的用能产品、设备和生产工艺实行淘汰制度。禁止使用国家明令淘汰的用能设备、生产工艺。国家鼓励企业制定严于国家标准、行业标准的企业节能标准。

2. 用能单位的法定义务

用能单位应当按照合理用能的原则，加强节能管理，制订并实施节能计划和节能技术措施，降低能源消耗。用能单位应当建立节能目标责任制，对节能工作取得成绩的集体、个人给予奖励。用能单位应当定期开展节能教育和岗位节能培训。

用能单位应当加强能源计量管理，按照规定配备和使用经依法检定合格的能源计量器具。用能单位应当建立能源消费统计和能源利用状况分析制度，对各类能源的消费实行分类计量和统计，并确保能源消费统计数据真实、完整。任何单位不得对能源消费实行包费制。

3. 循环经济的法律要求

循环经济是指在生产、流通和消费等过程中进行的减量化、再利用、资源化活动的总称。减量化是指在生产、流通和消费等过程中减少资源消耗和废物产生。再利用是指将废物直接作为产品或者经修复、翻新、再制造后继续作为产品使用，或者将废物的全部或者部分作为其他产品的部件予以使用。资源化是指将废物直接作为原料进行利用或者对废物进行再生利用。

2018 年 10 月经修改后公布的《中华人民共和国循环经济促进法》（简称《循环经济促进法》）规定，发展循环经济应当在技术可行、经济合理和有利于节约资源、保护环境的前提下，按照减量化优先的原则实施。在废物再利用和资源化过程中，应当保障生产安全，保证产品质量符合国家规定的标准，并防止产生再次污染。

企业事业单位应当建立健全管理制度，采取措施，降低资源消耗，减少废物的产生量和排放量，提高废物的再利用和资源化水平。

（二）建筑节能的规定

《节约能源法》规定，国家实行固定资产投资项目节能评估和审查制度。不符合强制性节能标准的项目，建设单位不得开工建设；已经建成的，不得投入生产、使用。政府投资项目不符合强制性节能标准的，依法负责项目审批的机关不得批准建设。国家鼓励在新建建筑和既有建筑节能改造中使用新型墙体材料等节能建筑材料和节能设备，安装和使用太阳能等可再生能源利用系统。

建筑工程的建设、设计、施工和监理单位应当遵守建筑节能标准。

1. 采用太阳能、地热能等可再生能源

《民用建筑节能条例》规定，国家鼓励和扶持在新建建筑和既有建筑节能改造中采用太阳能、地热能等可再生能源。

2. 新建建筑节能的规定

国家推广使用民用建筑节能的新技术、新工艺、新材料和新设备，限制使用或者禁止使用能源消耗高的技术、工艺、材料和设备。国家限制进口或者禁止进口能源消耗高的技术、材料和设备。

建设单位、设计单位、施工单位不得在建筑活动中使用列入禁止使用目录的技术、工艺、材料和设备。

建设单位不得明示或者暗示设计单位、施工单位违反民用建筑节能强制性标准进行设计、施工，不得明示或者暗示施工单位使用不符合施工图设计文件要求的墙体材料、保温材料、门窗、采暖制冷系统和照明设备。

按照合同约定由建设单位采购墙体材料、保温材料、门窗、采暖制冷系统和照明设备的，建设单位应当保证其符合施工图设计文件要求。

施工单位应当对进入施工现场的墙体材料、保温材料、门窗、采暖制冷系统和照明设备进行查验；不符合施工图设计文件要求的，不得使用。

未经监理工程师签字，墙体材料、保温材料、门窗、采暖制冷系统和照明设备不得在建筑上使用或者安装，施工单位不得进行下一道工序的施工。

3. 既有建筑节能的规定

既有建筑节能改造是指对不符合民用建筑节能强制性标准的既有建筑的围护结构、供热

系统、采暖制冷系统、照明设备和热水供应设施等实施节能改造的活动。

（三）施工节能的规定

《循环经济促进法》规定，建筑设计、建设、施工等单位应当按照国家有关规定和标准，对其设计、建设、施工的建筑物及构筑物采用节能、节水、节地、节材的技术工艺和小型、轻型、再生产品。有条件的地区，应当充分利用太阳能、地热能、风能等可再生能源。

1. 节材与材料资源利用

国家鼓励利用无毒无害的固体废物生产建筑材料，鼓励使用散装水泥，推广使用预拌混凝土和预拌砂浆。禁止损毁耕地烧砖。在国务院或者省、自治区、直辖市人民政府规定的期限和区域内，禁止生产、销售和使用黏土砖。

《绿色施工导则》进一步规定，图纸会审时，应审核节材与材料资源利用的相关内容，达到材料损耗率比定额损耗率降低30%；根据施工进度、库存情况等合理安排材料的采购、进场时间和批次，减少库存；现场材料堆放有序；储存环境适宜，措施得当；保管制度健全，责任落实；材料运输工具适宜，装卸方法得当，防止损坏和遗洒；根据现场平面布置情况就近卸载，避免和减少二次搬运；采取技术和管理措施提高模板、脚手架等的周转次数；优化安装工程的预留、预埋、管线路径等方案；应就地取材，施工现场500km以内生产的建筑材料用量占建筑材料总重量的70%以上。

2. 节水与水资源利用

《循环经济促进法》规定，国家鼓励和支持使用再生水。企业应当发展串联用水系统和循环用水系统，提高水的重复利用率。企业应当采用先进技术、工艺和设备，对生产过程中产生的废水进行再生利用。

《绿色施工导则》进一步对提高用水效率、非传统水源利用和安全用水做出规定。

（1）提高用水效率

1）施工中采用先进的节水施工工艺。

2）施工现场喷洒路面、绿化浇灌不宜使用市政自来水。现场搅拌用水、养护用水应采取有效的节水措施，严禁无措施浇水养护混凝土。

3）施工现场供水管网应根据用水量设计布置，管径合理、管路简捷，采取有效措施减少管网和用水器具的漏损。

4）现场机具、设备、车辆冲洗用水必须设立循环用水装置。施工现场办公区、生活区的生活用水采用节水系统和节水器具，提高节水器具配置比率。项目临时用水应使用节水型产品，安装计量装置，采取针对性的节水措施。

5）施工现场建立可再利用水的收集处理系统，使水资源得到梯级循环利用。

6）施工现场分别对生活用水与工程用水确定用水定额指标，并分别计量管理。

7）大型工程的不同单项工程、不同标段、不同分包生活区，凡具备条件的应分别计量用水量。在签订不同标段分包或劳务合同时，将节水定额指标纳入合同条款，进行计量考核。

8）对混凝土搅拌站点等用水集中的区域和工艺点进行专项计量考核。施工现场建立雨水、中水或可再利用水的搜集利用系统。

（2）非传统水源利用

1）优先采用中水搅拌、中水养护，有条件的地区和工程应收集雨水养护。

2）处于基坑降水阶段的工地，宜优先采用地下水作为混凝土搅拌用水、养护用水、冲洗用水和部分生活用水。

3）现场机具、设备、车辆冲洗，喷洒路面，绿化浇灌等用水，优先采用非传统水源，尽量不使用市政自来水。

4）大型施工现场，尤其是雨量充沛地区的大型施工现场建立雨水收集利用系统，充分收集自然降水用于施工和生活中适宜的部位。

5）力争施工中非传统水源和循环水的再利用量大于30%。

（3）安全用水　在非传统水源和现场循环再利用水的使用过程中，应制定有效的水质检测与卫生保障措施，确保避免对人体健康、工程质量以及周围环境产生不良影响。

3. 节能与能源利用

《绿色施工导则》对节能措施，机械设备与机具，生产、生活及办公临时设施，施工用电及照明分别做出规定。

（1）节能措施

1）制订合理施工能耗指标，提高施工能源利用率。

2）优先使用国家、行业推荐的节能、高效、环保的施工设备和机具，如选用变频技术的节能施工设备等。

3）施工现场分别设定生产、生活、办公和施工设备的用电控制指标，定期进行计量、核算、对比分析，并有预防与纠正措施。

4）在施工组织设计中，合理安排施工顺序、工作面，以减少作业区域的机具数量，相邻作业区充分利用共有的机具资源。安排施工工艺时，应优先考虑耗用电能的或其他能耗较少的施工工艺。避免设备额定功率远大于使用功率或超负荷使用设备的现象。

5）根据当地气候和自然资源条件，充分利用太阳能、地热等可再生能源。

（2）机械设备与机具

1）建立施工机械设备管理制度，开展用电、用油计量，完善设备档案，及时做好维修保养工作，使机械设备保持低耗、高效的状态。

2）选择功率与负载相匹配的施工机械设备，避免大功率施工机械设备低负载长时间运行。机电安装可采用节电型机械设备，如逆变式电焊机和能耗低、效率高的手持电动工具等，以利节电。机械设备宜使用节能型油料添加剂，在可能的情况下，考虑回收利用，节约油量。

3）合理安排工序，提高各种机械的使用率和满载率，降低各种设备的单位耗能。

（3）生产、生活及办公临时设施

1）利用场地自然条件，合理设计生产、生活及办公临时设施的体形、朝向、间距和窗墙面积比，使其获得良好的日照、通风和采光。南方地区可根据需要在其外墙窗设遮阳设施。

2）临时设施宜采用节能材料，墙体、屋面使用隔热性能好的材料，减少夏天空调、冬天取暖设备的使用时间及耗能量。

3）合理配置采暖、空调、风扇数量，规定使用时间，实行分段分时使用，节约用电。

（4）施工用电及照明

1）临时用电优先选用节能电线和节能灯具，临电线路合理设计、布置，临电设备宜采用自动控制装置。采用声控、光控等节能照明灯具。

2）照明设计以满足最低照度为原则，照度不应超过最低照度的20%。

二、违法行为应承担的法律责任

（一）违反建筑节能标准违法行为应承担的法律责任

《节约能源法》规定，设计单位、施工单位、监理单位违反建筑节能标准的，由建设主管部门责令改正，处10万元以上50万元以下罚款；情节严重的，由颁发资质证书的部门降低资质等级或者吊销资质证书；造成损失的，依法承担赔偿责任。

《民用建筑节能条例》规定，施工单位未按照民用建筑节能强制性标准进行施工的，由县级以上地方人民政府建设主管部门责令改正，处民用建筑项目合同价款2%以上4%以下的罚款；情节严重的，由颁发资质证书的部门责令停业整顿，降低资质等级或者吊销资质证书；造成损失的，依法承担赔偿责任。

注册执业人员未执行民用建筑节能强制性标准的，由县级以上人民政府建设主管部门责令停止执业3个月以上1年以下；情节严重的，由颁发资格证书的部门吊销执业资格证书，5年内不予注册。

（二）使用黏土砖及其他施工节能违法行为应承担的法律责任

《循环经济促进法》规定，在国务院或者省、自治区、直辖市人民政府规定禁止生产、销售、使用黏土砖的期限或者区域内生产、销售或者使用黏土砖的，由县级以上地方人民政府指定的部门责令限期改正；有违法所得的，没收违法所得；逾期继续生产、销售的，由地方人民政府市场监督管理部门依法吊销营业执照。

《民用建筑节能条例》规定，施工单位有下列行为之一的，由县级以上地方人民政府建设主管部门责令改正，处10万元以上20万元以下的罚款；情节严重的，由颁发资质证书的部门责令停业整顿，降低资质等级或者吊销资质证书；造成损失的，依法承担赔偿责任：①未对进入施工现场的墙体材料、保温材料、门窗、采暖制冷系统和照明设备进行查验的；②使用不符合施工图设计文件要求的墙体材料、保温材料、门窗、采暖制冷系统和照明设备的；③使用列入禁止使用目录的技术、工艺、材料和设备的。

（三）用能单位其他违法行为应承担的法律责任

《节约能源法》规定，用能单位未按照规定配备、使用能源计量器具的，由市场监督管理部门责令限期改正；逾期不改正的，处1万元以上5万元以下罚款。

瞒报、伪造、篡改能源统计资料或者编造虚假能源统计数据的，依照《中华人民共和国统计法》的规定处罚。

无偿向本单位职工提供能源或者对能源消费实行包费制的，由管理节能工作的部门责令限期改正；逾期不改正的，处5万元以上20万元以下罚款。

【案例】

背景：某住宅小区1期工程完成设计，次年开始施工。按当地规定，所有新建、改建、扩建的住宅建设项目，必须按照现行标准《夏热冬冷地区居住建筑节能设计标准》（JGJ 134）的要求进行建筑节能设计、施工。在施工过程中，建设单位按设计图规定的规格、数量要求采购了墙体材料、保温材料、采暖制冷系统等，并声称是优质产品；施工单位在以上材料设备进入施工现场后，便直接用于该项目的施工并形成工程实体，导致1期工程验收不合格。经有关部门检验，建设单位购买的墙体材料、保温材料、采暖制冷系统存在严重质量问题，根本不符合该项目设计图规定的质量要求。

问题：（1）施工单位的行为是否违法？

（2）施工单位应承担哪些法律责任？

分析：

（1）《民用建筑节能条例》第十六条规定，“施工单位应当对进入施工现场的墙体材料、保温材料、门窗、采暖制冷系统和照明设备进行查验；不符合施工图设计文件要求的，不得使用”。本案中，施工单位未对进入施工现场的墙体材料、保温材料、采暖制冷系统等进行查验，导致不符合施工图设计文件要求的墙体材料等用于该项目的施工，构成了违法行为。

（2）《民用建筑节能条例》第四十一条规定，“施工单位有下列行为之一的，由县级以上地方人民政府建设主管部门责令改正，处10万元以上20万元以下的罚款；情节严重的，由颁发资质证书的部门责令停业整顿，降低资质等级或者吊销资质证书；造成损失的，依法承担赔偿责任：(一）未对进入施工现场的墙体材料、保温材料、门窗、采暖制冷系统和照明设备进行查验的；(二）使用不符合施工图设计文件要求的墙体材料、保温材料、门窗、采暖制冷系统和照明设备的……”。据此，当地建设主管部门应当依法责令该施工单位改正，处10万元以上20万元以下的罚款。

思考题

1. 简述禁止夜间进行产生环境噪声污染施工作业的规定。

2. 根据《水污染防治法》，简述施工现场水污染的防治规定。

3. 简述城镇排水主管部门实施监督检查时，有权采取的措施。

4. 简述由县级以上人民政府住房城乡建设等主管部门按照职责责令改正，处1万元以上10万元以下的罚款；拒不改正责令停工整治的施工单位的行为。

5. 简述由县级以上人民政府生态环境等主管部门按照职责责令改正，处1万元以上10万元以下的罚款；拒不改正责令停工整治或者停业整治的施工单位行为。

6. 根据《固体废物污染环境防治法》，简述由县级以上地方人民政府环境卫生主管部门责令改正，处以罚款，没收违法所得的施工现场的行为。

7. 简述新建建筑节能的相关规定。

8. 案例背景：某日夜23：00，某市生态环境主管部门接到居民投诉，称某项目工地有夜间施工噪声扰民情况。执法人员立刻赶赴施工现场，并在施工场界进行了噪声测量。经现场勘查：施工噪声源主要是推土机、挖掘机、打桩机等设备的施工作业噪声，施工场界噪声经测试为65.4 dB（A）。通过调查，执法人员核实了此次夜间施工作业不属于抢修、抢险作业，也不属于因生产工艺要求必须进行的连续作业，并无有关主管部门出具的相关证明。

问题：(1）施工单位的夜间施工作业行为是否合法？如违法说明理由。

(2）对本案中施工单位的夜间施工作业行为应如何处理？

9. 案例背景：某市环保局接到居民投诉，城区二环路一处建筑工地正进行施工，尘土飞扬，还传来阵阵刺鼻味道，严重影响当地居民生活。市环保局随即对该工地进行检查，发现该工地堆放的大量砂石、灰土等物料及建筑垃圾，由于冬季施工天气干燥，经风吹尘土飞扬，而且该地交通繁忙，车辆经过也激起大量扬尘。同时，屋面防水工程使用的沥青，在熬制过程中未采取任何防护措施，大量刺激（刺鼻）性气体直接挥发到空气中，对周围小区居民生活造成了严重影响。

市环保局要求该施工单位进行限期整改。但是，该施工单位未采取任何整改措施，依然照常进行施工作业。

问题：（1）施工单位违反了《大气污染防治法》的哪些规定？

（2）市环保局应当对其如何处罚？

10. 案例背景：某工地的 1 车建筑垃圾被倾倒在某市大街的道路两侧，污染面积 75m^2，被该市环保局有关执法人员当场查获。经查，该工地已依法办理渣土消纳许可证，施工单位与某运输公司签订了建筑垃圾运输合同，约定由该运输公司按照渣土消纳许可证的要求，负责该工地的建筑垃圾渣土清运处置，在垃圾渣土清运过程中出现的问题由运输公司全权负责。但是，该运输公司没有取得从事建筑垃圾运输的核准证件。

问题：（1）如何确定该建筑垃圾污染事件的责任主体？

（2）运输公司与施工单位分别应受到何种处罚？

第十章
建设工程代理与物权制度

本章重点内容：建设工程代理行为的设立与终止；无权代理与表见代理、代理中不当或违法行为应承担的法律责任，土地所有权、建设用地使用权，不动产物权的设立、变更、转让、消灭；物权的保护。

本章学习目标：熟悉建设工程代理制度中的种类、行为的成立及各主体的权利义务，熟悉建设工程物权制度的种类及物权的变动规定。通过本章学习，培养学生诚实守信、尽职尽责的职业道德品质，培养学生正确的价值观和社会责任感。

第一节　建设工程代理制度

一、代理的法律特征和主要种类

《民法典》规定，民事主体可以通过代理人实施民事法律行为。依照法律规定、当事人约定或者民事法律行为的性质，应当由本人亲自实施的民事法律行为，不得代理。代理人在代理权限内，以被代理人名义实施的民事法律行为，对被代理人发生效力。代理人不履行或者不完全履行职责，造成被代理人损害的，应当承担民事责任。代理人和相对人恶意串通，损害被代理人合法权益的，代理人和相对人应当承担连带责任。

（一）代理的法律特征

代理具有如下的法律特征：

1. 代理人必须在代理权限范围内实施代理行为

代理人实施代理活动的直接依据是代理权。因此，代理人必须在代理权限范围内与第三人或相对人实施代理行为。

代理人实施代理行为时有独立进行意思表示的权利。代理制度的存在，正是为了弥补一些民事主体没有资格、精力和能力去处理有关事务的缺陷。如果仅是代为传达当事人的意思表示或接受意思表示，而没有任何独立决定意思表示的权利，则不是代理，只能视为传达意思表示的使者。

2. 代理人一般应该以被代理人的名义实施代理行为

《民法典》规定，代理人在代理权限内，以被代理人名义实施的民事法律行为，对被代理人发生效力。

3. 代理行为必须是具有法律意义的行为

代理人为被代理人实施的是能够产生法律上的权利义务关系，产生法律后果的行为。如果是代理人请朋友吃饭、聚会等，不能产生权利义务关系，就不是代理行为。

4. 代理行为的法律后果归属于被代理人

代理人在代理权限内，以被代理人的名义同相对人进行的具有法律意义的行为，在法律上产生与被代理人自己的行为同样的后果。因而，被代理人对代理人的代理行为承担民事责任。

（二）代理的种类

代理包括委托代理和法定代理。

1. 委托代理

委托代理按照被代理人的委托行使代理权。因委托代理中，被代理人是以意思表示的方法将代理权授予代理人的，故又称“意定代理”或“任意代理”。

委托代理授权采用书面形式的，授权委托书应当载明代理人的姓名或者名称、代理事项、权限和期间，并由被代理人签名或者盖章。数人为同一代理事项的代理人的，应当共同行使代理权，但是当事人另有约定的除外。代理人知道或者应当知道代理事项违法仍然实施代理行为，或者被代理人知道或者应当知道代理人的代理行为违法未作反对表示的，被代理人和代理人应当承担连带责任。

2. 法定代理

法定代理是指根据法律的规定而发生的代理。例如，《民法典》规定，无民事行为能力人、限制民事行为能力人的监护人是其法定代理人。

二、建设工程代理行为的设立和终止

（一）建设工程代理行为的设立

建设工程活动的代理行为不仅要依法实施，有些还要受到法律的限制。

1. 不得委托代理的建设工程活动

《民法典》规定，依照法律规定、当事人约定或者民事法律行为的性质，应当由本人亲自实施的民事法律行为，不得代理。

建设工程的承包活动不得委托代理。《建筑法》规定，禁止承包单位将其承包的全部建筑工程转包给他人，禁止承包单位将其承包的全部建筑工程肢解以后以分包的名义分别转包给他人。施工总承包的，建筑工程主体结构的施工必须由总承包单位自行完成。

2. 一般代理行为无法定的资格要求

一般的代理行为可以由自然人、法人担任代理人，对其资格并无法定的严格要求。即使是诉讼代理人，也不要求必须由具有律师资格的人担任。2017 年 6 月经修改后颁布的《中华人民共和国民事诉讼法》（简称《民事诉讼法》）第五十八条规定，下列人员可以被委托为诉讼代理人：①律师、基层法律服务工作者；②当事人的近亲属或者工作人员；③当事人所在社区、单位以及有关社会团体推荐的公民。

3. 民事法律行为的委托代理

建设工程代理行为多为民事法律行为的委托代理。民事法律行为的委托代理，可以用书面形式，也可以用口头形式。但是，法律规定用书面形式的，应当用书面形式。

（二）建设工程代理行为的终止

《民法典》规定，有下列情形之一的，委托代理终止：①代理期限届满或者代理事务完成；②被代理人取消委托或者代理人辞去委托；③代理人丧失民事行为能力；④代理人或者被代理人死亡；⑤作为被代理人或者代理人的法人、非法人组织终止。

建设工程代理行为的终止，主要是第①、②、⑤三种情况：

1. 代理期间届满或代理事项完成

被代理人通常是授予代理人某一特定期间内的代理权，或者是某一项也可能是某几项特定事务的代理权，那么在这一期间届满或者被指定的代理事项全部完成，代理关系即告终止，代理行为也随之终止。

2. 被代理人取消委托或者代理人辞去委托

委托代理是被代理人基于对代理人的信任而授权其进行代理事务的。如果被代理人由于某种原因失去了对代理人的信任，法律就不应当强制被代理人仍须以其为代理人。反之，如果代理人由于某种原因不愿意再行代理，法律也不能强制要求代理人继续从事代理。因此，法律规定被代理人有权根据自己的意愿单方取消委托，也允许代理人单方辞去委托，均不必以对方同意为前提，并以通知到对方时，代理权即行消灭。

但是，单方取消或辞去委托可能会承担相应的民事责任。《民法典》规定，委托人或者受托人可以随时解除委托合同。因解除合同造成对方损失的，除不可归责于该当事人的事由外，无偿委托合同的解除方应当赔偿因解除时间不当造成的直接损失，有偿委托合同的解除方应当赔偿对方的直接损失和合同履行后可以获得的利益。

3. 作为被代理人或者代理人的法人、非法人组织终止

在建设工程活动中，不管是被代理人还是代理人，任何一方的法人终止，代理关系均随之终止。因为，对方的主体资格已消灭，代理行为将无法继续，其法律后果也将无从承担。

三、代理人和被代理人的权利、义务及法律责任

（一）一般情况下代理人在代理权限内以被代理人的名义实施代理行为

《民法典》规定，代理人在代理权限内，以被代理人名义实施的民事法律行为，对被代理人发生效力。

这是代理人与被代理人基本权利和义务的规定。代理人必须取得代理权，并依据代理权限，以被代理人的名义实施民事法律行为。被代理人要对代理人的代理行为承担民事责任。

（二）转托他人代理应当事先取得被代理人的同意

《民法典》规定，代理人需要转委托第三人代理的，应当取得被代理人的同意或者追认。转委托代理经被代理人同意或者追认的，被代理人可以就代理事务直接指示转委托的第三人，代理人仅就第三人的选任以及对第三人的指示承担责任。转委托代理未经被代理人同意或者追认的，代理人应当对转委托的第三人的行为承担责任，但是在紧急情况下代理人为了维护被代理人的利益需要转委托第三人代理的除外。

（三）无权代理与表见代理

《民法典》规定，行为人没有代理权、超越代理权或者代理权终止后，仍然实施代理行为，未经被代理人追认的，对被代理人不发生效力。相对人可以催告被代理人自收到通知之日起30日内予以追认。被代理人未作表示的，视为拒绝追认。行为人实施的行为被追认前，

善意相对人有撤销的权利。撤销应当以通知的方式做出。

1. 无权代理

无权代理是指行为人不具有代理权，但以他人的名义与相对人进行法律行为。无权代理一般存在三种表现形式：

1）自始未经授权。如果行为人自始至终没有被授予代理权，就以他人的名义进行民事行为，属于无权代理。

2）超越代理权。代理权限是有范围的，超越了代理权限，依然属于无权代理。

3）代理权已终止。行为人虽曾得到被代理人的授权，但该代理权已经终止的，行为人如果仍以被代理人的名义进行民事行为，则属于无权代理。

被代理人对无权代理人实施的行为如果予以追认，则无权代理可转化为有权代理，产生与有权代理相同的法律效力，并不会发生代理人的赔偿责任。如果被代理人不予追认的，对被代理人不发生效力，则无权代理人需承担因无权代理行为给被代理人和善意相对人造成的损失。

2. 表见代理

表见代理是指行为人虽无权代理，但由于行为人的某些行为，造成了足以使善意相对人相信其有代理权的表象，而与善意相对人进行的、由本人承担法律后果的代理行为。《民法典》规定，行为人没有代理权、超越代理权或者代理权终止后，仍然实施代理行为，相对人有理由相信行为人有代理权的，该代理行为有效。

表见代理除需符合代理的一般条件外，还需具备以下特别构成要件：

1）须存在足以使相对人相信行为人具有代理权的事实或理由。这是构成表见代理的客观要件。它要求行为人与本人之间应存在某些事实上或法律上的联系，如行为人持有由本人发出的委任状、已加盖公章的空白合同书或者有显示本人向行为人授予代理权的通知函告等证明类文件。

2）须本人存在过失。其过失表现为本人表达了足以使相对人相信有授权意思的表示，或者实施了足以使相对人相信有授权意义的行为，发生了外表授权的事实。

3）须相对人为善意。这是构成表见代理的主观要件。如果相对人明知行为人无代理权而仍与之实施民事行为，则相对人为主观恶意，不构成表见代理。

表见代理对本人产生有权代理的效力，即在相对人与本人之间产生民事法律关系。本人受表见代理人与相对人之间实施的法律行为的约束，享有该行为设定的权利和履行该行为约定的义务。本人不能以无权代理为抗辩。本人在承担表见代理行为所产生的责任后，可以向无权代理人追偿因代理行为而遭受的损失。

3. 知道他人以本人名义实施民事行为不作否认表示的视为同意

本人知道他人以本人名义实施民事行为而不作否认表示的，视为同意。这是一种被称为默示方式的特殊授权。就是说，即使本人没有授予他人代理权，但事后并未作否认的意思表示，应视为授予了代理权。由此，他人以其名义实施法律行为的后果应由本人承担。

（四）代理中不当或违法行为应承担的法律责任

1. 损害被代理人利益应承担的法律责任

代理人不履行职责而给被代理人造成损害的，应当承担民事责任。代理人和相对人串通，损害被代理人的利益的，由代理人和相对人负连带责任。

2. 相对人故意行为应承担的法律责任

相对人知道行为人没有代理权、超越代理权或者代理权已终止还与行为人实施民事行为给他人造成损害的，由相对人和行为人负连带责任。

3. 违法代理行为应承担的法律责任

代理人知道被委托代理的事项违法仍然进行代理活动的，或者被代理人知道代理人的代理行为违法不表示反对的，被代理人和代理人负连带责任。

第二节 建设工程物权制度

《民法典》也是规范财产关系的民事基本法律。其立法目的是维护国家基本经济制度，维护社会主义市场经济秩序，明确物的归属，发挥物的效用，保护权利人的物权。

物权是一项基本民事权利，也是大多数经济活动的基础和目的。在建设工程活动中涉及的许多权利都源于物权。建设单位对建设工程项目的权利来自于物权中最基本的权利——所有权，施工单位的施工活动是为了形成《民法典》意义上的物——建设工程。

一、物权的法律特征和主要种类

（一）物权的法律特征

物权是指权利人依法对特定的物享有直接支配和排他的权利，包括所有权、用益物权和担保物权。

所有民事主体都能够成为物权权利人，包括法人、法人以外的其他组织、自然人。物权的客体一般是物，包括不动产和动产。不动产是指土地以及房屋、林木等地上定着物。动产是指不动产以外的物。

物权具有以下特征：

1）物权是支配权。物权是权利人直接支配的权利，即物权人可以依自己的意志就标的物直接行使权利，无须他人的意思或义务人的行为介入。

2）物权是绝对权。物权的权利人可以对抗一切不特定的人。物权的权利人是特定的，义务人是不特定的，且义务内容是不作为，即只要不侵犯物权人行使权利就履行义务。

3）物权是财产权。物权是一种具有物质内容的、直接体现为财产利益的权利。财产利益包括对物的利用、物的归属和就物的价值设立的担保。

4）物权具有排他性。物权人有权排除他人对于他行使物权的干涉。而且同一物上不许有内容不相容的物权并存，即“一物一权”。

（二）物权的种类

物权包括所有权、用益物权和担保物权。

1. 所有权

所有权是所有人依法对自己财产（不动产或动产）所享有的占有、使用、收益和处分的权利。它是一种财产权，又称财产所有权。所有权是物权中最重要也最完全的一种权利。当然，所有权在法律上也受到一定限制。最主要的限制是，为了公共利益的需要，依照法律规定的权限和程序可以征收集体所有的土地和单位、个人的房屋及其他不动产。

财产所有权的权能是指所有人对其所有的财产依法享有的权利，包括占有权、使用权、收益权、处分权。

（1）占有权 占有权是指对财产实际掌握、控制的权能。占有权是行使物的使用权的前提条件，是所有人行使财产所有权的一种方式。占有权可以根据所有人的意志和利益分离出去，由非所有人享有。例如，根据货物运输合同，承运人对托运人的财产享有占有权。

（2）使用权 使用权是指对财产的实际利用和运用的权能。通过对财产实际利用和运用满足所有人的需要，是实现财产使用价值的基本渠道。使用权是所有人所享有的一项独立权能。所有人可以在法律规定的范围内，以自己的意志使用其所有物。

（3）收益权 收益权是指收取由原物产生出来的新增经济价值的权能。原物新增的经济价值包括由原物直接派生出来的果实、由原物所产生出来的租金和利息、对原物直接利用而产生的利润等。收益往往是因为使用而产生的，因而收益权也往往与使用权联系在一起。但是，收益权本身是一项独立的权能，而使用权并不能包括收益权。有时，所有人并不行使对物的使用权，仍可以享有对物的收益权。

（4）处分权 处分权是指依法对财产进行处置，决定财产在事实上或法律上命运的权能。处分权的行使决定着物的归属。处分权是所有人的最基本的权利，是所有权内容的核心。

2. 用益物权

用益物权是权利人对他人所有的不动产或者动产，依法享有占有、使用和收益的权利。用益物权包括土地承包经营权、建设用地使用权、居住权、宅基地使用权和地役权。

国家所有或者国家所有由集体使用以及法律规定属于集体所有的自然资源，单位、个人依法可以占有、使用和收益。此时，单位或者个人就成为用益物权人。因不动产或者动产被征收、征用，致使用益物权消灭或者影响用益物权行使的，用益物权人有权获得相应补偿。

3. 担保物权

担保物权是权利人在债务人不履行到期债务或者发生当事人约定的实现担保物权的情形，依法享有就担保财产优先受偿的权利。债权人在借贷、买卖等民事活动中，为保障实现其债权，需要担保的，可以依照《民法典》和其他法律的规定设立担保物权。

二、土地所有权、建设用地使用权和地役权

（一）土地所有权

土地所有权是国家或农民集体依法对归其所有的土地所享有的具有支配性和绝对性的权利。我国实行土地的社会主义公有制，即全民所有制和劳动群众集体所有制。城市的土地属于国家所有。无居民海岛、矿藏、水流、海域属于国家所有。集体所有的不动产包括法律规定属于集体所有的土地和森林、山岭、草原、荒地、滩涂等。

全民所有即国家所有土地的所有权由国务院代表国家行使。农村集体经济组织实行家庭承包经营为基础、统分结合的双层经营体制。农民集体所有和国家所有由农民集体使用的耕地、林地、草地以及其他用于农业的土地，依法实行土地承包经营制度。耕地的承包期为30年。草地的承包期为30~50年。林地的承包期为30~70年。承包期限届满，由土地承包经营权人依照农村土地承包的法律规定继续承包。

国家实行土地用途管制制度。国家编制土地利用总体规划，规定土地用途，将土地分为农用地、建设用地和未利用地。严格限制农用地转为建设用地，控制建设用地总量，对耕地

实行特殊保护。建设用地使用权人应当合理利用土地，不得改变土地用途；需要改变土地用途的，应当依法经有关行政主管部门批准。

（二）建设用地使用权

1. 建设用地使用权的概念

建设用地使用权是因建造建筑物、构筑物及其附属设施而使用国家所有的土地的权利。建设用地使用权只能存在于国家所有的土地上，不包括集体所有的农村土地。

取得建设用地使用权后，建设用地使用权人依法对国家所有的土地享有占有、使用和收益的权利，有权利用该土地建造建筑物、构筑物及其附属设施。

2. 建设用地使用权的设立

建设用地使用权可以在土地的地表、地上或者地下分别设立。新设立的建设用地使用权，不得损害已设立的用益物权。

设立建设用地使用权，可以采取出让或者划拨等方式。工业、商业、旅游、娱乐和商品住宅等经营性用地以及同一土地有两个以上意向用地者的，应当采取招标、拍卖等公开竞价的方式出让。严格限制以划拨方式设立建设用地使用权。采取划拨方式的，应当遵守法律、行政法规关于土地用途的规定。

设立建设用地使用权的，应当向登记机构申请建设用地使用权登记。建设用地使用权自登记时设立。登记机构应当向建设用地使用权人发放建设用地使用权证书。建设用地使用权人应当合理利用土地，不得改变土地用途；需要改变土地用途的，应当依法经有关行政主管部门批准。

3. 建设用地使用权的流转、续期和消灭

建设用地使用权人有权将建设用地使用权转让、互换、出资、赠予或者抵押，但法律另有规定的除外。建设用地使用权人将建设用地使用权转让、互换、出资、赠予或者抵押，应当符合以下规定：①当事人应当采取书面形式订立相应的合同；使用期限由当事人约定，但不得超过建设用地使用权的剩余期限；②应当向登记机构申请变更登记；③附着于该土地上的建筑物、构筑物及其附属设施一并处分。

住宅建设用地使用权期间届满的，自动续期。续期费用的缴纳或者减免，依照法律、行政法规的规定办理。非住宅建设用地使用权期间届满后的续期，依照法律规定办理。该土地上的房屋及其他不动产的归属，有约定的，按照约定；没有约定或者约定不明确的，依照法律、行政法规的规定办理。

建设用地使用权消灭的，出让人应当及时办理注销登记。登记机构应当收回建设用地使用权证书。

（三）地役权

1. 地役权的概念

地役权是指为使用自己不动产的便利或提高其效益而按照合同约定利用他人不动产的权利。他人的不动产为供役地，自己的不动产为需役地。从性质上说，地役权是按照当事人的约定设立的用益物权。

2. 地役权的设立

设立地役权，当事人应当采取书面形式订立地役权合同。地役权合同一般包括下列条款：①当事人的姓名或者名称和住所；②供役地和需役地的位置；③利用目的和方法；④地

役权期限；⑤费用及其支付方式；⑥解决争议的方法。地役权自地役权合同生效时设立。当事人要求登记的，可以向登记机构申请地役权登记；未经登记，不得对抗善意第三人。

土地上已设立土地承包经营权、建设用地使用权、宅基地使用权等权利的，未经用益物权人同意，土地所有权人不得设立地役权。

3. 地役权的变动

需役地以及需役地上的土地承包经营权、建设用地使用权、宅基地使用权部分转让时，转让部分涉及地役权的，受让人同时享有地役权。供役地以及供役地上的土地承包经营权、建设用地使用权、宅基地使用权部分转让时，转让部分涉及地役权的，地役权对受让人具有约束力。

三、物权的设立、变更、转让、消灭和保护

（一）不动产物权的设立、变更、转让、消灭

不动产物权的设立、变更、转让和消灭，经依法登记，发生效力；未经登记，不发生效力，但是法律另有规定的除外。不动产物权的设立、变更、转让和消灭，依照法律规定应当登记的，自记载于不动产登记簿时发生效力。依法属于国家所有的自然资源，所有权可以不登记。不动产登记，由不动产所在地的登记机构办理。

物权变动的基础往往是合同关系，如买卖合同导致物权的转让。需要注意的是，当事人之间订立有关设立、变更、转让和消灭不动产物权的合同，除法律另有规定或者合同另有约定外，自合同成立时生效；未办理物权登记的，不影响合同效力。

（二）动产物权的设立和转让

动产物权以占有和交付为公示手段。动产物权的设立和转让，应当依照法律规定交付。动产物权的设立和转让，自交付时发生效力，但法律另有规定的除外。船舶、航空器和机动车等物权的设立、变更、转让和消灭，未经登记，不得对抗善意第三人。

（三）物权的保护

物权的保护是指通过法律规定的方法和程序保障物权人在法律许可的范围内对其财产行使占有、使用、收益、处分权利的制度。物权受到侵害的，权利人可以通过和解、调解、仲裁、诉讼等途径解决。

因物权的归属、内容发生争议的，利害关系人可以请求确认权利。无权占有不动产或者动产的，权利人可以请求返还原物。妨害物权或者可能妨害物权的，权利人可以请求排除妨害或者消除危险。造成不动产或者动产毁损的，权利人可以请求修理、重作、更换或者恢复原状。侵害物权，造成权利人损害的，权利人可以请求损害赔偿，也可以请求承担其他民事责任。对于物权保护方式，可以单独适用，也可以根据权利被侵害的情形合并适用。

侵害物权，除承担民事责任外，违反行政管理规定的，依法承担行政责任；构成犯罪的，依法追究刑事责任。

【案例】

背景：某实业有限公司与某县土地管理局于2008年3月18日订立《工业开发及用地出让合同》，约定该实业有限公司在取得土地使用证后1个月内将进行工业项目开工建设等相关事项。之后，县土地管理局依合同约定将土地交付给该实业有限公司使用。该实业有限公

司对土地进行平整等工作，支付相关费用78万元。2008年6月16日，县土地管理局以改变土地规划为由，要求该实业有限公司退回土地使用权。此时，尚未完成土地使用权登记。县土地管理局认为由于尚未进行土地使用权登记，合同还没有生效。该实业有限公司则向法院提起诉讼，要求继续履行合同，办理建设用地使用权登记手续。

问题：(1) 双方订立的合同是否生效？

(2) 原告的建设用地使用权是否已经设立？

(3) 纠纷应当如何解决？

分析：

(1) 双方订立的《工业开发及用地出让合同》应当已经生效。因为，办理建设用地使用权登记，并不是合同生效的前提。一般情况下，书面合同自当事人签字或者盖章时生效，除非当事人另行约定了生效条件。

(2) 该实业有限公司（以下简称原告）的建设用地使用权尚未设立。因为，按照《民法典》的规定，建设用地使用权自登记时设立。由于双方尚未完成建设用地使用权登记，因此原告的建设用地使用权尚未设立。

(3) 如果土地规划确实改变，县土地管理局（简称被告）可以要求原告按照新的规划要求使用土地。如果原告不能按照新规划要求使用土地，原告有权要求解除合同，被告应当赔偿原告的损失。如果原告可以按照新规划要求使用土地，原告有权要求继续履行合同，被告应当为其办理建设用地使用权登记手续。

思考题

1. 简述代理的法律特征。
2. 根据《民法典》，简述建设工程委托代理行为终止的情形。
3. 什么是无权代理？简述其表现形式。
4. 什么是表见代理？简述其特别构成要件。
5. 简述代理中不当或违法行为应承担的法律责任。
6. 什么是物权？简述其法律特征。
7. 什么是建设用地使用权？简述建设用地使用权的流转、续期和消灭的处理方式。
8. 什么是地役权？简述地役权合同一般包括的条款。
9. 案例背景：甲施工企业在某条公路的施工过程中，需要购买一批水泥。甲施工企业的采购员张某持介绍信到乙建材公司要求购买一批B强度等级的水泥。由于双方有长期的业务关系，未签订书面的水泥买卖合同，乙建材公司很快就发货了。但乙建材公司发货后，甲施工企业拒绝支付货款。甲施工企业提出的理由是，公司让张某购买的水泥是A强度等级而非B强度等级。双方由此发生纠纷。

问题：(1) 水泥买卖合同是否有效？

(2) 合同纠纷应当如何处理？

10. 案例背景：2011年7月，甲建筑公司（简称甲公司）中标某大厦工程，负责施工总承包。2012年5月，甲公司将该大厦装饰工程施工分包给乙装饰公司（简称乙公司）。甲公司驻该项目的项目经理为李某，乙公司驻该项目的项目经理为王某。李某与王某是多年的老朋友，一向私交不错。2013年6月，甲公司在该项目上需租赁部分架管、扣件，但资金紧张。李某听说王某与丙材料租赁公司（简称丙租赁公司）关系密切，便找到王某帮忙赊租架管、扣件。王某答应了李某的请求。随后，李某将盖有甲公司合同专用章的空白合同书及该单位的空白介绍信交给王某。同年 7 月 10 日，王某找到丙租赁公司，出具了甲公司的介绍信（没有注明租赁的财产）和空白合同书，要求租赁脚手架。丙租赁公司经过审查，认为王某出具的介绍信与空白合同书均盖有公章，真实无误，确信其有授权，于是签订了租赁合同。丙租赁公司依约将脚手架交给王某，但王某将脚手架用到了由他负责的其他装修工程上。后丙租赁公司多次向甲公司催要价款无果后，将甲公司诉至人民法院。

问题：(1) 王某的行为属无权代理还是表见代理？为什么？

(2) 表见代理的法律后果是什么？

第十一章 建设工程纠纷法律解决途径与诉讼制度

本章重点内容： 建设工程纠纷的主要种类、民事纠纷的法律解决途径、民事诉讼当事人和代理人的规定、民事诉讼时效的规定。

本章学习目标： 掌握建设工程纠纷主要种类和法律解决途径，熟悉民事诉讼制度中的管辖、证据、时效、审判程序等相关规定。通过本章学习，培养学生正确运用法律手段处理建筑实践中常见的纠纷来维护自身合法权益，培养学生敬畏法律、遵守法律的思想意识，提升学生道德品质和职业操守。

第一节 建设工程纠纷主要种类和法律解决途径

所谓法律纠纷，是指自然人、法人和非法人组织之间因人身、财产或其他法律关系所发生的对抗冲突（或者争议），主要包括民事纠纷、行政纠纷、刑事纠纷。民事纠纷是平等主体的自然人、法人和非法人组织之间的有关人身权、财产权的纠纷；行政纠纷是行政机关之间或行政机关同公民、法人和其他组织之间由于行政行为包括行政协议而产生的纠纷；刑事纠纷是因犯罪而产生的纠纷。

一、建设工程纠纷的主要种类

（一）建设工程民事纠纷

建设工程民事纠纷是在建设工程活动中平等主体之间发生的以民事权利义务法律关系为内容的争议。民事纠纷可分为两大类：一类是财产关系方面的民事纠纷，如合同纠纷等；另一类是人身关系的民事纠纷，如名誉权纠纷、继承权纠纷等。

民事纠纷的特点通常有：①民事纠纷主体之间的法律地位平等；②民事纠纷的内容是对民事权利义务的争议；③民事纠纷的可处分性。在建设工程领域，较为普遍和重要的民事纠纷主要是合同纠纷、侵权纠纷。

合同纠纷是指因合同的生效、解释、履行、变更、终止等行为而引起的合同当事人之间的所有争议。合同纠纷的范围涵盖了一项合同从成立到终止的整个过程。在建设工程领域，合同纠纷主要有工程咨询合同纠纷、工程总承包合同纠纷、工程勘察合同纠纷、工程设计合同纠纷、工程施工合同纠纷、工程监理合同纠纷、工程分包合同纠纷、材料设备采购合同纠纷以及劳动合同纠纷等。

侵权纠纷是指因侵害民事权益而产生的纠纷。在建设工程领域也易发生侵权纠纷，如施工单位在施工中未采取相应防范措施造成对他方损害而产生的侵权纠纷，未经许可使用他方的专利、工法等造成的知识产权侵权纠纷等。

发包人和承包人就有关工期、质量、造价等产生的建设工程合同争议，是建设工程领域最常见的民事纠纷。

（二）建设工程行政纠纷

建设工程行政纠纷是在建设工程活动中行政机关之间或行政机关同公民、法人和其他组织之间由于行政行为而引起的纠纷。在行政法律关系中，行政机关对公民、法人和其他组织行使行政管理职权，应当依法行政；公民、法人和其他组织也应当依法约束自己的行为，做到自觉守法。此外，行政机关为了实现行政管理或者公共服务目标，与自然人、法人或者非法人组织协商订立的具有行政法上权利义务内容的协议，既具有行政管理活动“行政性”的一般属性，也具有“协议性”的特别属性。在各种行政纠纷中，既有因行政机关超越职权、滥用职权、行政不作为、违反法定程序、事实认定错误、适用法律错误等所引起的纠纷，也有公民、法人或其他组织逃避监督管理、非法抗拒监督管理或误解法律规定等而产生的纠纷，还有行政协议纠纷中行政机关行使行政优益权的行政行为纠纷，以及行政机关不依法履行、未按照约定履行协议义务的违约纠纷。

除行政协议外，行政机关的行政行为具有以下特征：

1）行政行为是执行法律的行为。任何行政行为均须有法律根据，具有从属法律性，没有法律的明确规定或授权，行政机关不得做出任何行政行为。

2）行政行为具有一定的裁量性。这是由立法技术本身的局限性和行政管理的广泛性、复杂性等所决定的。

3）行政机关在实施行政行为时具有单方意志性，不必与行政相对人协商或征得其同意，便可依法自主做出。

4）行政行为是以国家强制力保障实施的，带有强制性。行政相对人必须服从并配合行政行为，否则行政机关将予以制裁或强制执行。

5）行政行为以无偿为原则，以有偿为例外。只有当特定行政相对人承担了特别公共负担，或者分享了特殊公共利益时，方可为有偿的。

在建设工程领域，易引发行政纠纷的具体行政行为主要有如下几种：

1）行政许可，即行政机关根据公民、法人或者其他组织的申请，经依法审查，准予其从事特定活动的行政管理行为，如施工许可、专业人员执业资格注册、企业资质等级核准、安全生产许可等。行政许可易引发的行政纠纷通常是行政机关的行政不作为、违反法定程序等。

2）行政处罚，即行政机关依照法定职权、程序对于违法但尚未构成犯罪的相对人给予行政制裁的具体行政行为。常见的行政处罚为警告、罚款、没收违法所得、责令停业整顿、降低资质等级、吊销资质证书等。行政处罚易导致的行政纠纷，通常是行政处罚超越职权、滥用职权、违反法定程序、事实认定错误、适用法律错误等。

3）行政强制，包括行政强制措施和行政强制执行。行政强制措施是指行政机关在行政管理过程中，为制止违法行为、防止证据损毁、避免危害发生、控制危险扩大等情形，依法对公民的人身自由实施暂时性限制，或者对公民、法人或者其他组织的财物实施暂时性控制的行政行为。行政强制执行是指行政机关或者行政机关申请人民法院，对不履行行政决定的公民、法人或者其他组织，依法强制履行义务的行政行为。行政强制易导致的行政纠纷，通常是行政强制超越职权、滥用职权、违反法定程序、事实认定错误、适用法律错误等。

4）行政裁决，即行政机关或法定授权的组织，依照法律授权，对平等主体之间发生的与行政管理活动密切相关的、特定的民事纠纷（争议）进行审查，并做出裁决的具体行政行为，如对特定的侵权纠纷、损害赔偿纠纷、权属纠纷、国有资产产权纠纷以及劳动工资、经济补偿纠纷等的裁决。行政裁决易引发的行政纠纷，通常是行政裁决违反法定程序、事实认定错误、适用法律错误等。

二、民事纠纷的法律解决途径

民事纠纷的法律解决途径主要有四种：和解、调解、仲裁、民事诉讼。

（一）和解

和解是民事纠纷的当事人在自愿互谅的基础上，就已经发生的争议进行协商、妥协与让步并达成协议，自行（无第三方参与劝说）解决争议的一种方式。通常它不仅从形式上消除当事人之间的对抗，还从心理上消除对抗。

和解可以在民事纠纷的任何阶段进行，无论是否已经进入诉讼或仲裁程序。例如，诉讼当事人之间为处理和结束诉讼而达成了解决争议问题的妥协或协议，其结果是撤回起诉或中止诉讼而无须判决。和解也可与仲裁、诉讼程序相结合：当事人达成和解协议的，已提请仲裁的，可以请求仲裁庭根据和解协议做出裁决书或仲裁调解书；已提起诉讼的，可以请求法庭在和解协议基础上制作调解书。仲裁机构做出的仲裁调解书和法院的调解书，具有强制执行的效力。

需要注意的是，当事人自行达成的和解协议不具有强制执行力，在性质上仍属于当事人之间的约定。如果一方当事人不按照和解协议执行，另一方当事人不可以请求法院强制执行，但可要求对方就不执行该和解协议承担违约责任。

（二）调解

调解是指双方当事人以外的第三方应纠纷当事人的请求，以法律、法规和政策或合同约定以及社会公德为依据，对纠纷双方进行疏导、劝说，促使他们相互谅解，进行协商，自愿达成协议，解决纠纷的活动。

在我国，调解的主要方式是人民调解、行政调解、仲裁调解、司法调解、行业调解以及专业机构调解。

（三）仲裁

仲裁是当事人根据在纠纷发生前或纠纷发生后达成的仲裁协议，自愿将纠纷提交第三方（仲裁机构）做出裁决，纠纷各方都有义务执行该裁决的一种解决纠纷的方式。法院行使国家所赋予的审判权，向法院起诉不需要双方当事人在诉讼前达成协议，只要一方当事人向有审判管辖权的法院起诉，经法院受理后，另一方必须应诉。仲裁机构通常是民间团体的性质，其受理案件的管辖权来自双方协议，没有仲裁协议就无权受理仲裁。但是，有效的仲裁协议可以排除法院的管辖权；纠纷发生后，一方当事人提起仲裁的，另一方应当通过仲裁程序解决纠纷。

2017年9月经修改后公布的《中华人民共和国仲裁法》（简称《仲裁法》）规定，其调整范围仅限于民商事仲裁，即“平等主体的公民、法人和其他组织之间发生的合同纠纷和其他财产权纠纷”。《中华人民共和国劳动争议调解仲裁法》规定的劳动争议仲裁、《中华人民共和国农村土地承包经营纠纷调解仲裁法》规定的农业承包合同纠纷仲裁，则是由特定行政仲裁机构依法处理的行政仲裁。

（四）民事诉讼

民事诉讼是诉讼的基本类型之一，是指人民法院在当事人和其他诉讼参与人的参加下，以审理、裁判、执行等方式解决民事纠纷的活动，以及由此产生的各种诉讼关系的总和。诉讼参与人包括原告、被告、第三人、证人、鉴定人、勘验人等。

2017 年 6 月经修改后公布的《中华人民共和国民事诉讼法》（简称《民事诉讼法》）是调整和规范法院及诉讼参与人的各种民事诉讼活动的基本法律。民事诉讼的基本特征如下：

1. 公权性

民事诉讼是由人民法院代表国家意志行使司法审判权，通过司法手段解决平等民事主体之间的纠纷。在法院主导下，诉讼参与人围绕民事纠纷的解决，进行着能产生法律后果的活动。民事诉讼主要是法院与纠纷当事人之间的关系，但也涉及其他诉讼参与人，包括证人、鉴定人、翻译人员、专家辅助人员、协助执行人等。

2. 程序性

民事诉讼是依照法定程序进行的诉讼活动，无论是法院还是当事人和其他诉讼参与人，都需要严格按照法律规定的程序和方式实施诉讼行为，违反诉讼程序常常会引起一定的法律后果或者达不到诉讼目的，如法院的裁判被上级法院撤销，当事人失去行使某种诉讼行为的权利等。

民事诉讼主要分为一审程序、二审程序和执行程序三大诉讼阶段，但并非每个案件都要经过这三个阶段。如果案件要经历诉讼全过程，就要按照上述顺序依次进行。

3. 强制性

强制性是公权力的重要属性。民事诉讼的强制性既表现在案件的受理上，又反映在裁判的执行上。调解、仲裁均建立在当事人自愿的基础上，只要有一方当事人不愿意进行调解、仲裁，则调解和仲裁将不会发生。但民事诉讼不同，只要原告的起诉符合法定条件和约定条件，无论被告是否愿意，诉讼都会发生。此外，和解、调解协议的履行依靠当事人的自觉，不具有强制执行的效力。但法院的裁判则具有强制执行的效力，一方当事人不履行生效判决或裁定，另一方当事人可以申请法院强制执行。

除上述 4 种民事纠纷解决方式外，由于建设工程活动及其纠纷的专业性、复杂性，我国在建设工程法律实践中还有其他解决纠纷的新方式，如建设工程争议评审机制。

三、行政纠纷的法律解决途径

（一）行政复议

行政复议是公民、法人或其他组织认为行政机关的具体行政行为侵犯其合法权益，依法请求法定的行政复议机关审查该具体行政行为的合法性、适当性，该复议机关依照法定程序对该具体行政行为进行审查，并做出行政复议决定的法律制度。

行政复议的基本特点是：①有权提出行政复议的主体，必须是认为行政机关的具体行政行为侵犯其合法权益的公民、法人和其他组织；②公民、法人和其他组织提出行政复议，必须是在行政机关已经做出具体行政行为之后，否则不存在复议问题；③当事人只能按照法律规定向有行政复议权的行政机关申请复议；④行政复议原则上采用书面审查办法。公民、法人或其他组织对行政复议决定不服的，可以依照《中华人民共和国行政诉讼法》（简称《行政诉讼法》）的规定向人民法院提起行政诉讼，但是法律规定行政复议决定为最终裁决的除外。

（二）行政诉讼

行政诉讼是公民、法人或其他组织依法请求法院对行政机关行政行为的合法性进行审查并依法裁判的法律制度。2017年6月经修改后公布的《行政诉讼法》规定，公民、法人或者其他组织认为行政机关和行政机关工作人员的行政行为侵犯其合法权益，有权依照本法向人民法院提起诉讼。

行政诉讼的主要特征是：①行政诉讼是法院解决行政机关实施的行政行为与公民、法人或其他组织发生的争议；②行政诉讼为公民、法人或其他组织提供法律救济的同时，具有监督行政机关依法行政的功能；③行政诉讼的被告与原告是恒定的，即被告只能是行政机关，原告则是作为行政行为相对人的公民、法人或其他组织，而不可能互易诉讼身份。

对行政行为除法律、法规规定必须先申请行政复议的以外，公民、法人或者其他组织可以自主选择申请行政复议还是提起行政诉讼。公民、法人或者其他组织对行政复议决定不服的，除法律规定行政复议决定为最终裁决的以外，可以依照《行政诉讼法》的规定向人民法院提起行政诉讼。

第二节 民事诉讼制度

一、民事诉讼的法院管辖

民事诉讼中的管辖是指各级法院之间和同级法院之间受理第一审民事案件的分工和权限。

《民事诉讼法》规定的民事案件的管辖，包括级别管辖、地域管辖、移送管辖、指定管辖和管辖权转移。人民法院受理案件后，被告有权针对人民法院对案件是否有管辖权提出管辖权异议，这是当事人的一项诉讼权利。

（一）级别管辖

级别管辖是指按照一定的标准，划分上下级法院之间受理第一审民事案件的分工和权限。

按照《最高人民法院关于调整高级人民法院和中级人民法院管辖第一审民事案件标准的通知》（法发〔2019〕14号）等规定：

1）当事人住所地均在受理法院所处省级行政辖区的第一审民商事案件：

北京、上海、江苏、浙江、广东、河北、河南、湖南高级人民法院，管辖诉讼标的额50亿元以上一审民商事案件，所辖中级人民法院管辖诉讼标的额1亿元以上一审民商事案件。

天津、山西、内蒙古、辽宁、安徽、福建、山东、湖北、广西、海南、四川、重庆、贵州、陕西、新疆高级人民法院和新疆生产建设兵团分院，管辖诉讼标的额50亿元以上一审民商事案件，所辖中级人民法院管辖诉讼标的额3000万元以上一审民商事案件。

吉林、黑龙江、江西、云南、甘肃、青海、宁夏高级人民法院，管辖诉讼标的额 50 亿元以上一审民商事案件，所辖中级人民法院管辖诉讼标的额 1000 万元以上一审民商事案件。

西藏高级人民法院，管辖诉讼标的额 50 亿元以上一审民商事案件，所辖中级人民法院管辖诉讼标的额 500 万元以上一审民商事案件。

2）当事人一方住所地不在受理法院所处省级行政辖区的第一审民商事案件：

北京、上海、江苏、浙江、广东、河北、河南、湖南高级人民法院，管辖诉讼标的额 50 亿元以上一审民商事案件，所辖中级人民法院管辖诉讼标的额 5000 万元以上一审民商事案件。

天津、山西、内蒙古、辽宁、安徽、福建、山东、湖北、广西、海南、四川、重庆、贵州、陕西、新疆高级人民法院和新疆生产建设兵团分院，管辖诉讼标的额 50 亿元以上一审民商事案件，所辖中级人民法院管辖诉讼标的额 2000 万元以上一审民商事案件。

吉林、黑龙江、江西、云南、甘肃、青海、宁夏高级人民法院，管辖诉讼标的额 50 亿元以上一审民商事案件，所辖中级人民法院管辖诉讼标的额 1000 万元以上一审民商事案件。

西藏高级人民法院，管辖诉讼标的额 50 亿元以上一审民商事案件，所辖中级人民法院管辖诉讼标的额 500 万元以上一审民商事案件。

3）解放军军事法院管辖诉讼标的额 1 亿元以上一审民商事案件，大单位军事法院管辖诉讼标的额 2000 万元以上一审民商事案件。

4）婚姻、继承、家庭、物业服务、人身损害赔偿、名誉权、交通事故、劳动争议等案件，以及群体性纠纷案件，一般由基层人民法院管辖。

（二）地域管辖

地域管辖是指按照各法院的辖区和民事案件的隶属关系，划分同级法院受理第一审民事案件的分工和权限。地域管辖实际上是以法院与当事人、诉讼标的以及法律事实之间的隶属关系和关联关系来确定的，主要包括如下几种情况：

1. 一般地域管辖

一般地域管辖是以当事人与法院的隶属关系来确定诉讼管辖，通常实行“原告就被告”原则，即以被告住所地作为确定管辖的标准。根据《民事诉讼法》规定：

1）对公民提起的民事诉讼，由被告住所地人民法院管辖；被告住所地与经常居住地不一致的，由经常居住地人民法院管辖。其中，公民的住所地是指该公民的户籍所在地。经常居住地是指公民离开住所至起诉时已连续居住满 1 年的地方，但公民住院就医的地方除外。

2）对法人或者其他组织提起的民事诉讼，由被告住所地人民法院管辖。被告住所地是指法人或者其他组织的主要办事机构所在地；主要办事机构所在地不能确定的，其注册地或者登记地为住所地。

3）同一诉讼的几个被告住所地、经常居住地在两个以上人民法院辖区的，原告可以向任何一个被告住所地或经常居住地人民法院起诉。

2. 特殊地域管辖

特殊地域管辖是指以诉讼标的所在地、法律事实所在地为标准确定的管辖。《民事诉讼法》规定，因合同纠纷提起的诉讼，由被告住所地或者合同履行地人民法院管辖。《最高人民法院关于适用〈中华人民共和国民事诉讼法〉的解释》（法释〔2015〕5号）（简称《民事诉讼法解释》）规定，合同约定履行地点的，以约定的履行地点为合同履行地。合同对履行地点没有约定或者约定不明确，争议标的为给付货币的，接收货币一方所在地为合同履行地；交付不动产的，不动产所在地为合同履行地；其他标的，履行义务一方所在地为合同履行地。即时结清的合同，交易行为地为合同履行地。合同没有实际履行，当事人双方住所地都不在合同约定的履行地的，由被告住所地人民法院管辖。

3. 专属管辖

专属管辖是指法律规定某些特殊类型的案件专门由特定的法院管辖。专属管辖是排他性管辖，排除了诉讼当事人协议选择管辖法院的权利。专属管辖与一般地域管辖和特殊地域管辖的关系是：凡法律规定为专属管辖的诉讼，均适用专属管辖。

《民事诉讼法》中规定了3种适用专属管辖的案件，其中因不动产纠纷提起的诉讼，由不动产所在地人民法院管辖，如房屋买卖纠纷、土地使用权转让纠纷等。《民事诉讼法解释》规定，建设工程施工合同纠纷按照不动产纠纷确定管辖。不动产已登记的，以不动产登记簿记载的所在地为不动产所在地；不动产未登记的，以不动产实际所在地为不动产所在地。

4. 协议管辖

发生合同纠纷或者其他财产权益纠纷的，《民事诉讼法》还规定了协议管辖制度。所谓协议管辖，是指合同当事人在纠纷发生前后，在法律允许的范围内，以书面形式约定案件的管辖法院。协议管辖适用于合同纠纷或者其他财产权益纠纷，其他财产权益纠纷包括因物权、知识产权中的财产权而产生的民事纠纷管辖。

《民事诉讼法》规定，合同或者其他财产权益纠纷的当事人可以书面协议选择被告住所地、合同履行地、合同签订地、原告住所地、标的物所在地等与争议有实际联系的地点的人民法院管辖，但不得违反本法对级别管辖和专属管辖的规定。“与争议有实际联系的地点”，还包括侵犯物权或者知识产权等财产权益的行为实施地、侵权结果发生地等。

（三）移送管辖和指定管辖

（1）移送管辖　移送管辖是指已受理案件的人民法院发现本院没有管辖权而将案件移送给有管辖权的法院。

（2）指定管辖　指定管辖是指有管辖权的法院由于特殊原因不能行使管辖权，以及人民法院之间因管辖权发生争议不能协商解决，申请或共同报请上级人民法院指定案件管辖法院。

（四）管辖权异议

管辖权异议是指当事人向受诉法院提出的该法院对案件无管辖权的主张。《民事诉讼法》规定，人民法院受理案件后，当事人对管辖权有异议的，应当在提交答辩状期间提出。人民法院对当事人提出的异议，应当审查。异议成立的，裁定将案件移交有管辖权的人民法院；异议不成立的，裁定驳回。

管辖权异议一般情形包括：就地域管辖权提出异议；就级别管辖权提出异议；仲裁协议或仲裁条款有效的，为排除法院管辖而提出异议等。另外，当事人未提出管辖权异议并应诉答辩的，视为受诉人民法院有管辖权，但违反级别管辖和专属管辖规定的除外。

对人民法院就级别管辖异议做出的裁定，当事人不服的可以向上一级法院提起上诉。

（五）管辖权转移

管辖权转移是指上级人民法院有权审理下级人民法院管辖的第一审民事案件；确有必要将本院管辖的第一审民事案件交下级人民法院审理的，应当报请其上级人民法院批准。

下级人民法院对它所管辖的第一审民事案件，认为需要由上级人民法院审理的，可以报请上级人民法院审理。

管辖权转移不同于移送管辖：①移送管辖是没有管辖权的法院把案件移送给有管辖权的法院审理，而管辖权转移是有管辖权的法院把案件转移给原来没有管辖权的法院审理；②移送管辖可能在上下级法院之间或者在同级法院间发生，而管辖权转移仅限于上下级法院之间。

二、民事诉讼当事人和代理人的规定

（一）当事人

民事诉讼中的当事人是指因民事权利和义务发生争议，以自己的名义进行诉讼，请求人民法院进行裁判的公民、法人或其他组织。狭义的民事诉讼当事人包括原告和被告。广义的民事诉讼当事人包括原告、被告、共同诉讼人和第三人。

1. 原告和被告

原告是指维护自己的权益或自己所管理的他人权益，以自己名义起诉，从而引起民事诉讼程序的当事人。被告是指原告诉称侵犯原告民事权益而由法院通知其应诉的当事人。

《民事诉讼法》规定，公民、法人和其他组织可以作为民事诉讼的当事人。法人由其法定代表人进行诉讼。其他组织由其主要负责人进行诉讼。

公民、法人和其他组织虽然都可以成为民事诉讼中的原告或被告，但在实践中，情况还是比较复杂的，需要进一步结合《民事诉讼法解释》及相关规定进行正确认定。

为保护社会公共利益，除了加强行政监管外，《民事诉讼法》还初步确立了我国的民事公益诉讼制度。根据《民事诉讼法》规定，对污染环境、侵害众多消费者合法权益等损害社会公共利益的行为，法律规定的机关（如人民检察院）和有关组织可以向人民法院提起诉讼。

2. 共同诉讼人

共同诉讼人是指当事人一方或双方为 2 人以上（含 2 人），诉讼标的是共同的，或者诉讼标的是同一种类、人民法院认为可以合并审理并经当事人同意，一同在人民法院进行诉讼的人。

3. 第三人

第三人是指对他人争议的诉讼标的有独立的请求权，或者虽无独立的请求权，但案件的处理结果与其有法律上的利害关系，而参加到原告、被告已经开始的诉讼中进行诉讼的人。

（二）诉讼代理人

诉讼代理人是指根据法律规定或当事人的委托，代理当事人进行民事诉讼活动的人。诉讼代理人通常可分为法定诉讼代理人、委托诉讼代理人和指定诉讼代理人。在建设工程领域，最常见的是委托诉讼代理人。

《民事诉讼法》规定，当事人、法定代理人可以委托 1~2 人作为诉讼代理人。下列人员可以被委托为诉讼代理人：①律师、基层法律服务工作者；②当事人的近亲属或者工作人员；③当事人所在社区、单位以及有关社会团体推荐的公民。

委托他人代为诉讼的，必须向人民法院提交由委托人签名或盖章的授权委托书，授权委托书必须记明委托事项和权限。《民事诉讼法》规定，“诉讼代理人代为承认、放弃、变更诉讼请求，进行和解，提起反诉或者上诉，必须有委托人的特别授权”。针对实践中经常出现的授权委托书仅写“全权代理”而无具体授权的情形，最高人民法院还特别规定，在这种情况下不能认定为诉讼代理人已获得特别授权，即诉讼代理人无权代为承认、放弃、变更诉讼请求，进行和解，提起反诉或者上诉。

【案例】

背景：甲公司开发某商业地产项目，乙建筑公司（简称乙公司）经过邀请招标程序中标并签订了施工总承包合同。施工中，乙公司将水电安装工程分包给丙水电设备建筑安装公司（简称丙公司）。丙公司又将部分水电安装的施工劳务作业违法分包给包工头蔡某。施工中，因甲公司拖欠乙公司工程款，继而乙公司拖欠丙公司工程款，丙公司拖欠蔡某的劳务费。当蔡某知道这个情况后，在起诉丙公司的同时，将甲公司也起诉到法院，要求支付被拖欠的劳务费。甲公司认为自己与蔡某没有合同关系，遂提出诉讼主体异议；丙公司认为蔡某没有劳务施工资质，不具备签约能力，合同无效，也不能成为原告。

问题：蔡某可否在起诉丙公司的同时，也起诉甲公司即发包方？

分析：《最高人民法院关于审理建设工程施工合同纠纷案件适用法律问题的解释》（法释〔2020〕25 号）第四十三条规定：“实际施工人以转包人、违法分包人为被告起诉的，人民法院应当依法受理。实际施工人以发包人为被告主张权利的，人民法院应当追加转包人或者违法分包人为本案第三人，在查明发包人欠付转包人或者违法分包人建设工程价款的数额后，判决发包人在欠付建设工程价款范围内对实际施工人承担责任”。据此，本案中蔡某作为实际施工人，不仅可以起诉违法分包的丙公司，也可以起诉作为发包人的甲公司。但甲公司只在欠付工程价款范围内对实际施工人蔡某承担责任。

三、民事诉讼证据的种类、保全和应用

证据是指在诉讼中能够证明案件真实情况的各种资料。当事人要证明自己提出的主张，需要向法院提供相应的证据。

（一）证据的种类

根据《民事诉讼法》的规定，根据表现形式的不同，民事证据有 8 种，分别是书证、物证、视听资料、证人证言、当事人陈述、鉴定意见、勘验笔录、电子数据。

1. 书证和物证

书证是指以所载文字、符号、图案等方式所表达的思想内容来证明案件事实的书面材料或者其他物品。书证在民事诉讼和仲裁中普遍存在，大量运用，具有非常重要的作用。书证一般表现为各种书面形式文件或纸面文字材料（但非纸类材料也可成为书证载体），如合同文件、各种信函、会议纪要、电报、传真、电子邮件、图纸、图表等。

物证则是指能够证明案件事实的物品及其痕迹，凡是以其存在的外形、重量、规格、损坏程度等物体的内部或者外部特征来证明待证事实的一部分或者全部的物品及痕迹，均属于

物证范畴。例如，在工程实践中，在对建筑材料、设备以及工程质量进行鉴定的过程中所涉及的各种证据，往往表现为物证这种形式。

在民事诉讼和仲裁过程中，应当遵循“优先提供原件或者原物”原则。《民事诉讼法》规定，“书证应当提交原件。物证应当提交原物。提交原件或者原物确有困难的，可以提交复制品、照片、副本、节录本”。需要说明的是，《最高人民法院关于民事诉讼证据的若干规定》（法释〔2019〕19号，简称《民事诉讼证据规定》）规定，如需自己保存证据原件、原物或者提供原件、原物确有困难的，可以提供经人民法院核对无异的复制件或者复制品。

2. 视听资料

视听资料，包括录音资料和影像资料，是指利用录音、录像等技术手段反映的声音、图像以及电子计算机存储的数据证明案件事实的证据。在实践中，常见的视听资料包括录像带、录音带、胶卷、电话录音、雷达扫描资料以及存储于软盘、硬盘或光盘中的数据等。

根据《民事诉讼证据规定》，当事人以视听资料作为证据的，应当提供存储该视听资料的原始载体。

3. 证人证言和当事人陈述

（1）证人证言　证人是指了解案件情况并向法院、仲裁机构或当事人提供证词的人。证人就案件情况所做的陈述即为证人证言。

《民事诉讼法》规定，凡是知道案件情况的单位和个人，都有义务出庭作证。有关单位的负责人应当支持证人作证。

根据《民事诉讼证据规定》，不能正确表达意思的人，不能作为证人；待证事实与其年龄、智力状况或者精神健康状况相适应的无民事行为能力人和限制民事行为能力人，可以作为证人。

（2）当事人陈述　当事人陈述是指当事人在诉讼或仲裁中，就本案的事实向法院或仲裁机构所做的陈述。《民事诉讼法》规定，人民法院对当事人的陈述，应当结合本案的其他证据，审查确定能否作为认定事实的根据。根据《民事诉讼证据规定》，在诉讼过程中，一方当事人陈述的于己不利的事实，或者对于己不利的事实明确表示承认的，另一方当事人无须举证证明；一方当事人对于另一方当事人主张的于己不利的事实既不承认也不否认，经审判人员说明并询问后，其仍然不明确表示肯定或者否定的，视为对该事实的承认。

4. 鉴定意见和勘验笔录

（1）鉴定意见　在对建设工程领域诸如工程质量、造价等方面的纠纷进行处理的过程中，针对有关的专业问题，由法院或仲裁机构委托具有相应资格的专业鉴定机构进行鉴定，并出具相应鉴定意见，是法院或仲裁机构据以查明案件事实、进行裁判的重要手段之一。因此，鉴定意见作为我国民事证据的一种，在建设工程纠纷的处理过程中，具有特殊的重要性。

当事人申请鉴定，应当注意在举证期限内提出。根据《民事诉讼证据规定》，对需要鉴定的事项负有举证责任的当事人，在人民法院指定的期限内无正当理由不提出鉴定申请或者不预交鉴定费用或者拒不提供相关材料，致使对案件争议的事实无法通过鉴定结论予以认定的，应当对该事实承担举证不能的法律后果。当事人申请鉴定经人民法院同意后，由双方当事人协商确定有鉴定资格的鉴定机构、鉴定人员，协商不成的，由人民法院指定。

当事人对人民法院委托的鉴定部门做出的鉴定结论有异议申请重新鉴定，提出证据证明存在下列情形之一的，人民法院应予准许：①鉴定机构或者鉴定人员不具备相关的鉴定资格的；②鉴定程序严重违法的；③鉴定结论明显依据不足的；④经过质证认定不能作为证据使用的其他情形。对有缺陷的鉴定结论，可以通过补充鉴定、重新质证或者补充质证等方法解决的，不予重新鉴定。

一方当事人自行委托有关部门做出的鉴定结论，另一方当事人有证据足以反驳并申请重新鉴定的，人民法院应予准许。

（2）勘验笔录 勘验笔录是指人民法院为了查明案件的事实，指派勘验人员对与案件争议有关的现场、物品或物体进行查验、拍照、测量，并将查验的情况与结果制成的笔录。《民事诉讼法》规定，勘验物证或者现场，勘验人必须出示人民法院的证件，并邀请当地基层组织或者当事人所在单位派人参加。当事人或者当事人的成年家属应当到场，拒不到场的，不影响勘验的进行。勘验人应当将勘验情况和结果制作笔录，由勘验人、当事人和被邀参加人签名或者盖章。

5. 电子数据

《民事诉讼证据规定》规定，当事人以电子数据作为证据的，应当提供原件。电子数据的制作者制作的与原件一致的副本，或者直接来源于电子数据的打印件或其他可以显示、识别的输出介质，视为电子数据的原件。

（二）证据的调查收集和保全

1. 法院调查收集证据的申请与实施

当事人应当在合理期限内完成举证，因客观原因不能自行收集的证据，可申请人民法院调查收集，并应当在举证期限届满前提交书面申请。

2. 申请法院责令对方当事人提交书证

当事人可以申请人民法院责令对方当事人提交书证。有下列情形，控制书证的当事人应当提交书证：控制书证的当事人在诉讼中曾经引用过的书证；为对方当事人的利益制作的书证；对方当事人依照法律规定有权查阅、获取的书证；账簿、记账原始凭证；人民法院认为应当提交书证的其他情形。

3. 证据保全的申请与实施

所谓证据保全，是指在证据可能灭失或以后难以取得的情况下，法院根据申请人的申请或依职权，对证据加以固定和保护的制度。

当事人或者利害关系人可以依法申请证据保全并应当在举证期限届满前向人民法院提出。当事人或者利害关系人申请采取查封、扣押等限制保全标的物使用、流通等保全措施，或者保全可能对证据持有人造成损失的，人民法院应当责令申请人提供相应的担保。

人民法院可以采取查封、扣押、录音、录像、复制、鉴定、勘验等方法进行证据保全，并制作笔录。

（三）证据的应用

1. 举证时限

所谓举证时限，是指法律规定或法院、仲裁机构指定的当事人能够有效举证的期限。举证时限是一种限制当事人诉讼行为的制度。

《民事诉讼法》规定，当事人对自己提出的主张应当及时提供证据。人民法院根据当事人的主张和案件审理情况，确定当事人应当提供的证据及其期限。当事人在该期限内提供证据确有困难的，可以向人民法院申请延长期限，人民法院根据当事人的申请适当延长。当事人逾期提供证据的，人民法院应当责令其说明理由；拒不说明理由或者理由不成立的，人民法院根据不同情形可以不予采纳该证据，或者采纳该证据但予以训诫、罚款。

《民事诉讼法解释》中规定，人民法院指定举证期限，适用第一审普通程序审理的案件不得少于 15 日，当事人提供新的证据的第二审案件不得少于 10 日。根据《民事诉讼证据规定》，适用简易程序审理的案件不得超过 15 日，小额诉讼案件的举证期限一般不得超过 7 日。

2. 证据交换

我国民事诉讼中的证据交换，是指在诉讼答辩期届满后开庭审理前，在法院的主持下，当事人之间相互明示其持有证据的过程。

根据《民事诉讼证据规定》，人民法院通过组织证据交换进行审理前准备的，证据交换之日举证期限届满。证据交换的时间可以由当事人协商一致并经人民法院认可，也可以由人民法院指定。当事人申请延期举证经人民法院准许的，证据交换日相应顺延。

3. 质证

质证是指当事人在法庭的主持下，围绕证据的真实性、合法性、关联性，针对证据证明力有无以及证明力大小，进行质疑、说明与辩驳的过程。

根据《民事诉讼法》和《民事诉讼证据规定》的规定，证据应当在法庭上出示，由当事人质证。对涉及国家秘密、商业秘密和个人隐私的证据应当保密，需要在法庭出示的，不得在公开开庭时出示。未经质证的证据，不能作为认定案件事实的依据。

（1）书证、物证、视听资料的质证　《民事诉讼证据规定》中规定，对书证、物证、视听资料进行质证时，当事人应当出示证据的原件或者原物，但有下列情形之一的除外：①出示原件或者原物确有困难并经法院准许出示复制件或者复制品的；②原件或者原物已不存在，但有证据证明复制件、复制品与原件或原物一致的。

（2）当事人陈述的质证　当事人应当就案件事实作真实、完整的陈述。当事人的陈述与此前陈述不一致的，人民法院应当责令其说明理由，并结合当事人的诉讼能力、证据和案件具体情况进行审查认定。当事人无正当理由拒不到场、拒不签署或宣读保证书或者拒不接受询问的，人民法院应当综合案件情况，判断待证事实的真伪；待证事实无其他证据证明的，人民法院应当做出不利于该当事人的认定。

（3）证人证言的质证　人民法院应当要求证人出庭作证，接受审判人员和当事人的询问。双方当事人同意证人以其他方式作证并经人民法院准许的，证人可以不出庭作证。无正当理由未出庭的证人以书面等方式提供的证言，不得作为认定案件事实的根据。当事人申请证人出庭作证的，应当在举证期限届满前向人民法院提交申请书。人民法院准许证人出庭作证申请的，应当向证人送达通知书并告知双方当事人。人民法院应当要求证人在作证之前签署保证书，并在法庭上宣读保证书的内容。但无民事行为能力人和限制民事行为能力人作为证人的除外。证人确有正当理由不能宣读保证书的，由书记员代为宣读并进行说明。证人拒绝签署或者宣读保证书的，不得作证，并自行承担相关费用。

当事人及其诉讼代理人经审判人员许可后可以询问证人。询问证人时其他证人不得在场。人民法院认为有必要的，可以要求证人之间进行对质。证人确有困难不能出庭作证，经人民法院准许可以书面证言、视听传输技术或者视听资料等方式作证的，但以书面证言方式作证的应当签署保证书；以视听传输技术或者视听资料方式作证的应当签署保证书并宣读保证书的内容。

（4）对鉴定意见的质证　委托机构鉴定的，应当由从事鉴定的人员代表机构出庭。鉴定人应当就鉴定事项如实答复当事人的异议和审判人员的询问。当庭答复确有困难的，经人民法院准许，可以在庭审结束后书面答复。人民法院应当及时将书面答复送交当事人，并听取当事人的意见。必要时，可以再次组织质证。鉴定人拒不出庭作证的，鉴定意见不得作为认定案件事实的根据。经法庭许可，当事人可以询问鉴定人。

（5）对勘验笔录、专门意见的质证　经法庭许可，当事人可以询问勘验人。人民法院准许当事人申请有专门知识的人出庭的，应当通知双方当事人。经法庭准许，当事人可以对有专门知识的人进行询问，当事人各自申请的有专门知识的人可以就案件中的有关问题进行对质。有专门知识的人不得参与对鉴定意见质证或者就专业问题发表意见之外的法庭审理活动。

4. 认证

认证，即证据的审核认定，是指法院对经过质证或当事人在证据交换中认可的各种证据材料做出审查判断，确认其能否作为认定案件事实的根据。

根据《民事诉讼证据规定》，以下证据不能单独作为认定案件事实的依据：①当事人的陈述；②无民事行为能力人或者限制民事行为能力人所做的与其年龄、智力状况或者精神健康状况不相当的证言；③与一方当事人或者其代理人有利害关系的证人陈述的证言；④存有疑点的视听资料、电子数据；⑤无法与原件、原物核对的复制件、复制品。

四、民事诉讼时效的规定

（一）诉讼时效的概念

诉讼时效是指权利人在法定期间内不行使权利，该期间届满后，义务人可以提出不履行义务抗辩的法律制度。

超过诉讼时效期间，在法律上发生的效力是权利人的胜诉权消灭。超过诉讼时效期间权利人行使权利的，如果符合《民事诉讼法》规定的起诉条件，法院仍然应当受理。如果法院经受理后查明无中止、中断、延长事由的，判决驳回诉讼请求。但是，《民法典》规定，人民法院不得主动适用诉讼时效的规定。当事人对诉讼时效利益的预先放弃无效。诉讼时效期间届满后，义务人同意履行的，不得以诉讼时效期间届满为由抗辩；义务人已经自愿履行的，不得请求返还。

（二）不适用于诉讼时效的情形

当事人可以对债权请求权提出诉讼时效抗辩，但对下列债权请求权提出诉讼时效抗辩的，法院不予支持：①支付存款本金及利息请求权；②兑付国债、金融债券以及向不特定对象发行的企业债券本息请求权；③基于投资关系产生的缴付出资请求权；④其他依法不适用诉讼时效规定的债权请求权。

（三）诉讼时效期间的种类

根据我国《民法典》及有关法律的规定，诉讼时效期间通常可划分为以下3类：

1）普通诉讼时效。《中华人民共和国民法总则》规定，向人民法院请求保护民事权利的诉讼时效期间为3年。

2）特殊诉讼时效。因国际货物买卖合同和技术进出口合同争议的诉讼时效期间为 4 年；1992 年 11 月公布的《中华人民共和国海商法》规定，就海上货物运输向承运人要求赔偿的请求权，诉讼时效期间为 1 年。

3）权利的最长保护期限。诉讼时效期间自权利人知道或应当知道权利受到损害以及义务人之日起计算。但是，从权利被侵害之日起超过 20 年的，法院不予保护；有特殊情况的，人民法院可以根据权利人的申请决定延长。

（四）诉讼时效期间的起算

《民法典》规定，诉讼时效期间自权利人知道或者应当知道权利受到损害之日起计算。

当事人约定同一债务分期履行的，诉讼时效期间自最后一期履行期限届满之日起计算。

（五）诉讼时效中止和中断

1. 诉讼时效中止

《民法典》规定，在诉讼时效期间的最后 6 个月内，因下列障碍，不能行使请求权的，诉讼时效中止：①不可抗力；②无民事行为能力人或者限制民事行为能力人没有法定代理人，或者法定代理人死亡、丧失民事行为能力、丧失代理权；③继承开始后未确定继承人或者遗产管理人；④权利人被义务人或者其他人控制；⑤其他导致权利人不能行使请求权的障碍。自中止时效的原因消除之日起满 6 个月，诉讼时效期间届满。

根据上述规定，诉讼时效中止，应当同时满足两个条件：①权利人由于不可抗力等其他障碍，不能行使请求权；②导致权利人不能行使请求权的事由发生在诉讼时效期间的最后 6 个月内。

诉讼时效中止，即诉讼时效期间暂时停止计算。在导致诉讼时效中止的原因消除后，也就是权利人开始可以行使请求权时起，诉讼时效期间继续计算。

2. 诉讼时效中断

《民法典》规定，有下列情形之一的，诉讼时效中断，从中断、有关程序终结时起，诉讼时效期间重新计算：①权利人向义务人提出履行请求；②义务人同意履行义务；③权利人提起诉讼或者申请仲裁；④与提起诉讼或者申请仲裁具有同等效力的其他情形。

五、民事诉讼的审判程序

（一）一审程序

一审程序包括普通程序和简易程序。普通程序是《民事诉讼法》规定的民事诉讼当事人进行第一审民事诉讼和人民法院审理第一审民事案件所通常适用的诉讼程序。简易程序是基层人民法院和它的派出法庭审理事实清楚、权利义务关系明确、争议不大的简单民事案件适用的程序。基层人民法院和它派出的法庭审理上述规定以外的民事案件，当事人双方也可以约定适用简易程序。

适用普通程序审理的案件，根据《民事诉讼法》的规定，应当在立案之日起 6 个月内审结。有特殊情况需要延长的，由本院院长批准，可以延长 6 个月；还需要延长的，报请上级人民法院批准。适用简易程序审理的案件，应当在立案之日起 3 个月内审结。

1. 起诉和受理

（1）起诉　《民事诉讼法》第一百一十九条规定，起诉必须符合下列条件：①原告是与本案有直接利害关系的公民、法人和其他组织；②有明确的被告；③有具体的诉讼请求、事实和理由；④属于人民法院受理民事诉讼的范围和受诉人民法院管辖。

起诉方式应当以书面起诉为原则，口头起诉为例外。在工程实践中，基本都是采用书面起诉方式。《民事诉讼法》规定，起诉应当向人民法院提交起诉状，并按照被告人数提出副本。

起诉状应当记明下列事项：①原告的姓名、性别、年龄、民族、职业、工作单位、住所、联系方式，法人或者其他组织的名称、住所和法定代表人或者主要负责人的姓名、职务、联系方式；②被告的姓名、性别、工作单位、住所等信息，法人或者其他组织的名称、住所等信息；③诉讼请求和所根据的事实与理由；④证据和证据来源，证人姓名和住所。

（2）受理　《民事诉讼法》规定，人民法院应当保障当事人依照法律规定享有的起诉权利。对符合本法第一百一十九条的起诉，必须受理。符合起诉条件的，应当在7日内立案，并通知当事人；不符合起诉条件的，应当在7日内做出裁定书，不予受理；原告对裁定不服的，可以提起上诉。

审理前的主要准备工作如下：

1）送达起诉状副本和提出答辩状。《民事诉讼法》规定，人民法院应当在立案之日起5日内将起诉状副本发送被告，被告应当在收到之日起15日内提出答辩状。被告不提出答辩状的，不影响人民法院审理。

送达诉讼文书必须有送达回证，由受送达人在送达回证上记明收到日期，签名或者盖章。受送达人在送达回证上的签收日期为送达日期。

诉讼文书送达方式包括直接送达；留置送达；经受送达人同意，法院可以对除判决书、裁定书、调解书以外的诉讼文书采用传真、电子邮件等能够确认其收悉的方式送达；委托送达、邮寄送达以及公告送达。

2）告知当事人诉讼权利义务及组成合议庭。人民法院对决定受理的案件，应当在受理案件通知书和应诉通知书中向当事人告知有关的权利和义务，或者口头告知。

普通程序的审判组织应当采用合议制。合议庭组成人员确定后，应当在3日内告知当事人。

被告在收到受理案件通知和应诉通知后，如果对管辖权有异议的，应当在提交答辩状期间提出。当事人未提出管辖异议，并应诉答辩的，视为受诉人民法院有管辖权，但违反级别管辖和专属管辖规定的除外。

2. 开庭审理

（1）开庭审理方式　开庭审理根据是否向公众和社会公开，分为公开审理和不公开审理。其中，公开审理是人民法院审理案件的一项基本原则，只有在例外情形下，才可以不公开审理。

《民事诉讼法》规定，人民法院审理民事案件，除涉及国家秘密、个人隐私或者法律另有规定的以外，应当公开进行。离婚案件，涉及商业秘密的案件，当事人申请不公开审理的，可以不公开审理。

（2）法庭调查　法庭调查是在法庭上出示与案件有关的全部证据，对案件事实进行全面调查并有当事人进行质证的程序。

法庭调查按照下列程序进行：①当事人陈述；②告知证人的权利义务，证人作证，宣读未到庭的证人证言；③出示书证、物证、视听资料和电子数据；④宣读鉴定意见；⑤宣读勘验笔录。

（3）法庭辩论 法庭辩论是当事人及其诉讼代理人在法庭上行使辩论权，针对有争议的事实和法律问题进行辩论的程序。法庭辩论的目的是通过当事人及其诉讼代理人的辩论，对有争议的问题逐一进行审查和核实，借此查明案件的真实情况和正确适用法律。

（4）法庭笔录 书记员应当将法庭审理的全部活动记入笔录，由审判人员和书记员签名。

法庭笔录应当当庭宣读，也可以告知当事人和其他诉讼参与人当庭或者在5日内阅读。当事人和其他诉讼参与人认为对自己的陈述记录有遗漏或者差错的，有权申请补正。如果不予补正，应当将申请记录在案。法庭笔录由当事人和其他诉讼参与人签名或者盖章。拒绝签名盖章的，记明情况附卷。

（5）宣判 法庭辩论终结，应当依法做出判决。根据《民事诉讼法》的规定，判决前能够调解的，还可以进行调解。调解书经双方当事人签收后，即具有法律效力。调解不成的，如调解未达成协议或者调解书送达前一方反悔的，法院应当及时判决。

原告经传票传唤，无正当理由拒不到庭的，或者未经法庭许可中途退庭的，可以按撤诉处理；被告反诉的，可以缺席判决。被告经传票传唤，无正当理由拒不到庭的，或者未经法庭许可中途退庭的，可以缺席判决。

依照《民事诉讼法》第一百四十六条，原告经传票传唤，无正当理由拒不到庭的，或经法庭许可中途退庭的，可以按撤诉处理；被告反诉的，可以缺席判决。

法院一律公开宣告判决，同时必须告知当事人上诉权利、上诉期限和上诉的法院。最高人民法院的判决、裁定，以及超过上诉期没有上诉的判决、裁定，是发生法律效力的判决、裁定。

3. 简易程序

按照《民事诉讼法》的规定，基层人民法院和它派出的法庭适用简易程序审理事实清楚、权利义务关系明确、争议不大的简单民事案件，标的额为各省、自治区、直辖市上年度就业人员年平均工资30%以下的，实行一审终审。人民法院在审理过程中，发现案件不宜适用简易程序的，裁定转为普通程序。

适用简易程序审理的案件，由审判员一人独任审理，可以用简便方式传唤当事人和证人、送达诉讼文书、审理案件，但应当保障当事人陈述意见的权利。

（二）二审程序

二审程序（又称上诉程序或终审程序），是指由于民事诉讼当事人不服地方各级人民法院尚未生效的第一审判决或裁定，在法定上诉期间内，向上一级人民法院提起上诉而引起的诉讼程序。由于我国实行两审终审制，上诉案件经二审法院审理后做出的判决、裁定为终审的判决、裁定，诉讼程序即告终结。

根据《民事诉讼法》规定，第二审人民法院审理对判决的上诉案件，审限为3个月；审理对裁定的上诉案件，审限为30日。

1. 上诉期间

当事人不服地方人民法院第一审判决的，有权在判决书送达之日起15日内向上一级人民法院提起上诉；不服地方人民法院第一审裁定的，有权在裁定书送达之日起10日内向上一级人民法院提起上诉。

2. 上诉状

当事人提起上诉，应当递交上诉状。上诉状应当通过原审法院提出，并按照对方当事人的人数提出副本。当事人直接向第二审人民法院上诉的，第二审人民法院应当在5日内将上诉状移交原审人民法院。

3. 二审法院对上诉案件的处理

第二审的上诉审查限于当事人上诉请求的范围，不一般性地做全面审查。《民事诉讼法》规定，第二审人民法院应当对上诉请求的有关事实和适用法律进行审查。第二审人民法院对上诉案件，应当组成合议庭，开庭审理。经过阅卷、调查和询问当事人，对没有提出新的事实、证据或者理由，合议庭认为不需要开庭审理的，可以不开庭审理。

第二审人民法院对上诉案件，经过审理，按照下列情形，分别处理：①原判决、裁定认定事实清楚，适用法律正确的，判决驳回上诉，维持原判决、裁定；②原判决、裁定认定事实错误或者适用法律错误的，依法改判、撤销或者变更；③原判决认定基本事实不清的，裁定撤销原判决，发回原审人民法院重审，或者查清事实后改判；④原判决遗漏当事人或者违法缺席判决等严重违反法定程序的，裁定撤销原判决，发回原审人民法院重审。

第二审法院做出的具有给付内容的判决，具有强制执行力。如果有履行义务的当事人拒不履行，对方当事人有权向法院申请强制执行。

对于发回原审法院重审的案件，原审法院仍将按照一审程序进行审理。因此，当事人对重审案件的判决、裁定，仍然可以上诉。原审人民法院对发回重审的案件做出判决后，当事人提起上诉的，第二审人民法院不得再次发回重审。

（三）特别程序

特别程序是人民法院依照《民事诉讼法》审理特殊类型案件的一种程序。它审理的对象不是解决当事人之间的民事权利义务争议，而是确认某种法律事实是否存在，确认某种权利的实际状态。适用特别程序审理的案件，实行一审终审，并且应当在立案之日起30日内或者公告期满后30日内审结。

与建设工程相关的特别程序，主要指当事人向人民法院申请司法确认调解协议案及实现担保物权案。

申请司法确认调解协议，由双方当事人依照人民调解法等法律，自调解协议生效之日起30日内，共同向调解组织所在地基层人民法院提出。人民法院受理申请后，经审查，符合法律规定的，裁定调解协议有效，一方当事人拒绝履行或者未全部履行的，对方当事人可以向人民法院申请执行；不符合法律规定的，裁定驳回申请，当事人可以通过调解方式变更原调解协议或者达成新的调解协议，也可以向人民法院提起诉讼。

申请实现担保物权，由担保物权人以及其他有权请求实现担保物权的人依照物权法等法律，向担保财产所在地或者担保物权登记地基层人民法院提出。人民法院受理申请后，经审查符合法律规定的，裁定拍卖、变卖担保财产，当事人依据该裁定可以向人民法院申请执行；不符合法律规定的，裁定驳回申请，当事人可以向人民法院提起诉讼。

六、民事诉讼的执行

审判程序与执行程序是并列的独立程序。审判程序是产生裁判书的过程，执行程序是实现裁判书内容的过程。

（一）执行程序的概念

执行程序是指人民法院的执行机构依照法定的程序，对发生法律效力并具有给付内容的法律文书，以国家强制力为后盾，依法采取强制措施，迫使具有给付义务的当事人履行其给付义务的行为。

（二）执行根据

执行根据是当事人申请执行，人民法院移交执行以及人民法院采取强制措施的依据。执行根据是执行程序发生的基础，没有执行根据，当事人不能向人民法院申请执行，人民法院也不得采取强制措施。

执行根据主要有：①人民法院制作的发生法律效力的民事判决书、裁定书以及生效的调解书等；②人民法院做出的具有财产给付内容的发生法律效力的刑事判决书、裁定书；③仲裁机构制作的依法由人民法院执行的生效仲裁裁决书、仲裁调解书；④公证机关依法做出的赋予强制执行效力的公证债权文书；⑤人民法院做出的先予执行的裁定、执行回转的裁定以及承认并协助执行外国判决、裁定或裁决的裁定；⑥我国行政机关做出的法律明确规定由人民法院执行的行政决定；⑦人民法院依督促程序发布的支付令等。

（三）执行案件的管辖

发生法律效力的民事判决、裁定，以及刑事判决、裁定中的财产部分，由第一审人民法院或者与第一审人民法院同级的被执行的财产所在地人民法院执行。法律规定由人民法院执行的其他法律文书，由被执行人住所地或者被执行的财产所在地人民法院执行。

《最高人民法院关于适用〈中华人民共和国民事诉讼法〉执行程序若干问题的解释》（法释〔2008〕13 号）（简称《民事诉讼法执行程序解释》）中规定，申请执行人向被执行的财产所在地人民法院申请执行的，应当提供该人民法院辖区有可供执行财产的证明材料。

人民法院受理执行申请后，当事人对管辖权有异议的，应当自收到执行通知书之日起10 日内提出。

（四）执行中止和终结

1. 执行中止

执行中止是指在执行过程中，因发生特殊情况，需要暂时停止执行程序。有下列情况之一的，人民法院应裁定中止执行：①申请人表示可以延期执行的；②案外人对执行标的提出确有理由异议的；③作为一方当事人的公民死亡，需要等待继承人继承权利或承担义务的；④作为一方当事人的法人或其他组织终止，尚未确定权利义务承受人的；⑤人民法院认为应当中止执行的其他情形，如被执行人确无财产可供执行等。中止的情形消失后，恢复执行。

2. 执行终结

在执行过程中，由于出现某些特殊情况，执行工作无法继续进行或没有必要继续进行的，结束执行程序。有下列情况之一的，人民法院应当裁定终结执行：①申请人撤销申请的；②据以执行的法律文书被撤销的；③作为被执行人的公民死亡，无遗产可供执行，又无义务承担人的；④追索赡养费、扶养费、抚育费案件的权利人死亡的；⑤作为被执行人的公民因生活困难无力偿还借款，无收入来源，又丧失劳动能力的；⑥人民法院认为应当终结执行的其他情形。

思考题

1. 什么是法律纠纷？主要包括哪些类型？
2. 什么是建设工程民事纠纷？其特点是什么？
3. 什么是建设工程行政纠纷？除行政协议外，行政机关的行政行为具有哪些特征？
4. 在建设工程领域，易引发行政纠纷的具体行政行为主要有哪几种？
5. 简述民事纠纷的法律解决途径。
6. 什么是民事纠纷的法律解决途径的调解？有哪些具体方式？
7. 什么是民事纠纷的法律解决途径的仲裁？有什么特点？
8. 什么是民事诉讼？其基本特征是什么？
9. 什么是行政纠纷法律解决途径的行政复议？有何特点？
10. 什么是行政诉讼？有何特点？
11. 根据《民法典》，简述民事诉讼的一般地域管辖的规定。
12. 什么是民事诉讼法院管辖中的移送管辖和管辖权转移？二者有何区别？
13. 什么民事诉讼代理人？哪些人员可以被委托为诉讼代理人？
14. 什么是民事诉讼证据？有哪些种类？
15. 什么是民事诉讼证据中的质证？有哪些类型？
16. 什么是民事诉讼证据中的认证？根据《民事诉讼证据规定》，哪些证据不能单独作为认定案件事实的依据？
17. 什么是民事诉讼时效？简述不适用于诉讼时效的情形。
18. 根据《民法典》，简述在诉讼时效期间的最后6个月内，不能行使请求权的，诉讼时效中止的情形。
19. 根据《民法典》，简述诉讼时效中断，从中断、有关程序终结时起，诉讼时效期间重新计算的情形。
20. 什么是民事诉讼的执行程序？简述其执行依据。
21. 什么是民事诉讼的执行措施？简述其主要措施内容。
22. 简述民事诉讼的执行过程，人民法院应裁定中止执行的情形。
23. 简述民事诉讼的执行过程，人民法院应当裁定终结执行的情形。
24. 案例背景：某建筑公司诉某开发公司施工合同纠纷一案，法院终审判决开发公司应在第一年11月12日前一次性支付所欠工程款300万元，建筑公司胜诉。但开发公司没有在规定的履行期限内支付欠款。第三年9月，建筑公司的领导要求公司有关人员向法院申请强制执行时，有关人员汇报说：公司现在才申请强制执行，已超过规定的6个月申请强制执行期限，法院不会再受理了，只能与开发公司协商解决。

问题：建筑公司有关人员的说法是否正确？该公司还能否对开发公司的欠款向法院申请强制执行？

第十二章 建设用地规划与审批制度

本章重点内容： 农业用地转为建设用地的规定、建设用地使用中的相关规定、国有土地使用权的收回、土地管理中违法行为承担的法律责任、城乡规划的修改、城乡规划实施中违法的法律责任。

本章学习目标： 了解土地利用总体规划和建设用地使用制度相关规定及法律责任；了解城乡规划的制定、实施和修改制度及法律责任。通过本章学习，培养学生建立遵纪守法行为习惯的同时，明白国家从社会发展、人民生活、经济发展角度对资源利用的整体观和大局观。

第一节 土地管理相关制度

国家实行土地用途管制制度。国家编制土地利用总体规划，规定土地用途，将土地分为农用地、建设用地和未利用地。严格限制农用地转为建设用地，控制建设用地总量，对耕地实行特殊保护。农用地是指直接用于农业生产的土地，包括耕地、林地、草地、农田水利用地、养殖水面等；建设用地是指建造建筑物、构筑物的土地，包括城乡住宅和公共设施用地、工矿用地、交通水利设施用地、旅游用地、军事设施用地等；未利用地是指农用地和建设用地以外的土地。使用土地的单位和个人必须严格按照土地利用总体规划确定的用途使用土地。

一、土地利用总体规划

各级人民政府应当依据国民经济和社会发展规划、国土整治和资源环境保护的要求、土地供给能力以及各项建设对土地的需求，组织编制土地利用总体规划。下级土地利用总体规划应当依据上一级土地利用总体规划编制，即地方各级人民政府编制的土地利用总体规划中的建设用地总量不得超过上一级土地利用总体规划确定的控制指标，耕地保有量不得低于上一级土地利用总体规划确定的控制指标。

土地利用总体规划编制的原则有：①落实国土空间开发保护要求，严格土地用途管制；②严格保护永久基本农田，严格控制非农业建设占用农用地；③提高土地节约集约利用水平；④统筹安排城乡生产、生活、生态用地，满足乡村产业和基础设施用地合理需求，促进城乡融合发展；⑤保护和改善生态环境，保障土地的可持续利用；⑥占用耕地与开发复垦耕地数量平衡、质量相当。

国家建立国土空间规划体系。编制国土空间规划应当坚持生态优先，绿色、可持续发展，科学有序统筹安排生态、农业、城镇等功能空间，优化国土空间结构和布局，提升国土空间开发、保护的质量和效率。经依法批准的国土空间规划是各类开发、保护、建设活动的基本依据。已经编制国土空间规划的，不再编制土地利用总体规划和城乡规划。

我国土地利用总体规划实行分级审批：①省、自治区、直辖市的土地利用总体规划，报国务院批准；②省、自治区人民政府所在地的市、人口在100万以上的城市以及国务院指定的城市的土地利用总体规划，经省、自治区人民政府审查同意后，报国务院批准；③除①和②以外的土地利用总体规划，逐级上报省、自治区、直辖市人民政府批准，其中，乡（镇）土地利用总体规划可以由省级人民政府授权的设区的市、自治州人民政府批准。

城市建设用地规模应当符合国家规定的标准，充分利用现有建设用地，不占或者尽量少占农用地。城市总体规划、村庄和集镇规划，应当与土地利用总体规划相衔接，城市总体规划、村庄和集镇规划中建设用地规模不得超过土地利用总体规划确定的城市和村庄、集镇建设用地规模。在城市规划区内、村庄和集镇规划区内，城市和村庄、集镇建设用地应当符合城市规划、村庄和集镇规划。

江河、湖泊综合治理和开发利用规划，应当与土地利用总体规划相衔接。在江河、湖泊、水库的管理和保护范围以及蓄洪滞洪区内，土地利用应当符合江河、湖泊综合治理和开发利用规划，符合河道、湖泊行洪、蓄洪和输水的要求。

各级人民政府应当加强土地利用计划管理，实行建设用地总量控制。土地利用年度计划，根据国民经济和社会发展计划、国家产业政策、土地利用总体规划以及建设用地和土地利用的实际状况编制。土地利用年度计划应当对《中华人民共和国土地管理法》第六十三条规定的集体经营性建设用地做出合理安排。土地利用年度计划的编制审批程序与土地利用总体规划的编制审批程序相同。

关于土地利用总体规划的修改：①经批准的土地利用总体规划的修改，须经原批准机关批准，未经批准不得改变土地利用总体规划确定的土地用途；②经国务院批准的大型能源、交通、水利等基础设施建设用地，需要改变土地利用总体规划的，根据国务院的批准文件修改土地利用总体规划；③经省、自治区、直辖市人民政府批准的能源、交通、水利等基础设施建设用地，需要改变土地利用总体规划的，属于省级人民政府土地利用总体规划批准权限内的，根据省级人民政府的批准文件修改土地利用总体规划。

二、建设用地使用制度

（一）农业用地转为建设用地的规定

1. 农业用地转为建设用地的情形

建设占用土地，涉及农用地转为建设用地的，应当办理农用地转用审批手续。永久基本农田转为建设用地的，由国务院批准。在土地利用总体规划确定的城市和村庄、集镇建设用地规模范围内，为实施该规划而将永久基本农田以外的农用地转为建设用地的，按土地利用年度计划分批次按照国务院规定由原批准土地利用总体规划的机关或者其授权的机关批准。在已批准的农用地转用范围内，具体建设项目用地可以由市、县人民政府批准。在土地利用总体规划确定的城市和村庄、集镇建设用地规模范围外，将永久基本农田以外的农用地转为建设用地的，由国务院或者国务院授权的省、自治区、直辖市人民政府批准。

为了公共利益的需要，有下列情形之一，确需征收农民集体所有的土地的，可以依法实施征收：①军事和外交需要用地的；②由政府组织实施的能源、交通、水利、通信、邮政等基础设施建设需要用地的；③由政府组织实施的科技、教育、文化、卫生、体育、生态环境和资源保护、防灾减灾、文物保护、社区综合服务、社会福利、市政公用、优抚安置、英烈保护等公共事业需要用地的；④由政府组织实施的扶贫搬迁、保障性安居工程建设需要用地的；⑤在土地利用总体规划确定的城镇建设用地范围内，经省级以上人民政府批准由县级以上地方人民政府组织实施的成片开发建设需要用地的；⑥法律规定为公共利益需要可以征收农民集体所有的土地的其他情形。

项目的建设活动，应当符合国民经济和社会发展规划、土地利用总体规划、城乡规划和专项规划；第④项、第⑤项规定的建设活动，还应当纳入国民经济和社会发展年度计划；第⑤项规定的成片开发应当符合国务院自然资源主管部门规定的标准。

征收下列土地的，由国务院批准：①永久基本农田；②永久基本农田以外的耕地超过三十五公顷的；③其他土地超过七十公顷的。

征收农用地的，应当依照规定先行办理农用地转用审批。其中，经国务院批准农用地转用的，同时办理征地审批手续，不再另行办理征地审批；经省、自治区、直辖市人民政府在征地批准权限内批准农用地转用的，同时办理征地审批手续，不再另行办理征地审批，超过征地批准权限的，应当另行办理征地审批。

国家征收土地的，依照法定程序批准后，由县级以上地方人民政府予以公告并组织实施。县级以上地方人民政府拟申请征收土地的，应当开展拟征收土地现状调查和社会稳定风险评估，并将征收范围、土地现状、征收目的、补偿标准、安置方式和社会保障等在拟征收土地所在的乡（镇）和村、村民小组范围内公告至少 30 日，听取被征地的农村集体经济组织及其成员、村民委员会和其他利害关系人的意见。

2. 国家征收农业用地的补偿规定

多数被征地的农村集体经济组织成员认为征地补偿安置方案不符合法律、法规规定的，县级以上地方人民政府应当组织召开听证会，并根据法律、法规的规定和听证会情况修改方案。拟征收土地的所有权人、使用权人应当在公告规定期限内，持不动产权属证明材料办理补偿登记。县级以上地方人民政府应当组织有关部门测算并落实有关费用，保证足额到位，与拟征收土地的所有权人、使用权人就补偿、安置等签订协议；个别确实难以达成协议的，应当在申请征收土地时如实说明。

征收土地应当给予公平、合理的补偿，保障被征地农民原有生活水平不降低、长远生计有保障。征收土地应当依法及时足额支付土地补偿费、安置补助费以及农村村民住宅、其他地上附着物和青苗等的补偿费用，并安排被征地农民的社会保障费用。征收农用地的土地补偿费、安置补助费标准由省、自治区、直辖市通过制定公布区片综合地价确定。制定公布区片综合地价应当综合考虑土地原用途、土地资源条件、土地产值、土地区位、土地供求关系、人口以及经济社会发展水平等因素，并至少每三年调整或者重新公布一次。

征收农用地以外的其他土地、地上附着物和青苗等的补偿标准，由省、自治区、直辖市制定。对其中的农村村民住宅，应当按照先补偿后搬迁、居住条件有改善的原则，尊重农村村民意愿，采取重新安排宅基地建房、提供安置房或者货币补偿等方式给予公平、合理的补偿，并对因征收造成的搬迁、临时安置等费用予以补偿，保障农村村民居住的权利和合法的住房财产权益。

县级以上地方人民政府应当将被征地农民纳入相应的养老等社会保障体系。被征地农民的社会保障费用主要用于符合条件的被征地农民的养老保险等社会保险缴费补贴。被征地农民社会保障费用的筹集、管理和使用办法，由省、自治区、直辖市制定。

（二）建设用地使用中的相关规定

建设项目可行性研究论证时，自然资源主管部门可以根据土地利用总体规划、土地利用年度计划和建设用地标准，对建设用地有关事项进行审查，并提出意见。经批准的建设项目需要使用国有建设用地的，建设单位应当持法律、行政法规规定的有关文件，向有批准权的县级以上人民政府自然资源主管部门提出建设用地申请，经自然资源主管部门审查，报本级人民政府批准。

建设单位使用国有土地，应当以出让等有偿使用方式取得。但是，下列建设用地，经县级以上人民政府依法批准，可以以划拨方式取得：①国家机关用地和军事用地；②城市基础设施用地和公益事业用地；③国家重点扶持的能源、交通、水利等基础设施用地；④法律、行政法规规定的其他用地。

以出让等有偿使用方式取得国有土地使用权的建设单位，按照国务院规定的标准和办法，缴纳土地使用权出让金等土地有偿使用费和其他费用后，方可使用土地。新增建设用地的土地有偿使用费，30% 上缴中央财政，70% 留给有关地方人民政府。具体使用管理办法由国务院财政部门会同有关部门制定，并报国务院批准。

建设单位使用国有土地的，应当按照土地使用权出让等有偿使用合同的约定或者土地使用权划拨批准文件的规定使用土地；确需改变该幅土地建设用途的，应当经有关人民政府自然资源主管部门同意，报原批准用地的人民政府批准。其中，在城市规划区内改变土地用途的，在报批前，应当先经有关城市规划行政主管部门同意。

建设项目施工和地质勘查需要临时使用国有土地或者农民集体所有的土地的，由县级以上人民政府自然资源主管部门批准。其中，在城市规划区内的临时用地，在报批前，应当先经有关城市规划行政主管部门同意。土地使用者应当根据土地权属，与有关自然资源主管部门或者农村集体经济组织、村民委员会签订临时使用土地合同，并按照合同的约定支付临时使用土地补偿费。

临时使用土地的使用者应当按照临时使用土地合同约定的用途使用土地，并不得修建永久性建筑物。临时使用土地期限一般不超过 2 年。

（三）国有土地使用权的收回

有下列情形之一的，由有关人民政府自然资源主管部门报经原批准用地的人民政府或者有批准权的人民政府批准，可以收回国有土地使用权：①为实施城市规划进行旧城区改建以及其他公共利益需要，确需使用土地的；②土地出让等有偿使用合同约定的使用期限届满，土地使用者未申请续期或者申请续期未获批准的；③因单位撤销、迁移等原因，停止使用原划拨的国有土地的；④公路、铁路、机场、矿场等经核准报废的。其中依第①项的规定收回国有土地使用权的，对土地使用权人应当给予适当补偿。

有下列情形之一的，农村集体经济组织报经原批准用地的人民政府批准，可以收回土地使用权：①为乡（镇）村公共设施和公益事业建设，需要使用土地的；②不按照批准的用途使用土地的；③因撤销、迁移等原因而停止使用土地的。其中依第①项规定收回农民集体所有的土地的，对土地使用权人应当给予适当补偿。

三、土地管理与违法承担的法律责任

（一）土地管理中的监督检查

县级以上人民政府自然资源主管部门履行监督检查职责时，有权采取下列措施：①要求被检查的单位或者个人提供有关土地权利的文件和资料，进行查阅或者予以复制；②要求被检查的单位或者个人就有关土地权利的问题做出说明；③进入被检查单位或者个人非法占用的土地现场进行勘测；④责令非法占用土地的单位或者个人停止违反土地管理法律、法规的行为。

土地管理监督检查人员履行职责，需要进入现场进行勘测、要求有关单位或者个人提供文件、资料和做出说明的，应当出示土地管理监督检查证件。有关单位和个人对县级以上人民政府自然资源主管部门就土地违法行为进行的监督检查应当支持与配合，并提供工作方便，不得拒绝与阻碍土地管理监督检查人员依法执行职务。

（二）土地管理中违法行为承担的法律责任

买卖或者以其他形式非法转让土地的，由县级以上人民政府自然资源主管部门没收违法所得；对违反土地利用总体规划擅自将农用地改为建设用地的，限期拆除在非法转让的土地上新建的建筑物和其他设施，恢复土地原状，对符合土地利用总体规划的，没收在非法转让的土地上新建的建筑物和其他设施；可以并处罚款；对直接负责的主管人员和其他直接责任人员，依法给予处分；构成犯罪的，依法追究刑事责任。

占用耕地建窑、建坟或者擅自在耕地上建房、挖砂、采石、采矿、取土等，破坏种植条件的，或者因开发土地造成土地荒漠化、盐渍化的，由县级以上人民政府自然资源主管部门、农业农村主管部门等按照职责责令限期改正或者治理，可以并处罚款；构成犯罪的，依法追究刑事责任。

拒不履行土地复垦义务的，由县级以上人民政府自然资源主管部门责令限期改正；逾期不改正的，责令缴纳复垦费，专项用于土地复垦，可以处以罚款。

未经批准或者采取欺骗手段骗取批准，非法占用土地的，由县级以上人民政府自然资源主管部门责令退还非法占用的土地，对违反土地利用总体规划擅自将农用地改为建设用地的，限期拆除在非法占用的土地上新建的建筑物和其他设施，恢复土地原状，对符合土地利用总体规划的，没收在非法占用的土地上新建的建筑物和其他设施，可以并处罚款；对非法占用土地单位的直接负责的主管人员和其他直接责任人员，依法给予处分；构成犯罪的，依法追究刑事责任。

超过批准的数量占用土地，多占的土地以非法占用土地论处。

超过省、自治区、直辖市规定的标准，多占的土地以非法占用土地论处。

无权批准征收、使用土地的单位或者个人非法批准占用土地的，超越批准权限非法批准占用土地的，不按照土地利用总体规划确定的用途批准用地的，或者违反法律规定的程序批准占用、征收土地的，其批准文件无效，对非法批准征收、使用土地的直接负责的主管人员和其他直接责任人员，依法给予处分；构成犯罪的，依法追究刑事责任。非法批准、使用的土地应当收回，有关当事人拒不归还的，以非法占用土地论处。

非法批准征收、使用土地，对当事人造成损失的，依法应当承担赔偿责任。

侵占、挪用被征收土地单位的征地补偿费用和其他有关费用，构成犯罪的，依法追究刑事责任；尚不构成犯罪的，依法给予处分。

依法收回国有土地使用权当事人拒不交出土地的，临时使用土地期满拒不归还的，或者不按照批准的用途使用国有土地的，由县级以上人民政府自然资源主管部门责令交还土地，处以罚款。

依照《中华人民共和国土地管理法》规定，责令限期拆除在非法占用的土地上新建的建筑物和其他设施的，建设单位或者个人必须立即停止施工，自行拆除；对继续施工的，做出处罚决定的机关有权制止。建设单位或者个人对责令限期拆除的行政处罚决定不服的，可以在接到责令限期拆除决定之日起15日内，向人民法院起诉；期满不起诉又不自行拆除的，由做出处罚决定的机关依法申请人民法院强制执行，费用由违法者承担。

第二节 城乡规划相关制度

城乡规划包括城镇体系规划、城市规划、镇规划、乡规划和村庄规划。城市规划、镇规划分为总体规划和详细规划。详细规划分为控制性详细规划和修建性详细规划。

制定和实施城乡规划，应当遵循城乡统筹、合理布局、节约土地、集约发展和先规划后建设的原则，改善生态环境，促进资源、能源节约和综合利用，保护耕地等自然资源和历史文化遗产，保持地方特色、民族特色和传统风貌，防止污染和其他公害，并符合区域人口发展、国防建设、防灾减灾和公共卫生、公共安全的需要。

一、城乡规划的制定

国务院城乡规划主管部门会同国务院有关部门组织编制全国城镇体系规划，用于指导省域城镇体系规划、城市总体规划的编制。全国城镇体系规划由国务院城乡规划主管部门报国务院审批。

省、自治区人民政府组织编制省域城镇体系规划，报国务院审批。省域城镇体系规划的内容应当包括：城镇空间布局和规模控制，重大基础设施的布局，为保护生态环境、资源等需要严格控制的区域。

城市人民政府组织编制城市总体规划。直辖市的城市总体规划由直辖市人民政府报国务院审批。省、自治区人民政府所在地的城市以及国务院确定的城市的总体规划，由省、自治区人民政府审查同意后，报国务院审批。其他城市的总体规划，由城市人民政府报省、自治区人民政府审批。县人民政府组织编制县人民政府所在地镇的总体规划，报上一级人民政府审批。其他镇的总体规划由镇人民政府组织编制，报上一级人民政府审批。

省、自治区人民政府组织编制的省域城镇体系规划，城市、县人民政府组织编制的总体规划，在报上一级人民政府审批前，应当先经本级人民代表大会常务委员会审议，常务委员会组成人员的审议意见交由本级人民政府研究处理。镇人民政府组织编制的镇总体规划，在报上一级人民政府审批前，应当先经镇人民代表大会审议，代表的审议意见交由本级人民政府研究处理。

城市总体规划、镇总体规划的内容应当包括：城市、镇的发展布局，功能分区，用地布局，综合交通体系，禁止、限制和适宜建设的地域范围，各类专项规划等。规划区范围、规划区内建设用地规模、基础设施和公共服务设施用地、水源地和水系、基本农田和绿化用地、环境保护、自然与历史文化遗产保护以及防灾减灾等内容，应当作为城市总体规划、镇总体规划的强制性内容。城市总体规划、镇总体规划的规划期限一般为20年。城市总体规划还应当对城市更长远的发展做出预测性安排。

乡规划、村庄规划应当从农村实际出发，尊重村民意愿，体现地方和农村特色。乡规划、村庄规划的内容应当包括：规划区范围，住宅、道路、供水、排水、供电、垃圾收集、畜禽养殖场所等农村生产、生活服务设施、公益事业等各项建设的用地布局、建设要求，以及对耕地等自然资源和历史文化遗产保护、防灾减灾等的具体安排。乡规划还应当包括本行政区域内的村庄发展布局。

城市人民政府城乡规划主管部门根据城市总体规划的要求，组织编制城市的控制性详细规划，经本级人民政府批准后，报本级人民代表大会常务委员会和上一级人民政府备案。镇人民政府根据镇总体规划的要求，组织编制镇的控制性详细规划，报上一级人民政府审批。县人民政府所在地镇的控制性详细规划，由县人民政府城乡规划主管部门根据镇总体规划的要求组织编制，经县人民政府批准后，报本级人民代表大会常务委员会和上一级人民政府备案。

城市、县人民政府城乡规划主管部门和镇人民政府可以组织编制重要地块的修建性详细规划。修建性详细规划应当符合控制性详细规划。乡、镇人民政府组织编制乡规划、村庄规划，报上一级人民政府审批。村庄规划在报送审批前，应当经村民会议或者村民代表会议讨论同意。

城乡规划组织编制机关应当委托具有相应资质等级的单位承担城乡规划的具体编制工作。从事城乡规划编制工作应当具备下列条件，并经国务院城乡规划主管部门或者省、自治区、直辖市人民政府城乡规划主管部门依法审查合格，取得相应等级的资质证书后，方可在资质等级许可的范围内从事城乡规划编制工作：①有法人资格；②有规定数量的经相关行业协会注册的规划师；③有规定数量的相关专业技术人员；④有相应的技术装备；⑤有健全的技术、质量、财务管理制度。

二、城乡规划的实施

城市的建设和发展，应当优先安排基础设施以及公共服务设施的建设，妥善处理新区开发与旧区改建的关系，统筹兼顾进城务工人员生活和周边农村经济社会发展、村民生产与生活的需要。镇的建设和发展，应当结合农村经济社会发展和产业结构调整，优先安排供水、排水、供电、供气、道路、通信、广播电视等基础设施和学校、卫生院、文化站、幼儿园、福利院等公共服务设施的建设，为周边农村提供服务。乡、村庄的建设和发展，应当因地制宜、节约用地，发挥村民自治组织的作用，引导村民合理进行建设，改善农村生产、生活条件。

城市新区的开发和建设，应当合理确定建设规模和时序，充分利用现有市政基础设施和公共服务设施，严格保护自然资源和生态环境，体现地方特色。旧城区的改建，应当保护历史文化遗产和传统风貌，合理确定拆迁和建设规模，有计划地对危房集中、基础设施落后等地段进行改建。

城市地下空间的开发和利用，应当与经济和技术发展水平相适应，遵循统筹安排、综合开发、合理利用的原则，充分考虑防灾减灾、人民防空和通信等需要，并符合城市规划，履行规划审批手续。

城市、县、镇人民政府应当根据城市总体规划、镇总体规划、土地利用总体规划和年度计划以及国民经济和社会发展规划，制定近期建设规划，报总体规划审批机关备案。近期建设规划应当以重要基础设施、公共服务设施和中低收入居民住房建设以及生态环境保护为重点内容，明确近期建设的时序、发展方向和空间布局。近期建设规划的规划期限为5年。

城乡规划确定的铁路、公路、港口、机场、道路、绿地、输配电设施及输电线路走廊、通信设施、广播电视设施、管道设施、河道、水库、水源地、自然保护区、防汛通道、消防通道、核电站、垃圾填埋场及焚烧厂、污水处理厂和公共服务设施的用地以及其他需要依法保护的用地，禁止擅自改变用途。

按照国家规定需要有关部门批准或者核准的建设项目，以划拨方式提供国有土地使用权的，建设单位在报送有关部门批准或者核准前，应当向城乡规划主管部门申请核发选址意见书。

在城市、镇规划区内以划拨方式提供国有土地使用权的建设项目，经有关部门批准、核准、备案后，建设单位应当向城市、县人民政府城乡规划主管部门提出建设用地规划许可申请，由城市、县人民政府城乡规划主管部门依据控制性详细规划核定建设用地的位置、面积、允许建设的范围，核发建设用地规划许可证。建设单位在取得建设用地规划许可证后，方可向县级以上地方人民政府土地主管部门申请用地，经县级以上人民政府审批后，由土地主管部门划拨土地。

在城市、镇规划区内以出让方式提供国有土地使用权的，在国有土地使用权出让前，城市、县人民政府城乡规划主管部门应当依据控制性详细规划，提出出让地块的位置、使用性质、开发强度等规划条件，作为国有土地使用权出让合同的组成部分。未确定规划条件的地块，不得出让国有土地使用权。

以出让方式取得国有土地使用权的建设项目，建设单位在取得建设项目的批准、核准、备案文件和签订国有土地使用权出让合同后，向城市、县人民政府城乡规划主管部门领取建设用地规划许可证。

规划条件未纳入国有土地使用权出让合同的，该国有土地使用权出让合同无效；对未取得建设用地规划许可证的建设单位批准用地的，由县级以上人民政府撤销有关批准文件；占用土地的，应当及时退回；给当事人造成损失的，应当依法给予赔偿。

在城市、镇规划区内进行建筑物、构筑物、道路、管线和其他工程建设的，建设单位或者个人应当向城市、县人民政府城乡规划主管部门或者省、自治区、直辖市人民政府确定的镇人民政府申请办理建设工程规划许可证。申请办理建设工程规划许可证，应当提交使用土地的有关证明文件、建设工程设计方案等材料。需要建设单位编制修建性详细规划的建设项目，还应当提交修建性详细规划。对符合控制性详细规划和规划条件的，由城市、县人民政府城乡规划主管部门或者省、自治区、直辖市人民政府确定的镇人民政府核发建设工程规划许可证。

在乡、村庄规划区内进行乡镇企业、乡村公共设施和公益事业建设的，建设单位或者个人应当向乡、镇人民政府提出申请，由乡、镇人民政府报城市、县人民政府城乡规划主管部门核发乡村建设规划许可证。在乡、村庄规划区内使用原有宅基地进行农村村民住宅建设的规划管理办法，由省、自治区、直辖市制定。

在乡、村庄规划区内进行乡镇企业、乡村公共设施和公益事业建设以及农村村民住宅建设，不得占用农用地；确需占用农用地的，应当依照《中华人民共和国土地管理法》有关规定办理农用地转用审批手续后，由城市、县人民政府城乡规划主管部门核发乡村建设规划许可证。

建设单位或者个人在取得乡村建设规划许可证后，方可办理用地审批手续。

建设单位应当按照规划条件进行建设；确需变更的，必须向城市、县人民政府城乡规划主管部门提出申请。变更内容不符合控制性详细规划的，城乡规划主管部门不得批准。城市、县人民政府城乡规划主管部门应当及时将依法变更后的规划条件通报同级土地主管部门并公示。建设单位应当及时将依法变更后的规划条件报有关人民政府土地主管部门备案。

在城市、镇规划区内进行临时建设的，应当经城市、县人民政府城乡规划主管部门批准。临时建设影响近期建设规划或者控制性详细规划的实施以及交通、市容、安全等的，不得批准。临时建设应当在批准的使用期限内自行拆除。临时建设和临时用地规划管理的具体办法，由省、自治区、直辖市人民政府制定。

县级以上地方人民政府城乡规划主管部门按照国务院规定对建设工程是否符合规划条件予以核实。未经核实或者经核实不符合规划条件的，建设单位不得组织竣工验收。建设单位应当在竣工验收后 6 个月内向城乡规划主管部门报送有关竣工验收资料。

三、城乡规划的修改

省域城镇体系规划、城市总体规划、镇总体规划的组织编制机关，应当组织有关部门和专家定期对规划实施情况进行评估，并采取论证会、听证会或者其他方式征求公众意见。组织编制机关应当向本级人民代表大会常务委员会、镇人民代表大会和原审批机关提出评估报告并附具征求意见的情况。有下列情形之一的，组织编制机关方可按照规定的权限和程序修改省域城镇体系规划、城市总体规划、镇总体规划：①上级人民政府制定的城乡规划发生变更，提出修改规划要求的；②行政区划调整确需修改规划的；③因国务院批准重大建设工程确需修改规划的；④经评估确需修改规划的；⑤城乡规划的审批机关认为应当修改规划的其他情形。

修改省域城镇体系规划、城市总体规划、镇总体规划前，组织编制机关应当对原规划的实施情况进行总结，并向原审批机关报告；修改涉及城市总体规划、镇总体规划强制性内容的，应当先向原审批机关提出专题报告，经同意后，方可编制修改方案。

修改控制性详细规划的，组织编制机关应当对修改的必要性进行论证，征求规划地段内利害关系人的意见，并向原审批机关提出专题报告，经原审批机关同意后，方可编制修改方案。修改后的控制性详细规划，应当依照《中华人民共和国城乡规划法》第十九条、第二十条规定的审批程序报批。控制性详细规划修改涉及城市总体规划、镇总体规划的强制性内容的，应当先修改总体规划。

在选址意见书、建设用地规划许可证、建设工程规划许可证或者乡村建设规划许可证发放后，因依法修改城乡规划给被许可人合法权益造成损失的，应当依法给予补偿。

经依法审定的修建性详细规划、建设工程设计方案的总平面图不得随意修改；确需修改的，城乡规划主管部门应当采取听证会等形式，听取利害关系人的意见；因修改给利害关系人合法权益造成损失的，应当依法给予补偿。

四、城乡规划实施中的监督与法律责任

（一）城乡规划实施中的监督检查

县级以上人民政府及其城乡规划主管部门应当加强对城乡规划编制、审批、实施、修改的监督检查。地方各级人民政府应当向本级人民代表大会常务委员会或者乡、镇人民代表大会报告城乡规划的实施情况，并接受监督。县级以上人民政府城乡规划主管部门对城乡规划的实施情况进行监督检查，有权采取以下措施：①要求有关单位和人员提供与监督事项有关的文件、资料，并进行复制；②要求有关单位和人员就监督事项涉及的问题做出解释和说明，并根据需要进入现场进行勘测；③责令有关单位和人员停止违反有关城乡规划的法律、法规的行为。

城乡规划主管部门的工作人员履行相关规定的监督检查职责，应当出示执法证件。被监督检查的单位和人员应当予以配合，不得妨碍和阻挠依法进行的监督检查活动。监督检查情况和处理结果应当依法公开，供公众查阅和监督。

城乡规划主管部门违反《中华人民共和国城乡规划法》规定做出行政许可的，上级人民政府城乡规划主管部门有权责令其撤销或者直接撤销该行政许可。因撤销行政许可给当事人合法权益造成损失的，应当依法给予赔偿。

（二）城乡规划实施中违法的法律责任

对依法应当编制城乡规划而未组织编制，或者未按法定程序编制、审批、修改城乡规划的，由上级人民政府责令改正，通报批评；对有关人民政府负责人和其他直接责任人员依法给予处分。

城乡规划组织编制机关委托不具有相应资质等级的单位编制城乡规划的，由上级人民政府责令改正，通报批评；对有关人民政府负责人和其他直接责任人员依法给予处分。

镇人民政府或者县级以上人民政府城乡规划主管部门有下列行为之一的，由本级人民政府、上级人民政府城乡规划主管部门或者监察机关依据职权责令改正，通报批评；对直接负责的主管人员和其他直接责任人员依法给予处分。①未依法组织编制城市的控制性详细规划、县人民政府所在地镇的控制性详细规划的；②超越职权或者对不符合法定条件的申请人核发选址意见书、建设用地规划许可证、建设工程规划许可证、乡村建设规划许可证的；③对符合法定条件的申请人未在法定期限内核发选址意见书、建设用地规划许可证、建设工程规划许可证、乡村建设规划许可证的；④未依法对经审定的修建性详细规划、建设工程设计方案的总平面图予以公布的；⑤同意修改修建性详细规划、建设工程设计方案的总平面图前未采取听证会等形式听取利害关系人的意见的；⑥发现未依法取得规划许可或者违反规划许可的规定在规划区内进行建设的行为，而不予查处或者接到举报后不依法处理的。

县级以上人民政府有关部门有下列行为之一的，由本级人民政府或者上级人民政府有关部门责令改正，通报批评；对直接负责的主管人员和其他直接责任人员依法给予处分。①对未依法取得选址意见书的建设项目核发建设项目批准文件的；②未依法在国有土地使用权出让合同中确定规划条件或者改变国有土地使用权出让合同中依法确定的规划条件的；③对未依法取得建设用地规划许可证的建设单位划拨国有土地使用权的。

城乡规划编制单位有下列行为之一的，由所在地城市、县人民政府城乡规划主管部门责

令限期改正，处合同约定的规划编制费 1 倍以上 2 倍以下的罚款；情节严重的，责令停业整顿，由原发证机关降低资质等级或者吊销资质证书；造成损失的，依法承担赔偿责任。①超越资质等级许可的范围承揽城乡规划编制工作的；②违反国家有关标准编制城乡规划的。

未依法取得资质证书承揽城乡规划编制工作的，由县级以上地方人民政府城乡规划主管部门责令停止违法行为，依照相关规定处以罚款；造成损失的，依法承担赔偿责任。

以欺骗手段取得资质证书承揽城乡规划编制工作的，由原发证机关吊销资质证书，依照上述规定处以罚款；造成损失的，依法承担赔偿责任。

城乡规划编制单位取得资质证书后，不再符合相应的资质条件的，由原发证机关责令限期改正；逾期不改正的，降低资质等级或者吊销资质证书。

未取得建设工程规划许可证或者未按照建设工程规划许可证的规定进行建设的，由县级以上地方人民政府城乡规划主管部门责令停止建设；尚可采取改正措施消除对规划实施的影响的，限期改正，处建设工程造价 5% 以上 10% 以下的罚款；无法采取改正措施消除影响的，限期拆除，不能拆除的，没收实物或者违法收入，可以并处建设工程造价 10% 以下的罚款。

在乡、村庄规划区内未依法取得乡村建设规划许可证或者未按照乡村建设规划许可证的规定进行建设的，由乡、镇人民政府责令停止建设、限期改正；逾期不改正的，可以拆除。

建设单位或者个人有下列行为之一的，由所在地城市、县人民政府城乡规划主管部门责令限期拆除，可以并处临时建设工程造价 1 倍以下的罚款：①未经批准进行临时建设的；②未按照批准内容进行临时建设的；③临时建筑物、构筑物超过批准期限不拆除的。

建设单位未在建设工程竣工验收后 6 个月内向城乡规划主管部门报送有关竣工验收资料的，由所在地城市、县人民政府城乡规划主管部门责令限期补报；逾期不补报的，处 1 万元以上 5 万元以下的罚款。

城乡规划主管部门做出责令停止建设或者限期拆除的决定后，当事人不停止建设或者逾期不拆除的，建设工程所在地县级以上地方人民政府可以责成有关部门采取查封施工现场、强制拆除等措施。

思　考　题

1. 简述土地利用总体规划编制的原则。
2. 简述我国土地管理如何利用总体规划实行分级审批。
3. 简述为了公共利益的需要可以依法实施征收农民集体所有的土地的情形。
4. 简述国家征收农业用地的补偿规定。
5. 列举经县级以上人民政府依法批准，建设用地以划拨方式取得的情形。
6. 简述国有土地使用权收回的情形。
7. 简述我国城乡规划包括的类型。
8. 从城市新区的开发和城市地下空间建设的角度简述城乡规划的实施。
9. 如果梁某未经合法批准擅自占用位于村民小组社管会旁地块总面积 951.2m^2 的土地建房、建围墙等，应如何进行处罚？
10. 案例背景：2018 年 5 月 25 日，市规划局规划监察办在日常工作巡查中发现，某房地产开发有限公司于2018年5月进行开发建设的“ZL二期B区17号楼”，该项目取得了“建设工程规划许可证”，但没有按照“建设工程规划许可证”建设，擅自变更首层（425.57m²）规划设计。两名行政执法人员随即做了现场检查笔录、询问笔录，当场下达了“限期整改停建通知书”。5月31日召开“市规划局长办公会”，根据实际情况，经集体讨论决定：“拟给予某房地产开发有限公司按违建面积工程造价的5％行政处罚”，随后市规划局监察办决定立案进行行政处罚。2018年6月20日行政处罚执行完毕，当事人缴纳25747.00元的罚款，首层变更为原规划设计。

问题：（1）该公司违法擅自变更许可的规划设计，是否严重违法、严重影响规划？

（2）罚款的幅度为工程造价的5%是否太重？

参 考 文 献

[1] 中国法制出版社 . 中华人民共和国工程建设法律法规全书：2021 年版 [M].7 版 . 北京：中国法制出版社，2021.

[2] 全国一级建造师执业资格考试用书编写委员会 . 建设工程法规及相关知识 [M]. 北京：中国建筑工业出版社，2021.

[3] 中国法制出版社 . 建筑施工建设工程招标投标施工合同司法解释 [M].6 版 . 北京：中国法制出版社，2021.

[4] 顾永才 . 建设法规 [M].4 版 . 北京：科学出版社，2020.

[5] 法律出版社法规中心 . 中华人民共和国建筑法注释本：全新修订版 [M].2 版 . 北京：法律出版社，2021.

[6] 中国法制出版社 . 中华人民共和国城乡规划法注解与配套 [M].5 版 . 北京：中国法制出版社，2020.

[7] 中国法制出版社 . 中华人民共和国民法典：实用版 [M]. 北京：中国法制出版社，2020.

[8] 法律出版社法规中心 . 中华人民共和国民法典注释本 [M]. 北京：法律出版社，2020.

[9] 黄薇 . 中华人民共和国民法典释义 [M]. 北京：法律出版社，2020.

[10] 法律出版社 . 优化营商环境条例 [M]. 北京：法律出版社，2019.

[11] 中国法制出版社 . 中华人民共和国招标投标法注解与配套 [M].5 版 . 北京：中国法制出版社，2020.

[12] 刘营 .《中华人民共和国招标投标法实施条例》实务指南与操作技巧 [M].3 版 . 北京：法律出版社，2018.

[13] 杨合庆 . 中华人民共和国土地管理法释义 [M]. 北京：法律出版社，2020.

[14] 李遐桢 . 最新中华人民共和国土地管理法配套解读与实例 [M].3 版 . 北京：法律出版社，2020.

[15] 朱树英，曹珊 .《建设项目工程总承包合同（示范文本）》（GF—2020—0216）适用指南 [M]. 北京：法律出版社，2021.